臺灣歷史與文化 研究輯刊

六 編

第 7 冊

臺灣的族群關係與族群政治(上)

周典恩 著

花木蘭文化出版社

國家圖書館出版品預行編目資料

臺灣的族群關係與族群政治(上)／周典恩 著 -- 初版 -- 新北市：
花木蘭文化出版社，2014〔民 103〕
目 6+156 面；19×26 公分
（臺灣歷史與文化研究輯刊 六編；第 7 冊）
ISBN 978-986-322-951-3（精裝）
1.族群問題 2.臺灣政治
733.08   103015085

ISBN-978-986-322-951-3

9 789863 229513

臺灣歷史與文化研究輯刊

六 編 第七冊　　　　　　　　ISBN：978-986-322-951-3

臺灣的族群關係與族群政治（上）

作　　者　周典恩
總 編 輯　杜潔祥
副總編輯　楊嘉樂
編　　輯　許郁翎
出　　版　花木蘭文化出版社
社　　長　高小娟
聯絡地址　235 新北市中和區中安街七二號十三樓
　　　　　電話：02-2923-1455／傳眞：02-2923-1452
網　　址　http://www.huamulan.tw 信箱 hml810518@gmail.com
印　　刷　普羅文化出版廣告事業
初　　版　2014 年 9 月
定　　價　六編 21 冊（精裝）新台幣 42,000 元　　　版權所有・請勿翻印

臺灣的族群關係與族群政治(上)

周典恩　著

作者簡介

周典恩，男，漢族，1974 年生，安徽肥西人。現爲安徽大學社會與政治學院副教授、人類學系主任、安徽省學術與技術帶頭人後備人選、中國漢民族研究會理事。主要研究方向爲臺灣原住民、人類學理論與方法、中國基督教史。近年來主持完成多項國家級與省部級課題，發表學術論文 40 餘篇。

提　要

　　臺灣的族群問題既是社會政治問題，也是歷史文化問題。本書在宏觀的歷史境況中對臺灣草根社會中的族群互動情形進行梳理，分析當代臺灣政治生態與歷史上族群關係的關聯性，以及族群政治對兩岸關係的影響。全書分爲緒言、上編和下編三個部分。緒言闡述研究緣由、研究意義和學術回顧。上編側重於利用契約、碑刻等較爲貼近歷史眞實的民間資料對臺灣原住民的傳統生活、清代臺灣拓墾中原住民與漢人移民的合作與衝突、官府、通事和遊民在清代臺灣族群關係中的角色作用、平埔族群遷徙的原因與類型、平埔族群的漢化、清代臺灣閩南人與客家人的械鬥與融合等問題進行闡述，試圖從歷史的向度勾勒清代臺灣族群互動的歷史畫卷。下編則從大陸學者的理論視角和政治立場對臺灣省籍族群問題的源起與異變、臺灣原住民運動和客家運動的背景、歷程及其存在的問題、臺灣政治生態的變遷和政治族群化的特徵等問題進行探討，最後剖析族群政治對兩岸關係的影響。

本書爲國家社會科學基金青年項目研究成果

目

次

緒　言

一、研究緣由

　　臺灣位於中國大陸東南海域，與福建省隔海相望。臺灣島整體上東西窄、南北長，略呈番薯形。〔註1〕中央山脈與雪山山脈縱貫南北，將全島自然分割成東西兩境：西部以寬闊的沿海沖積平原和低矮的丘陵、臺地爲主，中、東部則遍佈險峻的高山和狹長的縱谷。

　　考古資料證實，早在舊石器時代臺灣島上已有人類居住。〔註2〕明清時期渡臺的大陸移民稱島上的原住民〔註3〕爲「番」。其實，「番」是個極其籠統的指稱，因爲臺灣原住民的內部族社眾多，支系龐雜，彼此在語言、習俗，乃至體質上都存在不同程度的差異。按照現代民族學理論，臺灣原住民大約可分爲二十個左右的族群。他們互不統屬，各自爲政，彼此關係錯綜複雜。清

〔註1〕臺灣島形似番薯，故有的臺灣人自稱「番薯仔」，稱大陸人爲「芋頭仔」。

〔註2〕1968 年，臺灣大學人類學系宋文薰教授和地質學系林朝啓教授帶領的考古隊在臺東縣長濱鄉八仙洞做調查時發現了不少史前遺物，包括石器、石片、骨角器、魚骨、獸骨等。經鑒定，確認此處爲臺灣首次發現的最古老的文化層，即舊石器文化層。歷史學家李濟將之命名爲「長濱文化」。1971 年，臺灣學者在臺南縣左鎮鄉發現了人類右頂骨殘片化石。1974 年，又在同一地點採集到人類左頂骨殘片化石。根據右頂骨的氟與錳含量測算，這是距今 2 萬至 3 萬年前舊石器時代後期的人類化石，被稱爲「左鎮人」。

〔註3〕臺灣島上的土著民族在明清時期被統稱爲「番」，日據時代日人改稱「番」爲「蕃」。臺灣光復後，國民政府又稱之爲「山胞」。近年來，由於臺灣族群意識的高漲，基於相互尊重的原則，1997 年起統稱爲「原住民」，並普遍獲得採用。但也有人認爲使用「先住民」一詞更爲貼切。

朝時期，閩粵兩省的閩南人與客家人蜂擁入臺，他們自南而北，自西向東，通過「貼納番餉」或「繳納番租」的形式向原住民，特別是生活在西部平原地帶的平埔族群購耕土地，共同促進了臺灣由蠻荒的原住民社會轉型為漢人農耕社會。在臺灣拓墾過程中，平埔族群因與漢人移民接觸頻繁，深受漢文化的影響而逐漸漢化，其固有的生活方式和風俗習慣漸次喪失，自身也逐漸融合於漢人社會之中，淪為「失蹤的族群」。〔註4〕閩南人與客家人因爭奪土地、水源等自然資源而經常發生大規模的分類械鬥，彼此歷史積怨甚深。散居在中央山脈和東部縱谷中的高山族群因地理環境閉塞之故，到清朝末年依然相對較為完整地保留了其傳統的民族文化特徵。

日本殖民臺灣期間，面對日本人的剝削和歧視，閩南人與客家人開始聯合起來共同抗爭，閩客情結開始消融於「本島人意識」之中。1949年，國民黨在國共內戰中失敗，退守臺灣的同時從大陸帶來200多萬人口，而當時臺灣總人口大約只有600萬。故而，臺灣的人口結構因外省人的到來而發生重大變遷。敗退臺灣後，國民黨為了穩固其統治地位所構建的二元政治社會結構使閩南人和客家人都受到極大排擠，他們甚為憤懣，閩客矛盾又進一步消融於「本省人意識」當中。儘管本省人與外省人自「二二八事件」起就存在一定程度的隔閡和誤解，但在國民黨的威權統治下，「省籍矛盾」並不彰顯，也沒有造成社會的分裂與對立。

進入20世紀七十年代後，隨著「本土化」與「民主化」運動的興起，國民黨的威權統治開始崩潰，臺灣的政治生態發生了根本性改變，形成「泛藍」與「泛綠」兩大陣營對峙的格局。每逢選舉時，閩南人傾向於支持「泛綠」，而外省人則力挺「泛藍」，政治的族群化色彩濃厚。那麼，在當代臺灣社會中早已基本消弭的省籍族群問題為何會成為影響臺灣政局，乃至兩岸關係和平發展的重要變數呢？歷史上臺灣草根社會中的族群關係呈何樣貌？它與當代臺灣族群政治的形成到底有無關聯？這些疑問便是筆者試圖研究臺灣族群問題的緣由。

臺灣族群問題的研究具有重要的現實意義和一定的學術價值。首先，自20世紀九十年代以來，臺灣政界盛行操弄族群議題，撕裂社會，拉攏選票的現象，而部分臺灣學者為了幫助具有臺獨傾向的政客尋找法理依據，歪曲歷

〔註4〕李遠哲：《平埔族群研究學術研討會致詞》，載潘大和：《臺灣開拓史上的功臣：平埔巴宰族滄桑史》，南天出版社，1998年，第315頁。

史事實，刻意誇大臺灣的族群矛盾，造成極其惡劣的負面影響。筆者將本著求實的態度，對臺灣的政治性文化臺獨現象進行剖析。其次，臺灣的族群問題既是社會政治問題，也是歷史文化問題。當前不少學者在論述臺灣的族群議題時，往往只注意到社會政治層面，而忽視了歷史文化因素，常陷入晦澀而空洞的理論探討，缺乏歷史凝厚感。筆者將在宏觀的歷史境況中對臺灣草根社會中族群互動狀況進行梳理，分析當代臺灣政治生態與歷史上族群關係的關聯性，以及族群政治對兩岸關係的影響。換言之，筆者試圖從歷史的向度探究當代臺灣的族群政治，以彌補僅注重共時性研究所帶來的缺憾。最後，筆者側重於利用碑刻、契約等較爲貼近歷史眞實的民間文獻來展現臺灣草根社會中族群互動的歷史畫卷，以批駁部分臺灣學者歪曲歷史事實的言論。

二、學術回顧

「多族群性」是臺灣社會的一個重要特徵。長期以來，在以「漢人移民開發史觀」爲主體的臺灣歷史詮釋範式的統攝下，學界向來只注重漢人篳路藍縷的艱辛，而對於原住民問題，以及紛繁複雜的族群關係則有所忽略。20世紀七十年代以來，國際形勢的巨變使得國民黨在臺灣的黨國威權統治和強制認同「中華民國」的民族主義開始受到質疑和挑戰，一場以「民主化」與「臺灣化」爲主題的政治運動，夾雜著民主意識與分離意識席卷臺灣社會。〔註5〕在這樣的社會背景下，少數臺灣學者可能出於爲臺獨活動提供法理依據和「去中國化」的政治目的，開始研究臺灣本土文化和臺灣民族主義。具體而言，他們主要從兩個方面展開研究：一是將早已漢化消失的平埔族群發掘出來，在「本土化」的政治視野下研究其歷史文化；二是採用政治學和民族學的理論方法探討族群關係、「國家認同」等族群政治問題。下面筆者將對平埔族群研究和臺灣族群政治研究分別作簡要的學術回顧。

（一）臺灣平埔族群研究的回顧

平埔族群是指歷史上居住在臺灣西部沿海平原、盆地、近山臺地以及宜蘭平原等地的原住民。清代文獻中一般稱他們爲「熟番」或「平地番」。平埔族群並非一個單一民族，而是眾多社群的泛稱。平埔族群早在日據初期就已

〔註5〕劉國深：《臺灣「省籍族群」的結構功能分析》，《臺灣研究集刊》1999年第3期。

基本漢化消失，痕跡難辨。故而，無論是日本殖民機構及其雇傭學者，還是光復初期的臺灣學者，均沒有對平埔族群研究予以足夠的重視。然而，20世紀八十年代以來，臺灣學界竟出人意料地興起一股平埔族群研究熱潮，來自不同學科領域的學院學者，以及爲數眾多的民間文史工作者紛紛從不同的切入點對平埔族群進行調查研究。平埔族群研究從昔日所謂的「學術雞肋」一舉轉變爲「學術新寵」。

1. 奠基階段：日本佔領時期的資料收集與戶口調查

在日本竊據臺灣以前，西方殖民者及其派遣的傳教士、大陸旅臺的官吏和商人對平埔族群已有所關注，留下不少有關其風俗習慣和人口戶數的文獻資料。其中，比較著名的有陳第的《東番記》、郁永河的《裨海紀遊》、黃叔璥的《番俗六考》、六十七的《番社采風圖考》等。不過，這些文獻基本上都是記錄性的，缺乏學術意涵。

日本佔領臺灣後，殖民當局在全島各地陸續開展系列調查活動，希冀瞭解臺灣居民的境況，以便有效地對其實行統治。儘管當時日本人調查的對象是漢人和高山族群，但因平埔族群與漢人及高山族群之間關係密切，所以也附帶收集了不少平埔族群資料，並由此開創了平埔族群的學術性研究。日本殖民時期的平埔族群研究以1928年臺北帝國大學的成立爲界，可分爲日本殖民機構及其雇傭學者調查研究期和臺北帝國大學師生調查研究期。

（1）日本殖民機構及其雇傭學者調查研究期

日本據臺之初，殖民當局便從東京人類學會雇傭一些學有專長的人類學者深入臺灣各地，開展「蕃地調查」。在當時被雇傭的學者中，以伊能嘉矩對平埔族群的調查研究最爲出色。他在平埔族群研究上的成就主要表現在兩個方面：一是資料的收集與整理。伊能嘉矩累計駐臺達十年之久，先後對淡水河流域、宜蘭平原等地的平埔族群作了實地調查，並將調查報告陸續發表於《東京人類學雜誌》。1904年，伊能嘉矩出版《臺灣蕃政志》一書，將其收集到的平埔族群資料作一系統性的敘述。〔註6〕伊能嘉矩所收集和整理的資料，在平埔族群業已完全漢化的當下，更凸顯其珍貴的學術價值。二是首創平埔族群的學術性分類。臺灣原住民在清代統稱爲「番」，並依據不同的標準進一步粗略分類。例如，以是否遵服教化，輸納番課，分爲「熟番」與「生番」；

〔註6〕郭志超：《閩臺民族史辨》，黃山書社，2006年，第403頁。

以其所居住的地理形勢，分爲「高山番」與「平埔番」；以其民族秉性，分爲
「凶番」與「良番」。類別的標準既紛繁複雜，又模棱兩可，總之皆是在「番」
字之前加上個限定詞，以示區別而已。這些命名與分類隨意性強，缺乏系統
性，沒有科學憑據與學術意涵。1900 年，伊能嘉矩與栗野傳之丞在《臺灣番
人事情》一書中按照語言、風俗等特徵將臺灣原住民分成八個種族，即 Ataiyal,
Vonoum, Tsuou, Supayowan, Tsarisen, Piyuma, Amis, Peipo. 平埔族群（Peipo）
爲其中的一族，且被再細分爲十個族群，分別是 Tao, Siraiya, Lloa, Poavosa,
Arikun, Vupuran, Pazzehe, Taokas, Ketaganan, Kuvarawan.〔註7〕這是有史以來
平埔族群的第一次系統分類，奠定了平埔族群學術性分類的基礎。

　　殖民當局除了雇傭學者進行調查外，還成立一些專門組織，甚至督令有
關行政單位在全島各地調查臺灣居民的歷史、風俗、宗教、經濟、戶口等，
並將調查所得彙編成冊。這些機構彙編的資料有：臨時臺灣舊慣調查會的《臺
灣私法》、《蕃族調查報告書》、《蕃族慣習調查報告書》、《臺灣蕃族慣習研究》；
臺灣慣習研究會的《臺灣慣習記事》；臨時臺灣土地調查局的《大租取調書》、
《大租取調附錄參考書》、《臺灣土地慣行一斑》；理蕃事務單位的《熟蕃戶口
及沿革調查綴》；總督府官房調查課的《臨時臺灣戶口調查記述報文》、《臺灣
現住人口統計》、《國勢調查中間報》。這些資料彙編雖是以漢人和高山族群爲
主，但也零星地載錄不少平埔族群資料，尤其是戶口資料甚爲詳細。例如，《熟
蕃戶口及沿革調查綴》按照地區較爲全面地將平埔族群的族名、莊名分別列
出，並記錄其戶數及男女人口。再如，總督府官房調查課的《國勢調查中間
報》，每年均列有平埔族群男女人口一欄，資料相當詳細且具有連續性。〔註8〕
這些資料對於研究平埔族群人口變遷有相當重要的參考價值。

（2）臺北帝國大學師生調查研究期

　　1928 年臺北帝國大學成立後，日人對臺灣居民的調查研究情形發生了變
化，即調查研究者由原先以個別學者或行政官吏爲主，轉變爲以臺北帝國大
學的師生爲主；調查的性質由先前的政策取向，轉變爲學術取向，研究者的
專業化程度也大幅度提高。雖然此階段學界的臺灣原住民研究依然以高山族

〔註7〕（日）伊能嘉矩著，楊南郡譯：《平埔族調查旅行——伊能嘉矩（臺灣通信）
　　　選集》，臺灣遠流出版事業股份有限公司，1996 年，第 251～252 頁。
〔註8〕翁佳音：《日治時代平埔族的調查研究史》，載莊英章主編：《臺灣平埔族研究
　　　書目彙編》，中央研究院民族學研究所，1988 年，第 52～55 頁。

群爲主,但因研究者已警覺到平埔族群文化正在迅速消失,實有搶救之必要,所以也特別留意對平埔族群資料進行收集。

臺北帝國大學的師生一般是以研究室爲單位,對平埔族群進行專業化調查研究。例如,土俗人種學研究室的移川子之藏,與其助手宮本延人及學生馬淵東一等分別對宜蘭平原的噶瑪蘭族、基隆地區的大雞籠社、臺南方面的頭社、新竹新港、大甲以及埔里、高雄與臺東方面平埔族群的歌謠與傳說進行調查收集。言語學教室的小川尚義在伊能嘉矩調查所得的平埔族群語言資料的基礎上繼續從事語言方面的調查。淺井惠倫對基隆貢僚的新社、宜蘭頭圍的打馬煙、湯圍、壯圍的社頭、五結的利澤簡、裏腦、羅東的三星,以及埔里的烏牛欄、林仔城、大肚城、枇杷城、白葉坑等地的平埔族群語言進行調查。他甚至還將新社、社頭等地依稀尚能說平埔語的老嫗請到臺北作語言、歌謠與傳說的探訪,並製作成唱片。臺灣史料調查室的村上直次郎著力於收集、解讀平埔族群的古文書,他曾將南部西拉雅族新港社的百餘件用荷蘭字母書寫的古地契彙編出版,命名《新港文書》。醫學部解剖學教室的金關丈夫、宮內悅藏、忽那將愛等,自 1938 年始對臺灣的各個族群進行體質人類學調查,羅東、大社、烏牛欄、新港、頭社、左鎮、萬巒等地的平埔族群都被調查過。另外,他們的學生也參與了對平埔族群的體質人類學調查。例如,余錦泉調查羅東平埔族群的手掌紋理,張山鍾調查萬巒平埔族群的指紋。他們的調查研究成果都陸續發表於《東京醫學會雜誌》。〔註9〕

客觀而言,日本學者及相關機構對平埔族群的調查研究雖是附帶性的,但也收集整理了不少富有學術價值的資料,並使得平埔族群研究步入較爲嚴謹的學術理路,爲後繼研究奠定了基礎。不過,值得注意的是,日本人調查研究平埔族群之目的在某種程度上是爲了服務於其殖民統治,所以在有些事件上可能會刻意歪曲事實,醜化漢人。另外,他們的研究沒有從調查成果到理論創新上實現蛹蝶之變的追求。

2. 學術雛肋:光復後至 20 世紀八十年代的資料整理與田野調查

二戰結束後,平埔族群研究並未因臺灣的光復而中斷。日籍學者金關丈夫和國分直一仍然留在臺大任教,繼續進行平埔族群的人類學調查。而那些在日據時期成長起來的臺灣學者,如劉斌雄、宋文薰、張耀錡、吳新榮、莊

〔註9〕翁佳音:《日治時代平埔族的調查研究史》,載莊英章主編:《臺灣平埔族研究書目彙編》,中央研究院民族學研究所,1988 年,第 56〜60 頁。

松林、戴炎輝等秉承日本學者的餘緒，對平埔族群進行調查研究。1949 年後，隨國民黨來臺的中央研究院的民族學家因失去大陸的田野調查點，也開始或多或少地參與到平埔族群的調查研究之列。

　　這一時期學界對平埔族群的研究主要表現在以下四個方面。其一，關於平埔族群宗教信仰、親屬組織、器用衣飾、口碑傳說的調查研究。例如，吳新榮、莊松林、江家錦、盧嘉興等的南部平埔族群祀壺信仰研究，石萬壽的西拉雅族阿立祖信仰研究，衛惠林、劉斌雄的埔里巴宰族親屬結構研究，張耀錡的平埔族群社名對照研究，李亦園的平埔族群器用衣飾與祖靈祭研究，王一剛的凱達格蘭族歌謠、口碑、傳說研究，阮昌銳的噶瑪蘭族調查研究。其二，碑匾、示諭、契字、鬮書、賬簿、執照、墾批等各類殘存史料的搜集、整理與出版。例如，劉枝萬對臺北地區平埔族群印譜的整理；陳炎正對巴則海族岸里社史料的集成。其三，外文文獻、論著的翻譯。日本學者伊能嘉矩的作品，西方傳教士、殖民者、旅行家的著述紛紛被翻譯成中文。〔註 10〕其四，關於理番政策、番漢關係等問題的研究。例如，王世慶對臺灣隘制的考證；黃富三對番漢土地關係的研究。遺憾的是，此階段的平埔族群研究並未能如光復初期那樣持續下去，而是在其後的二十餘年內始終處於低迷狀態。

　　造成學界對平埔族群研究持忽略態度的原因大概有二：一是在人們的刻板印象中，平埔族群在漢人的影響下已經完全漢化消失，而平埔族群後裔則已喪失其文化傳統、語言習俗乃至族群認同，所以沒有研究價值。二是平埔族群研究要透過現存後裔的查訪追蹤，才有可能重建其過去的文化傳統。但由於平埔族群漢化已久，使得尋覓調查更加困難，即或有之，亦多由於自尊而不願承認，故田野調查實難以獲得齊全資料。同時，文獻資料雖似豐富，然多未交代出處，或夾雜無稽傳說，若不與實地調查結果相對照，則每易出錯。〔註11〕資料的零散與求證的困難使得平埔族群研究難以在短期內出成果。正因為學者對平埔族群研究有如此學術成見，使得他們不願從事這方面的研究。

3. 學術新寵：20 世紀八十年代以後的調查研究

　　20 世紀八十年代以後，向來為學界所忽略的平埔族群研究開始在臺灣熱

〔註10〕詹素娟：《從中文文獻資料談平埔族研究》，載莊英章主編：《臺灣平埔族研究書目彙編》，中央研究院民族學研究所，1988 年，第 8～9 頁。

〔註11〕張隆志：《族群關係與鄉村臺灣：一個清代臺灣平埔族群史的重建與理解》，國立臺灣大學出版委員會，1991 年，第 68 頁。

絡起來，儼然成爲「顯學」。整體而言，這一時期的平埔族群研究具有如下特徵：

其一，研究課題豐富而全面。如前所述，無論日本學者還是光復初期的臺灣學者，多是對平埔族群的各類文化事項進行短期的搶救性田野調查，或是間接地在漢人移民開發史研究中附帶論及。然而，20 世紀八十年代以後，隨著臺灣社會各界人士的相繼參與，平埔族群研究的深度和廣度都較先前大爲改觀。

族群分類是長期困擾著平埔族群研究者的一個傳統難題，也是平埔族群研究向前繼續發展的基礎。這一時期臺灣學者從不同的切入點繼續對平埔族群的分類與命名問題進行探討。例如，李壬癸利用語言資料對平埔族群進行再分類；〔註12〕吳榮順從民族音樂學的角度對屏東平原的平埔族群分類進行反思；〔註13〕李國銘借助荷蘭文資料，從語言、政治形態、聚落與房屋形態、婚姻制度等方面，對馬卡道族與西拉雅族進行類比。〔註14〕近年來，關於平埔族群分類的討論，又開始從傳統以文化特徵爲主的分類，轉移到考量某一區域內生態條件、經濟活動、語言流通、社群互動所形成的族群互動圈。〔註15〕

「族群關係」是平埔族群研究中的一個熱點議題。目前，學者探討得最多的是「番漢關係」，尤其是番漢之間的文化互動與地權轉移關係。例如，詹素娟從「涵化」的理論架構，討論平埔族群與漢人接觸過程中，其社會內部的變遷；〔註16〕卓淑娟從清代理番政策的闡釋入手，研究臺中地區巴則海族與漢人的土地關係；〔註17〕王育傑站在平埔族群的立場探討番漢之間的土地轉移問題，以及平埔族群的社會變遷；〔註18〕美國人類學家邵式柏（John

〔註12〕李壬癸：《臺灣平埔族的歷史與互動》，常民出版社，1997 年。

〔註13〕吳榮順：《從民族音樂學的角度談平埔族的族群分類——以屏東加蚋埔聚落音樂爲例》，載詹素娟、潘英海主編：《平埔族群與臺灣歷史文化論文集》，中央研究院臺灣史研究所籌備處，2001 年。

〔註14〕李國銘：《屏東平埔族群分類再議》，載詹素娟、潘英海主編：《平埔研究論文集》，中央研究院臺灣史研究所籌備處，1995 年。

〔註15〕潘英海：《「平埔學」芻議》，發表於「探索臺灣田野的新面相」學術研討會，中央研究院民族學研究所，1998 年 5 月。

〔註16〕詹素娟：《清代臺灣平埔族與漢人關係之研究》，師大史研所碩士論文，1986 年。

〔註17〕卓淑娟：《清代臺灣中部漢番關係之研究》，東海大學歷史所碩士論文，1988 年。

〔註18〕王育傑：《清代平埔族與漢人土地轉移關係之研究》，中國文化大學民族與華僑研究所碩士論文，1987 年。

Shepherd）立足於地權制度，檢視十七及十八世紀漢人、平埔族群、官方三者
間互相依存關係；〔註 19〕簡炯仁聚焦於探討屏東平原開發中的番漢互動關
係。〔註 20〕雖然番漢關係的研究已具有相當積澱，但迄今為止，學界對平埔
族群與高山族群，以及平埔族群內部各個族社之間互動關係的研究竟告闕如。

　　族群遷徙雖是平埔族群研究中的一個有意義的課題，但研究者主要是在
闡述其他問題時附帶論及，而以專題形式出現的研究成果並不多見。在這些
成果中，又以對平埔族群遷徙原因的探討為最，歸納起來主要有四種觀點：
其一，清朝時期，來自閩粵沿海地帶的漢人移民以武力或欺詐手段蠶食鯨吞
平埔族群賴以生存的土地，致使其家園淪失，生活無資，不得不集體遷離故
土。其二，平埔族群之所以遷離故居是為了拒絕漢化，籍著封閉隔絕的地理
形勢以期能維持原有的生活方式，保存民族之命脈。其三，平埔族群的集體
遷移行動是漢人勸誘或教唆所致。其四，平埔族群的遷徙與其內外交困的政
經情勢密切關聯。不難看出這些觀點都是建立在這樣的理論預設上，即漢人
移民在經濟文化上遠遠優越於平埔族群，而兩者處於對立與競爭的狀態，平
埔族群在族群競爭中失敗後，為了繼續生存下去，被迫無奈地背井離鄉，舉
族遷徙。然而，客觀事實是平埔族群與漢人移民之間並非總是對立，兩者關
係良好者也屢見不鮮。可是，目前學界對平埔族群遷徙原因的解析往往只注
重其被動無奈的一面，而忽略其積極理性的一面。

　　構建平埔族群史是近年來臺灣學者的研究旨趣，且取得可觀成果。潘英
的《臺灣平埔族史》可謂是第一本完整的平埔族群史著作。該書從平埔族群
的源流、分類與原居地說起，重點闡述荷據、明鄭、清代各個時期平埔族群
的遭遇，遷徙情形及其傳統文化，最後以縣市為類別，自南而北地介紹尋找
平埔族群後裔的資料及方法。〔註 21〕臺灣省文獻委員會組織詹素娟、張素玢、
梁志輝、鍾幼蘭、潘英海、林清財等平埔族群研究知名專家，分工協作，分
別按照北、中、南、東四個方位撰寫臺灣平埔族群史。這四部平埔族群史的
撰寫策略各有不同：詹素娟、張素玢的《北臺灣平埔族史》是依地域與族群

〔註 19〕 *Shepherd, John, Plains Aborigines and Chinese Settlers on the Taiwan Frontier in the Seventeenth and Eighteenth Centuries, Stanford University, 1981.*

〔註 20〕 簡炯仁的研究旨趣主要是臺灣南部屏東平原的道卡斯族，其研究成果主要有
《臺灣開發與族群》，前衛出版社，1995 年；《屏東平原開發與族群關係》，屏
東縣立文化中心，1999 年。

〔註 21〕 潘英：《臺灣平埔族史》，南天書局，1986 年，第 10 頁。

之間的關係而展開；梁志輝、鍾幼蘭的《中臺灣平埔族群史》是採取了以時間為軸的論述方式；潘英海、林清財的《南臺灣平埔族史》是以事件為軸，時間與地域為經緯；林清財、詹素娟、潘英海的《東臺灣平埔族史》是將平埔族群的東遷放在族群遷移與族群互動的關係脈絡，以及開山撫番與通商口岸的時代背景下進行陳述。〔註 22〕

其二，呈現跨學科的多樣風貌。平埔族群研究原來多以人類學者和考古學者為主，但自 20 世紀八十年代以來，歷史學者、地理學者、語言學者、宗教學者甚至民族音樂學者也都開始積極地參與平埔族群研究，使其呈現跨學科的多樣風貌。不同學科領域的學者從其自身專業特長出發研究平埔族群，往往能得出新穎的見解。例如，地理學者施添福利用歷史地理學知識，對前人所謂的「土牛者，乃因堆土成壘，其外形有如臥牛之狀；紅線者，乃因壘磚為壁，其色狀有如帶有赤紅而稱之」產生質疑，「不必說是明鄭，即使到了清代康熙年間，臺灣一直都相當缺乏建築材料，連縣、廳衙署都僅能使用木、竹、土甚至茅草作為建材，哪能奢侈到大量使用紅磚構築番界呢？」他認為紅線是「用紅色在擬存檔的圖冊中畫線，以表示番界經過之處。」〔註 23〕音樂學者吳榮順從民族音樂學的角度切入，發現臺南四大社與高雄大武壠社屬於同一個音樂族譜系統，都是所謂的西拉雅族音樂圈，而屏東的加蚋埔則迥然不同，應自成體系。〔註 24〕再如，語言學者李壬癸根據日本學者淺井惠倫留下的噶瑪蘭方言與哆囉美遠田野筆記等語言資料，對臺灣北部平埔族群的分類提出令人耳目一新的觀點。〔註 25〕

其三，研究取向更為細緻。自 20 世紀七十年代張光直推動「濁大計劃」以來，臺灣學界逐漸興起區域研究熱潮。八十年代臺灣高等院校與研究機構研究生畢業論文的選題趨向便已顯其端倪。近年來平埔族群研究向細部深入發展的趨勢日益明顯，研究者往往只選取某個地區、某個族群、某個族社，甚至於以某個家族為研究對象。例如，施添福以竹塹地區為例，探討清代土

〔註 22〕詹素娟、張素玢：《北臺灣平埔族群史》，臺灣省文獻委員會，1986 年，第 7 頁。

〔註 23〕施添福：《試釋土牛紅線》，《臺灣風物》第 39 卷第 2 期，1989 年。

〔註 24〕吳榮順：《從民族音樂學的角度談平埔族的族群分類──以屏東加蚋埔聚落音樂為例》，載詹素娟、潘英海主編：《平埔族群與臺灣歷史文化論文集》，中央研究院臺灣史研究所籌備處，2001 年。

〔註 25〕李壬癸：《臺灣北部平埔族的種類及其互動關係》，載詹素娟、潘英海主編：《平埔研究論文集》，中央研究院臺灣史研究所籌備處，1995 年。

地拓墾過程中「墾區莊」的設立與演變，土牛溝的位置及其對區域發展的影響；張隆志以臺中地區的巴則海族為研究個案，梳理了巴則海族的社群分佈、部落組織、經濟文化、宗教信仰以及在土地拓墾中與漢人的互動關係、族社衰微的原因，呈現了一個完整的族群變遷史；洪麗完對拍瀑拉族沙轆社的社會歷史與祭祀公業進行深入細緻的研究；日本學者鈴木滿男則以埔里盆地埔里社後裔黃望家族為個案，探討埔里地區自清代、日據到戰後的發展與變遷過程。〔註 26〕區域研究雖有助於深入而細緻地對平埔族群課題進行探討，但研究者因受時空的局限，往往不能顧及不同區域間的差異性，容易得出以偏概全的觀點。

其四，注重理論提煉。長期以來，在歷史特殊論的影響下，學界對平埔族群研究特別注重資料的收集與民族志的書寫，而對於理論探討則向來有所忽略。20 世紀八十年代以後，這種狀況發生了變化，平埔族群研究者開始注重理論上和概念上的創新。例如，在平埔族群的文化變遷研究中，漢化是主要的解釋基調。然而，潘英海卻創造性地提出「文化合成」這一全新的概念。他認為，「甲」與「乙」兩個族群在文化接觸過程中所形成的「丙」文化，是一個全新完整的文化自主體，「丙」文化既不是「甲」文化，也不是「乙」文化。「丙」文化的形成是一個「在地化」的歷程，「地方」是文化接觸的土壤，不同族群的文化接觸都在不同的「地方」在地化了；再如，鮑梅麗（Melissa Brown）在南部頭社的人類學研究中，企圖整合詮釋學與進化論兩種理論，以自然淘汰（natural selection）、社會淘汰（social selection）和文化淘汰（cultural selection）三個機制，以及在自然淘汰機制下直接選擇與間接選擇的淘汰過程，說明漢人與西拉雅人的互動關係與文化接觸現象。〔註 27〕此外，像鍾幼蘭的「族群互動圈理論」、施添福的「歷史地理論」、柯志明的「族群政治」、邵式伯的「國家理性管理說」等都在學界造成一定的影響。

特別值得一提的是，20 世紀八十年代以後，從事平埔族群研究的主要是臺灣學者，島外的研究者甚少，其中比較著名的有日本學者清水純、土田滋，美國學者邵式柏（John Shepherd）、鮑梅麗（Melissa Brown）等。而

〔註 26〕 （日）鈴木滿男：《漢蕃合成家族の形成と展開》，山口大學人文學部，1988年。

〔註 27〕 潘英海：《「平埔學」芻議》，發表於「探索臺灣田野的新面相」學術研討會，中央研究院民族學研究所，1998 年 5 月。

大陸學界在平埔族群研究上長期是一片空白，只是近幾年來才偶有個別學者開始關注。〔註 28〕

（二）臺灣族群政治研究的回顧

臺灣族群政治的研究是隨著戒嚴體制的廢除才開始興起。早先，在國民黨的黨國威權統治下，諸如省籍矛盾、國家認同等議題都屬於政治禁忌，臺灣學界鮮有論及。不過，20 世紀八十年代蔣經國推行「革新保臺」政策後，臺灣的社會政治環境逐漸寬鬆，長期處於沉寂狀態的臺獨勢力開始抬頭，並迅速聚集成一股能夠挑戰國民黨權威的政治力量。臺獨勢力為了煽動民眾反對國民黨，博取選票，對省籍族群問題大加利用，結果導致在臺灣社會中早已消弭的省籍族群問題，每到公職選舉或政治敏感時期就會驟然凸顯，成為影響政局發展的重要變數，政治族群化現象明顯。對於臺灣的族群政治，臺灣學界和大陸學界分別從不同的理論視角和政治立場進行研究。

1. 臺灣學界對族群政治的研究

臺灣學界對族群政治的研究旨趣主要集中省籍問題、「國家認同」與臺灣民族主義、「四大族群」的族群認同與政治參與等幾個方面。

省籍問題是指臺灣本省人與外省人之間的隔閡、歧視與衝突問題。臺灣學者對省籍問題的淵源、內涵、影響，以及省籍融合等多有探討。李東華透過光復初期臺灣大學接收改制過程中歷任外省籍校長與臺籍重要成員之間的任事與交往，對民族情感與省籍衝突間錯綜複雜的關係做了探索，發現光復初期臺籍知識分子民族情感空前膨脹，臺大的接收工作是由臺籍和大陸籍人士通力合作完成。但不久雙方便出現猜疑，究其原委，出於分袂弟兄文化者少，而出於人謀不臧、個人性品者多。〔註 29〕陳翠蓮則通過對各種史料與媒體報導的耙梳，檢視自 1947 年到 2000 年二二八事件相關論述的形成過程，

〔註 28〕 近幾年大陸學者涉及平埔族群的研究成果有：羅春寒：《臺灣平埔族群文化變遷及其原因試析》，《貴州民族研究》2005 年第 6 期；《清代臺灣平埔族文化變遷之研究》，中央民族大學博士學位論文，2005 年；楊梅：《試析臺灣平埔族語言轉用問題》，《中央民族大學學報》2004 年第 2 期；曾思奇：《臺灣南島語民族的分類沿革》，《中央民族大學學報》2005 年第 3 期；《臺灣南島語民族文化概論》，民族出版社，2005 年；周翔鶴：《從契約文書看清代臺灣竹塹社的土著地權問題》，《臺灣研究集刊》2003 年第 2 期；劉正剛：《清代移民開發邊疆與少數民族關係——以臺灣為例》，《中國邊疆史地研究》2005 年第 3 期。

〔註 29〕 李東華：《光復初期（1945～50）的民族情感與省籍衝突——從臺灣大學的接收改制做觀察》，《臺大文史哲學報》2006 年，第 65 期。

分析其如何與族群議題糾葛不清、混淆交礬，指出初期國民黨為了把血腥鎮壓行動合理化，將二二八事件定性為本省人殘暴外省人的「省籍矛盾」，拒不承認是「官逼民反」，可是在民主化的今日，國民黨面對族群問題的壓力卻試圖淡化二二八事件的族群色彩，又將其定義為「官逼民反」。國民黨的避重就輕行為使二二八事件始終真相不明，責任未清。〔註 30〕王甫昌從理論與經驗的角度，對省籍融合的意涵與本質作了探討，指出省籍融合是外省族群對本省族群在認同及語言上進行的「單向教化」，以及在文化上已融合、但在社會結構上仍然維持相當區隔的「結構多元化」。至於造成這種族群同化形式的原因，則包括優勢的外省族群維持統治地位的需要，外省族群的文化優越感，優勢族群能控制的體制性資源，優、劣勢族群的人口比例懸殊，以及優勢族群在地理及職業上的集中等。〔註 31〕

　　「國家認同」與臺灣民族主義是近年來臺灣學界的熱門議題。施正鋒對臺灣民族主義的研究最為用力，成果豐碩，他相繼出版了《族群與民族主義——集體認同的政治分析》（前衛出版社，1998 年）、《臺灣政治建構》（前衛出版社，1999 年）、《臺灣人的民族認同》（前衛出版社，2000 年）、《臺灣客家族群政治與政策》（新新臺灣文化教育基金會出版，2004 年）、《臺灣原住民政治與政策》（新新臺灣文化教育基金會出版，2005 年）等一系列論著，從理論上對臺灣民族主義做了相當深入的分析和建構。此外，張茂桂、林修澈、黃昭堂等對臺灣民族主義都有所研究。〔註 32〕值得注意的是，臺灣學者對臺灣民族主義的研究多是出於為臺獨活動提供法理依據的政治目的。對於族群的國家認同、政黨傾向與統獨之爭等問題，臺灣學者傾向於以選舉個案為例做具體而微的探討。例如，陳伯瑋以 2002 年臺北和高雄兩市的市長選舉為例，對北、高兩市選民的政黨偏好差異作了分析；〔註 33〕許勝懋以 1998 年臺北市

〔註 30〕陳翠蓮：《歷史正義的困惑——族群議題與二二八論述》，《國史館學術集刊》，第 16 期，2008 年。

〔註 31〕王甫昌：《省籍融合的本質——一個理論與經驗的探討》，載《族群關係與國家認同》，業強出版社，2001 年。

〔註 32〕他們發表的論文有張茂桂的《省籍問題與民族主義》，載《族群關係與國家認同》，業強出版社，2001 年；林修澈的《臺灣是一個多民族的獨立國家》、黃昭堂的《戰後臺灣獨立運動與臺灣民族主義的發展》，載施正鋒主編的《臺灣民族主義》，前衛出版社，1995 年。

〔註 33〕陳柏瑋：《臺北市、高雄市選民的政黨偏好差異：以 2002 年北、高兩市市長選舉為例，國立中正大學政治學系暨研究所碩士論文，2005 年。

長選舉爲例，對外省籍選民的「分裂投票」現象進行了剖析；〔註 34〕楊弘娟以 2006 年第四屆高雄市長選舉爲個案，對高雄市選民投票抉擇因素做了探析；〔註 35〕盛杏湲通過檢視 1990 年代的五次選舉，探討了統獨議題如何影響選民的投票抉擇。〔註 36〕諸如此類的研究成果甚多，不再贅述。

「四大族群」之說是民進黨人士於 20 世紀九十年代最先提出。對於將臺灣居民分爲閩南人、客家人、外省人與原住民四大族群的做法，臺灣學界讚賞者有之，批駁者有之，莫衷一是。石之瑜、張茂桂、張麟徵等認爲「四大族群」分類具有濃厚的政治建構色彩，毫無民族學意涵。施正鋒則利用現代族群理論中的建構論對「四大族群」的合理性極力進行闡釋。除了爭論族群分類的合理與否外，臺灣學界還對「四大族群」間的族群關係，以及各個族群的政治參與情況展開研究。其中，有關客家族群的研究成果最爲引人注目。客家人雖爲臺灣第二大族群，但近代以來因母語流失嚴重，政治上代言人稀少，經濟力量薄弱，在臺灣社會中始終處於弱勢地位，被謔稱爲「隱形人」。客家精英爲了搶救客家語言文化，改善客家人的政治地位，促進臺灣多元文化的發展，推動了一場客家研究熱潮，取得豐碩成果。例如，徐正光等從移墾、產經、政治、社會、語言、民俗、學藝、人物等方面對客家族群發展史作了全景式梳理；張維安等以親歷者的身份對客家運動的發展歷程、社會影響、遭遇的困境及其未來前景做了全面闡釋；〔註 37〕施正鋒等從族群政治的理論視角對客家族群的政治表達與族群認同作了探析。〔註 38〕如此等等，不一而足。相對於客家族群而言，有關原住民、外省人與閩南人族群認同與政治參與的研究成果則顯得相當零散，在此略而不論。

2. 大陸學界對臺灣族群政治的研究

大陸學界對臺灣族群政治的研究起步較晚，成果甚少。其中，郝時遠對

〔註 34〕 許勝懋：《臺北市選民的分裂投票行爲：一九九八年市長選舉分析》，《選舉研究》第 8 卷第 1 期，2001 年。

〔註 35〕 楊弘娟：《高雄市民投票抉擇因素之研究——2006 年第四屆高雄市長選舉個案》，國立中山大學政治學研究所碩士論文，2008 年。

〔註 36〕 盛杏湲：《統獨議題與臺灣選民的投票行爲：一九九〇年代的分析》，《選舉研究》第 9 卷第 1 期，2002 年。

〔註 37〕 張維安等主編：《多元族群與客家——臺灣客家運動 20 年》，南天書局，2008 年。

〔註 38〕 施正鋒：《臺灣客家族群政治與政策》，新新臺灣文化教育基金會出版，2004 年。

臺灣「族群」與「族群政治」的分析在學界影響較大。他指出,「族群」一詞最初在臺灣用於民族學界對少數民族的研究,1970 年代後期臺灣出現「反對運動」以後,隨著臺灣政治格局的變化和民進黨的建立,「族群」一詞進入政治生活領域,並在後現代「差異政治」和「認同政治」的交互作用下成為構建「政治族群」的「文化」工具,在「國家認同」層面和「統獨爭議」之中發揮著「族群政治」的分化作用,是「臺獨」勢力挑起「省籍矛盾」著力利用的工具。〔註 39〕此外,陳孔立對「省籍──族群──本土化」模式的研究,〔註 40〕劉國深對「省籍族群」結構功能的分析,〔註 41〕劉國深與吳祖敏對客家族群政治文化特徵的分析,〔註 42〕陳建樾對臺灣原住民運動與原住民政策的研究〔註 43〕在學界都有一定的影響。近年來,大陸高等院校中的少數碩士研究生也開始從政治學、歷史學、民族學等學科視角入手對臺灣的族群政治進行研究。例如,首都師範大學的李玲對民進黨在選舉中的族群動員方式,及其造成的社會影響做了探討,〔註 44〕中央民族大學的王杰從發展政治學的理論視角出發,綜合運用實證主義研究方法、歷史社會學研究方法、文獻分析法等對臺灣的族群問題進行研究,〔註 45〕中國政法大學的方媛對臺灣族群政治的特點、族群政治對臺灣民眾政治心理的影響等做了剖析。〔註 46〕儘管如此,大陸學界對臺灣族群政治的研究仍相當薄弱,難以與臺灣學界相提並論。

〔註 39〕郝時遠:《臺灣的「族群」與「族群政治」析論》,《中國社會科學》2004 年第 2 期。

〔註 40〕陳孔立:《臺灣政治的「省籍──族群──本土化」研究模式》,《臺灣研究集刊》2002 年第 2 期。

〔註 41〕劉國深:《臺灣「省籍族群」的結構功能分析》,《臺灣研究集刊》1999 年第 3 期。

〔註 42〕劉國深、吳祖敏:《臺灣客家族群政治文化特徵分析》,《臺灣研究》2006 年第 6 期。

〔註 43〕陳建樾:《走向民粹化的族群政治──20 世紀 80 年代以來的臺灣原住民運動與原住民政策研究》,《民族研究》2004 年第 1 期。

〔註 44〕李玲:《民進黨選舉中的族群動員研究》,首都師範大學碩士學位論文,2008 年。

〔註 45〕王杰:《臺灣政治格局中的族群問題研究》,中央民族大學碩士學位論文,2010 年。

〔註 46〕方媛:《論族群政治對臺灣民眾政治心理的影響》,中央政法大學碩士學位論文,2009 年。

三、概念解析

本書中的「族群」是個意涵極富伸縮性的泛化概念。眾所周知，在中文語境裏「民族」與「族群」存在嚴重的混淆和誤用現象。筆者認爲，造成「民族」與「族群」混淆的原因主要有二：

其一，「民族」與「族群」在由外文翻譯成中文時，因譯者閱歷的不同和理解程度的差異而導致譯文混亂或內涵失眞。「民族」和「族群」均非中文固有詞彙，而是譯自外文。〔註47〕在外文中，尤其是在英文裏，用來表達族體概念的術語數量眾多，且相互間的意涵區別甚微。然而，中文裏用來表述人類共同體的術語向來比較籠統，如用「族」、「種族」、「類」、「群」等，遠不如英文裏那樣細緻入微。如此一來，當外文中的概念譯介成中文時，勢必難以在中文裏尋覓到內涵與之完全對等的名詞。不僅如此，這些概念在譯成中文的過程中，由於譯者閱歷的不同和對原文理解程度的差異，加之彼此間缺乏溝通協調的機制，各自爲政、自行其事，難免造成譯文混亂或內涵失眞。例如，「ethnic group」一詞就曾被五花八門地翻譯成「種族」、「民族」、「民族集團」、「族體」、「民族群體」、「族裔群體」等，直至 90 年代，學界才逐漸趨向於採用臺灣學者的做法，將其譯爲「族群」。但是有的學者依然堅持要將它譯爲「民族」。阮西湖就認爲在人類共同體演進的普遍規律裏，只有氏族、部落、民族三個層次，而沒有「族群」的位置，所以將「ethnic group」譯爲「族群」是欠妥的，而應該譯爲「民族」。〔註48〕然而，學術界已約定俗成地將英文「nation」一詞譯成「民族」，若再把「ethnic group」也譯爲「民族」的話，必然使兩者產生混淆和誤用，因爲在英文語境中「ethnic group」與「nation」的內涵是有區別的。美國華盛頓大學人類學系主任郝瑞（Stevan Harrell）指出：「英文 nation 是指有 state 或 government 機構的一個群體，含有國家和民族兩層意思。……而 ethnic group 本身並不一定含有 state 或 government 的意義，它只是有意識、有認同的群體中的一種。」〔註

〔註47〕 近年來有的學者經過多方考證，對此提出了異議。如：郝時遠認爲，「民族」是中國古代文獻中固有的名詞，應用於宗族之屬與華夷之別。在近代中文文獻中，現代意義的「民族」一詞出現在 19 世紀 30 年代。日文中的「民族」一詞見諸 19 世紀 70 年代翻譯的西方著述之中，係受漢語影響的結果。詳見郝時遠：《中文「民族」一詞源流考辨》，《民族研究》2004 年第 6 期。

〔註48〕 阮西湖：《民族，還是「族群」──釋 ethnic group 一詞的涵義》，《廣西民族學院學報》2004 年第 3 期。

〔註49〕 牟小磊等：《美國華盛頓大學人類學系主任郝瑞教授在廈大人類學所作「民族」、「族群」和「族性」的學術報告》，《中國人類學學會通訊》第 196 期。

49〕英文裏兩個內涵不同的概念，在中文裏卻僅用同一個術語來表達，這樣一來，就出現了人為的概念混淆。

　　其二，「民族」與「族群」的意涵隨著歲月的流逝和情境的變化而不斷流變和泛化。目前，學術界將「nation」譯為「民族」已基本達成共識，涵義為「民族——國家」，也就是說，只有在民族和國家的邊界重合的情況下才能使用這個詞。可是「nation」的原初內涵卻與此毫無瓜葛。經考證，「nation」來源於拉丁文「natio」，其原義為「種族」（race）、「種」（breed），羅馬人僅用此詞來指稱那些籍貫相同的外國人群。到了中世紀，該詞又演變為用來稱呼大學中來自同一個地區的學生和教師，或大學中由這種「同鄉」組成的社團。13 世紀晚期「nation」一詞在英語中已普遍使用，意涵為種族群體，或血緣紐帶。到了 16 世紀早期，在英國「nation」的內涵發生了巨大轉變，它開始被用來指稱這個國家的「人民」（people），變成了人民的同義詞。大約到 18 世紀「nation」才具有現代的「民族——國家」之意。〔註 50〕由是觀之，「nation」的語義在西文語境裏是十分複雜的，可是當 19 世紀末 20 世紀初，它被梁啟超一代的知識分子經日語用「民族」一詞轉譯到中國後，便又在語義複雜的基礎上添加了指稱混亂。「民族」在中文語境裏既可以指國家認同意識上的中華民族，也可以指占人口絕大多數的漢族，還可以指現實生活中大多數人認為的漢族以外的 55 個少數民族，甚至還可以指 56 個民族之下的不具法律效力的各個實體。彭兆榮指出，「民族」作為歷史性的表述單位，擁有三條表述單位的邊界，即民族——國家「想像共同體」的政治性表述；地緣性文化發生形貌和地方人群的歷史性表述；某一個具體民族的歷史記憶與族群認同的策略性表述。〔註 51〕中文語境裏的「民族」具有如此眾多的表述邊界，指稱如此眾多不同層次的群體，其內涵之含糊由此可見一斑。

　　「族群」（ethnic group）的意涵流變和概念泛化更甚於「民族」（nation）。根據郝時遠的考證，「ethnic group」一詞來自希臘語的 Ethnos。其最初形式為 ethnic，即 ethnos 的形容詞形式。該詞在 14～18 世紀的英文文獻中有不同的拼寫方式，如 ethnykis（1375）、ethnike（1470）、Ethnicke（1581）、Ethnique（1651）等，且經常以大寫的方式表示其專有性或特指性。15 世紀後的數百

〔註 50〕潘蛟：《「族群」及其相關概念在西方的流變》，《廣西民族學院學報》2003 年第 5 期。

〔註 51〕彭兆榮：《論民族作為歷史性的表述單位》，《中國社會科學》2004 年第 2 期。

年內，這一詞主要用於指稱非基督教或非猶太教的「異教徒」。「ethnic group」這一復合形式最早出現在 1935 年的英文文獻中，其含義的演變也開始同歐美人視野中的世界政治形勢的變化更加緊密地聯繫在了一起。特別是第二次世界大戰以後，「ethnic group」開始在西方人類學界流行起來，並且越來越多地取代了歐美國家長期使用的「部落」（tribe）和「種族」（race），用以強調非體質特徵的基於歷史、文化、語言等要素的共同體。20 世紀 60 年代以後，隨著民權運動的高漲，這一概念在美國開始被視為一個在法律中非歧視的、禮貌或文明的用語，用以指稱猶太人、意大利人和其他較小的種類，反映了主要用於某些在宗教、語言等方面「固執己見」而有別於美國主流社會的其他移民群體的特點。〔註 52〕

「ethnic group」作為成熟的專業術語於 1964 被收錄在美國版的《社會科學詞典》裏，其釋義為：「在一個較大的文化和社會系統中的一個社會群體，根據其所展示或據信展示的民族綜合特徵所要求或被給予的特殊地位」。這也是迄今為止「ethnic group」的最早定義。其後，中外學者圍繞著「ethnic group」問題展開激烈探討，各抒己見、莫衷一是，僅所界定的定義就達數十個。〔註 53〕這些定義雖繁簡不一、同異有差，但大致圍繞著三種取向：一是客觀特徵；二是主觀情感；三是行為模式。茲列舉數個具有代表性的定義於後，以資說明。

馬克斯・韋伯（Max Weber）認為：「某種群體由於體質類型、文化的相似，或者由於遷移中的共同記憶，而對他們共同的世系抱有一種主觀的信念，這種信念對於非親屬社區關係的延續相當重要，這個群體就被稱為族群。」挪威人類學家巴斯（Friderik Barth）認為「族群」是由其本身組成成員認定的範疇，造成族群最主要的是其「邊界」，而非語言、文化、血緣等「內涵」；一個族群的邊界，不一定是地理邊界，而主要是「社會邊界」。吳澤霖對「族群」的解釋是：「一個由民族和種族自己集聚而結合在一起的群體。這種結合

〔註 52〕郝時遠：《Ethnos（民族）和 Ethnic group（族群）的早期含義與應用》，《民族研究》2002 年第 4 期。

〔註 53〕據馬戎粗略統計，「族群」的英文定義不少於 20 個。郝時遠在《對西方學界有關族群（ethnic group）釋義的辨析》一文中，列舉了外國學者對「族群」所下的 20 個定義。詳情可參閱該文，載《廣西民族學院學報》2002 年第 4 期。近年來，中國學者也積極地參與族群問題的探討，所下的定義雖還未精確統計，估計也不下於 10 個。

的界線在其成員中是無意識承認，而外界則認爲它們是同一體。也可能是由於語言、種族或文化的特殊而被原來一向有交往或共處的人群所排擠而集居。因此，族群是一個含義極廣的概念，它可用來指社會階級、都市和工業社會中的種族群體或少數民族群體，也可以用來區分土著居民中的不同文化和社會集團。族群概念就這樣綜合了社會標準和文化標準。」〔註54〕

由上述定義不難看出，「族群」是個仁者見仁、智者見智的概念。「族群」意涵的寬泛與模糊使其與中文語境裏的「民族」、「民系」等概念極難區分，常混淆使用。例如，有的人認爲「族群」既可以等同於我國的「民族」一詞；亦可以指民族的下位集團「民系」，如客家人、廣府人、潮州人等；還可以在超出民族的外延上使用，如華人族群等。〔註55〕有的人認爲族群可能是一個民族，也可能不是一個民族；而民族不僅可以稱爲族群，還可以包括若干不同的族群。〔註56〕有的人則認爲「族群」指一個民族群體體系中所有層次的族群單位，如漢人、客家人、華裔美國人，「民族」則指族群體系中主要的或最大範疇的單位，如漢族、大和民族、蒙古族等。〔註57〕近年來，「族群」意涵有進一步泛化的趨勢，有的人甚至認爲只要具有某一共同特徵的群體，就可稱爲「族群」，例如，「打工族群」、「學生族群」，等等。

「族群」這一概念在臺灣學界最早出現的時間可追溯到1950年。衛惠林在當年撰寫的《曹族三族群的氏族組織》一文中用「族群」指稱曹族內部的三個氏族。1970年代後期，在西方族群理論研究浪潮的影響下，臺灣學界開始廣泛使用「族群」這個概念。與此同時，在「臺獨」勢力的操弄下，「族群」概念也逐漸從學術領域進入政治場域，成爲臺灣政治生活中的權力話語。〔註58〕「族群」的意涵也由此更爲泛化和流變。

由於「族群」在臺灣社會中意涵的泛化和指稱的混亂，筆者無法對其作具體的概念界定。故而，在本書中「族群」是個泛化的概念，指稱極富伸縮

〔註54〕轉引自周典恩：《中文語境裏「民族」與「族群」混淆原因解析》，《廣西民族研究》2006年第1期。

〔註55〕孫九霞：《試論族群與族群認同》，《中山大學學報》1998年第2期。

〔註56〕徐傑舜：《論族群與民族》，《民族研究》2002年第1期。

〔註57〕王明珂：《華夏邊緣：歷史記憶與族群認同》，臺北允晨文化實業股份有限公司，1997年，第24～25頁。

〔註58〕郝時遠：《臺灣的「族群」與「族群政治」析論》，《中國社會科學》2004年第2期。

性，它既可指漢人與原住民，也可指他們的下位群體，如客家人、閩南人、噶瑪蘭族、泰雅族等。

四、資料說明

因筆者自身條件所限，難以在臺做田野調查，所以，本書中的很多資料要麼轉引自其他學者的著作，要麼摘自資料彙編。具體而言，本書所用的資料按性質可分爲以下五個類別：

（1）民間的古文書、碑刻

清代臺灣民間的契約文書，經過日本學者和臺灣學者的搜集、整理，保存下來的較爲豐富，如《岸里社文書》、《金廣福文書》、《新港文書》等。臺灣民間散落不少清代官府或民間組織鐫刻的碑刻。現今部分碑文已被臺灣學者整理出版，如《明清臺灣碑碣選集》、《臺灣中部碑文集成》。這些公私藏古文書和碑刻基本上沒有摻入書寫者的觀點立場，比較貼切歷史眞實，具有珍貴的學術價値。

（2）地方志、遊紀

明清時期旅臺的官員、文人中有不少學識淵博之士，他們在處理政務之餘，也將所見所聞記述下來，修撰成書，流傳後世，如郁永河的《裨海紀遊》、黃叔璥的《番俗六考》、六十七的《番社采風圖》等。這些著作中有不少關於臺灣原住民的史料，儘管有些地方記載得過於簡略，且往往加入了撰述者的主觀臆斷，但也不乏科學、客觀的部分。例如，黃叔璥在《臺海使槎錄》中對平埔族群的分類就相當科學。自康熙二十四年（1655 年）蔣毓英撰修首部關於臺灣的志書——《臺灣府志》以來，陸續修成的臺灣府、縣地方志書不下數十種，例如，周鍾瑄的《諸羅縣志》、陳文達的《鳳山縣志》和《臺灣縣志》、周璽的《彰化縣志》等。這些志書中的「番俗」裏一般都對臺灣原住民的風俗習慣、族社、人口有或詳或略的記載。這些資料可爲我們瞭解臺灣原住民的傳統生活方式提供一個窗口。

（3）官方的奏摺、示諭

清代的檔案文獻中留存了許多駐臺官員關於理番策略所上的奏摺，以及處理番務的案薄、公文，示諭等。從這些文獻中我們可窺見官方理番策略的變遷軌跡與番漢糾紛的發生及處理情況。

（4）日人的著述及調查資料

　　日人據臺期間曾廣泛開展慣習調查、人口普查及蕃情調查。他們搜集、整理、保存了很多涉及族群關係的原始資料。例如，日本臺灣總督府臨時臺灣舊慣調查會編的《大租取調書》、《大租取調書附屬參考書》、《臺灣私法》、《臺灣私法附屬參考書》中保留了許多古契字，《臺灣土地慣行一斑》對各地的開墾沿革，有較爲完整的調查敘述，是研究各地拓墾的重要引導。由於當時的平埔族群還沒有完全漢化，仍部分保存其固有的語言及習俗，因而日人的調查資料，在平埔族群業已漢化的今日彌足珍貴。不過，日人調查研究臺灣原住民之目的是服務於其殖民統治，所以有時可能會歪曲事實，製造虛假材料。故而，筆者對於日人調查的資料只是有選擇地參考使用。

（5）臺灣近現代學者的著作

　　臺灣光復後，中國學者延續日本學者的傳統，依然對臺灣原住民開展調查研究，特別是 20 世紀 80 年代以來，在「本土意識」與「族群意識」高漲的雙重刺激下，臺灣學界掀起了平埔族群研究的高潮。學者們深入鄉村，尋訪平埔族群的後裔，搶救了許多沉埋在民間的資料，並將之整理出版。近年來臺灣學者對平埔族群的研究成果不僅數量眾多，而且深入細緻，達到相當高的水準，而大陸學界關於平埔族群的研究幾乎是空白，所以，參閱借鑒臺灣學者的研究成果，對他們引用的材料重新進行解讀，與他們就某些觀點進行商榷，並在他們研究的基礎上更進一步，就可以少走彎路。

五、章節安排

　　本書分爲緒言、上編、下編三個部分。緒言主要闡述研究緣由、研究的現實意義與學術價值、學界有關臺灣族群關係與族群政治的研究現狀及其存在的問題，「族群」這一核心概念在本書中的的內涵。上編探討清代臺灣的族群關係，分爲六章。第一章闡述臺灣原住民的歷史淵源、類別的劃分、族稱的演變、傳統的生活方式、清代大陸移民渡臺的原因、類型與途徑等，旨在從宏觀上勾勒清代臺灣族群的整體狀況，以便爲後文論述族群關係作鋪墊。第二章側重利用契約、碑刻等民間資料來展現清代臺灣草根社會中原住民與漢人移民的互動情形，指出清代臺灣的原漢關係並不像有些學者所宣稱的那樣，是一部漢人壓迫原住民的血淚史。原漢間其實是以並耕共處，彼此合作，和睦交往爲主旋律，

衝突僅是插曲而已。雙方的合作與衝突也並非受清政府的左右，而是由社會的政經環境與族群的經濟利益等民間社會力所決定。有的學者刻意誇大漢人對原住民的侵害程度，根本目的無非在於爲臺獨訴求尋找法理依據。第三章剖析官府、通事和遊民等三個角色對清代臺灣原漢關係的影響，認爲官府因違反社會發展規律，推行阻礙民間經濟文化交流的政策，導致其對原漢關係的調控始終處於被動地位，收效甚微。半官方身份的通事一方面居中牽線搭橋，促進原漢並耕共處；另一方面，少數通事行爲不軌，橫征暴斂，引發原漢衝突，是具有雙重作用的媒介者。散處民間的遊民雖是弱勢群體，身陷苦難之中，但卻成爲製造原漢衝突的主要角色。第四章在概述平埔族群遷徙情形的基礎上，對學界流行的有關平埔族群遷徙的四種原因進行辨析，認爲有些學者所謂的經濟文化上處於優勢地位的漢人移民，在清政府的默許和慫恿下，利用各種辦法蠶食鯨吞原住民的土地，侵佔抵賴番租，致使原住民賴以生存的土地流失殆盡，番租變得有名無實，經濟陷入困頓，以致於不得不背井離鄉的說法並無充分的歷史根據。平埔族群從原居地「遷移殆盡」的觀點可能是少數學者出於某種政治目的，故意歪曲歷史事實所散佈的謬論。第五章解析平埔族群的漢化現象，認爲臺灣平埔族群的消失應是「漢化」而非「涵化」，因爲他們的變遷不僅外在地表現於社會文化方面，而且內在地體現於身份認同方面。有些臺灣學者所主張的「涵化」或「文化合成」，本質上是一種「文化臺獨」，他們意圖從根本上割裂大陸與臺灣的文化紐帶與血脈親緣，進而實現構建「臺灣人認同」的政治目的。第六章論述清代臺灣的閩客關係，認爲清代臺灣閩客械鬥頻繁的原因錯綜複雜，它是在政治、經濟、文化、社會等多個層面因素綜合作用下的結果。政治層面上，清廷的腐敗統治及其「以客治閩」的「分而治之」策略激化了閩客矛盾；經濟層面上，爭奪土地、水源等自然資源是閩客族群發生械鬥最爲主要的原因；文化層面上，閩客族群爭勇鬥狠、尚氣輕生的民族性情，以及同鄉聚居的分佈特徵易於導致雙方發生械鬥；社會層面上，臺灣性別比例失衡，遊民鳩集的狀況加劇了閩客械鬥。儘管閩客族群競爭激烈、械鬥頻繁，但面對林莽荒穢的環境和嗜殺成性的原住民，他們爲了生存發展與互利共贏，在土地拓墾、文化交流等方面也存在較多合作，並且雙方在互動過程中催生出一種新的群體——「福佬客」。

下編探討當代臺灣的族群政治，分爲五章。第七章闡述臺灣的省籍族群問題，認爲臺灣的省籍問題猶如政客手中的玩偶。作爲「官民衝突」的「二

二八事件」，在國民政府的掩飾下被詮釋成「族群衝突」，並因而被普通民眾誤認爲是省籍問題的根源，國民政府遷臺後構建的二元政治社會結構又極大地催化了省籍矛盾。儘管如此，在國民黨的威權統治下，省籍問題並不彰顯，也沒有造成社會的分裂與對立。然而，1970 年代後隨著臺灣「民主化」與「本土化」浪潮的興起，省籍問題在「黨外勢力」與民進黨的操弄下逐漸由「隱」變「顯」，並異化成政治派系鬥爭的工具。當前臺灣盛行的「四大族群」之說是政治建構的結果，換言之，「四大族群」並不是「文化族群」，而是「政治族群」。第八章對臺灣原住民運動興起的社會背景和運動的發展歷程進行闡述，並在此基礎上剖析導致運動的理念與形式前後有別的深層原因，評議運動取得的成就及其遭遇的困境，認爲這場運動雖取得了一些具有標誌性的顯性成就，但因運動理念模糊、組織渙散、領導層內訌以及外部勢力的操控，運動存在難以克服的困境，以致最終式微。第九章述評臺灣的客家運動，認爲臺灣客家運動的興起是在臺灣社會的轉型、客家族群危機意識的反彈、閩客情結的促動和客家社團的推動等多種因素作用下產生的結果。儘管客家運動因政黨傾向性明顯、理念模糊、群眾基礎薄弱、內部紛爭頻繁等問題而使其正當性受到質疑，運動成效大打折扣。但經過十餘載的抗爭，客家運動確實取得了令人矚目的成就。外在方面，寶島客家廣播電臺和客家電視臺的創設使客家人有了發聲的管道，客語在公共領域有了登臺亮相的機會。「行政院客家委員會」的設立使得客家問題有了專門的處理機構，行政管理科層也相應地得到大幅提升。內在方面，客家人的族群意識被喚醒，參政議政現象明顯增多，政治人物對客家人的漠視態度也大爲改觀。客家人在臺灣社會中弱勢、孤立與隱形的狀況在一定程度上得以扭轉，在公共事務上逐步由沉默、被動轉變爲積極、主動。第十章探討族群問題與當代臺灣的政治生態，認爲臺灣從國民黨敗退初期的黨國威權、獨裁統治，到蔣經國政治革新後的政黨紛爭、社會動盪，再到 2000 年政黨輪替後「泛藍」與「泛綠」兩大陣營的勢均力敵、針鋒相對，臺灣的政治生態在數十年間發生了翻天覆地的變化。在政黨競爭體制下，政治人物及政黨爲了打擊對手，吸納選票，紛紛主動或被動操弄族群議題，從而逐漸使其成爲影響臺灣政治生態的重要變數，政治族群化現象甚爲顯著。第十一章分析臺灣族群政治的特徵，及其對兩岸關係的影響，認爲臺灣的族群政治是在黨外勢力和民進黨反對國民黨的鬥爭中形成。它具有族群分野有濃厚的政治建構色彩、族群動員以「民主化」爲政治

口號、民族主義與國家認同糾葛不清、政治族群化程度的高低與臺獨活動的強弱相吻合、族群政治的民粹化等五個特徵。臺灣的族群政治導致「臺獨」思想氾濫，國家認同混亂，臺灣民眾對大陸的誤解和隔膜加深，兩岸的經濟文化交流遭受阻礙，要化解這些消極影響，大陸須對「臺獨」保持「積極遏制，理性應對」的態勢，同時加強兩岸的經濟文化交流，促進兩岸民眾互敬互知。

上編　清代臺灣的族群關係

第一章 清代臺灣的族群

孤懸海外的臺灣島自古以來就有土著民族繁衍生息。這些原住民支系龐雜、族社眾多，彼此關係縱橫交織。明清時期，閩粵兩省的閩南人與客家人或因無地可耕，或因作奸犯科，或因投資營利，接踵入臺拓墾土地，結果使島上的族群關係變得愈加錯綜複雜。

第一節 臺灣原住民源流考辨

臺灣原住民的源流在學術界一直是個懸而未決的問題。長期以來，中外學者從民族學、考古學、語言學、體質人類學等角度提出諸多見解，有「南來說」、「西來說」、「北來說」、「本土說」〔註1〕等，可謂眾說紛紜，莫衷一是。在這眾多的學說中，以「南來說」和「西來說」影響較大。

一、南來說與西來說

「南來說」是「馬來說」的引申，認爲臺灣原住民的全部，至少絕大部分來自南洋群島。早期的日本、歐美學者及當前部分有臺獨傾向的臺灣學者多持此觀點。

1897 年，日本東京人類學會的鳥居龍藏在考察臺北圓山貝丘遺址後首次提出臺灣原住民文化的「馬來說」。他認爲「臺灣石器時代遺物作爲歷史前的

〔註 1〕潘英：《臺灣原住民的歷史源流》，臺原出版社，1998 年，第 159 頁。潘氏認爲，「本土說」係僅依據清代文獻及連橫的《臺灣通史》等未經學術檢視的資料推斷之結果，不足爲憑；「北來說」係討論所謂瑯嶠族問題，與現在的臺灣原住民無關，可存而不論。

東西，這固然是很清楚的。那麼，留下這遺跡的是什麼人呢？是馬來人？或是尼格羅人？還是巴布亞人？這是很值得研究的一個問題。但是如果從已經有陶器這一點來看，大概可以認爲是馬來種族的遺物吧。」鳥居龍藏的「馬來說」深刻地影響了日本學者的研究理路，使得他們只注意由南而來的民族及文化移動，而忽略了與臺灣最爲接近的華南大陸的材料。〔註2〕例如，宮本延人認爲，臺灣原住民在種族上屬於南方蒙古人種的原馬來人系，語言上屬於馬來波里尼西亞語族，文化特質上屬於印度尼西亞文化群。他還依據臺灣原住民的發祥地傳說推斷：臺灣所有的原住民都是從呂宋島經巴丹群島、蘭嶼、火燒島這一路徑像飛濺於水上的石頭般地陸續移居臺灣的。〔註3〕伊能嘉矩則從馬來種族的分佈區域與臺灣諸島的地理關係方面入手，認爲「（臺灣）南隔巴士海峽，對控菲律賓群島，更以此爲楔子，與西部之印度尼西安，東部波利尼西安等諸島接壤，其狀有如聯珠，有如躍石，苟有操扁舟能者，必興『有意之移住之念』；又北赤道海流，自南而上，包擁本島東南兩岸，尤其七八月盛夏，常起南西信風，此等自然現象亦足爲可能誘致『偶然移住』之媒介。」〔註4〕

　　其實，「南來說」是構建在「南島語族東南亞起源說」的基礎之上。後者是戴恩（Isidore Deyn）採納薩皮耳（Edward Sapir）的歷史語言學觀點，即在語言親緣的族群關係中，語言變異、複雜性程度最高的地區就是該族群的原居地，認爲南島語族的發源地是東南亞群島東端的新幾內亞島。由於戴恩的研究只是在「今南島語族」中尋找語言歧異程度，忽視了華南地區的材料，加之又脫離了民族學、考古學的材料互證，使得他的理論在「南島語族」研究者中受到諸多的批評和質疑。〔註5〕從這個層面來看，雖然「南來說」者從民族考古、語言文化，甚至地理環境等方面似乎發現了一些可以表明臺灣原住民是由南洋群島北上移居臺灣的證據，但它的理論基礎卻十分脆弱。另外，就事實背景而言，「南來說」者也始終無法解釋爲何臺灣原住民的語言既古老而又較多分歧？由是觀之，「南來說」帶有先天性缺陷，有悖於自遠古以來亞

〔註2〕郭志超、吳春明：《臺灣原住民「南來論」辨析——兼論「南島語族」起源》，《廈門大學學報》2002 年第 2 期。

〔註3〕（日）宮本延人：《臺灣的原住民族》，晨星出版社，1992 年，第 216 頁。

〔註4〕（日）伊能嘉矩：《臺灣文化志》，（中譯本，下卷），臺灣省文獻委員會，1991年，第 425 頁。

〔註5〕吳春明：《「南島語族」起源研究述評》，《廣西民族研究》2004 年第 2 期。

澳間海洋地帶土著民族文化發展與空間傳播的歷史事實。〔註6〕但是，目前在臺灣社會裏仍然存在一些極力推崇「南來說」的人。他們刻意曲解「馬來說」，鼓吹臺灣原住民是由南洋群島遷移而來，與中國大陸毫無關聯，其目的無非是為「臺灣民族獨立論」確立理論基石，進而迎合臺獨訴求，其政治色彩要遠大於學術意涵。

　　「西來說」也即「中國大陸來源說」，中國大陸及大部分臺灣學者多主張之。該學說的主張者因對臺灣原住民的具體來源有不同見解而形成諸多旁支。淩純聲認為，中國大陸的古代閩越族與臺灣原住民之間存在密切的源流關係。1952 年，他在《古代閩越人與臺灣土著族》一文中指出，臺灣土著與廣義上的苗族原先同為一族，即越濮民族，居於大陸長江以南地區。越濮民族在大陸東南沿海者，古稱百越；散處西南山地者則曰百濮。臺灣土著屬於百越，很早即離開大陸，遷入臺灣，後來與外隔絕，故而能夠保存其固有的語言文化。留在大陸之越濮，則與南下漢藏系文化諸族混合，有的完全涵化，有的雖習用其語言，然仍保留許多東南亞古文化的特質。他認為多數臺灣原住民是在遠古時代來自中國大陸，或整個馬來族也是由亞洲大陸南遷到南洋群島，而臺灣當為最先移殖之地。〔註7〕此後，大陸學者基本上都是循著淩氏的「百越」視野延續其研究。例如，陳國強在《高山族史研究》一書中寫道：「臺灣發現的古人類化石和舊石器，把臺灣歷史推前至三萬年前，這就是臺南左鎮鄉菜寮溪發現的『左鎮人』和隨後的『長濱文化』主人。他們都是臺灣舊石器時代後期居民，也是百越族的先民。到新石器時代，臺灣發現的『大坌坑文化』、『圓山文化』和『鳳鼻頭文化』主人與百越族的存在是同一時期的。……可見臺灣和福建都是閩越族居住地。」〔註8〕

　　「西來說」者除了多數贊同臺灣原住民源於華南大陸的古代閩越人外，也有部分學者認為臺灣原住民來源應是多元的。例如，王孝廉認為，雖然臺灣原住民主要來源於大陸東南沿海地區的古越人，但古代百越族群與氐羌族群雜居一處，互相影響，因此，臺灣原住民與氐羌族群也有關係，後來又融合了來自琉球、菲律賓、馬來西亞的土著，甚至自大陸本土陸續遷移而來的

〔註6〕郭志超、吳春明：《臺灣原住民「南來論」辨析——兼論「南島語族」起源》，《廈門大學學報》2002 年第 2 期。
〔註7〕潘英：《臺灣原住民的歷史源流》，臺原出版社，1998 年，第 131～132 頁。
〔註8〕陳國強等：《高山族史研究》，中國人類學學會編印，1999 年，第 6 頁。

漢人與金人也融於其間。江炳成認為,臺灣原住民主要來源於漢化前的百越和苗瑤,且混雜有南島語系及小黑人等種類,其原居地可能包括大陸沿海地區、大洋洲、印尼、婆羅洲等。〔註9〕另外,還有的學者認為臺灣原住民主要源自東夷人。例如,張崇根從稻粟混作農業、炊煮器、拔牙習俗、住宅建築形式、葬具等方面將古代生活於海岱地區的東夷人與臺灣原住民進行比較,發現雙方具有較多相同的文化特質,從而推斷臺灣原住民可能主要源自東夷。〔註10〕

不過,「西來說」者也面臨一些難以自圓其說的困惑。例如,持此論說者無法說明何以華南大陸現今未發現與臺灣原住民操相似語言,具有類似體質的人種。

衛惠林為了彌合「南來說」與「西來說」各自的缺陷而將兩者調和在一起,提出「新舊南北兩系說」。他認為臺灣原住民的源流有二:一是來臺較早而與南島語族無關的百越族;一是來臺較晚的南島語族。但他的理論也面臨同樣的困境,即臺灣原住民在幾乎完全與外界隔絕的情況下,能夠較完整地保存數十種南島語言,為何獨不見古越語的蹤跡呢?〔註11〕顯然,「新舊南北兩系說」的缺陷不言而喻。

「南來說」、「西來說」以及「新舊南北兩系說」雖都有或多或少的證據作為其理論依據,但同時也存在無法令人信服地解釋若干關鍵性民族文化事項的瓶頸性問題。筆者認為,臺灣原住民可能既不是直接源自南洋群島的南島語族,也不是直接源自古代中國大陸的閩越人或東夷人,而是源自遠古時代亞洲大陸東部或東南部的某個種族。這個種族是南島語系民族、南亞語系民族和壯侗語系民族的共同祖先。他們沿著兩條途徑遷移到臺灣:一是在他們尚未演變成後來所謂的「百越」民族時就已直接渡過臺灣海峽,移居臺灣島;二是他們順著中南半島,南下到南洋群島,並在那裡發展成為現今的南島語族。其中有些南島語族又從南洋群島北上遷移到臺灣。這樣我們就可以解釋「南來說」與「西來說」所面臨的困惑:滯留在華南大陸的先民後來演化成越濮民族後,其原先的文化特徵發生了根本性變化,這就是為何華南大陸至今沒有發現類似於南島語族文化與體質的民族;而遷移到南洋群島或臺

〔註9〕 潘英:《臺灣原住民的歷史源流》,臺原出版社,1998年,第161頁。

〔註10〕 張崇根:《臺灣世居少數民族源於東夷說述論》,《黑龍江民族叢刊》2009年第2期。

〔註11〕 潘英:《臺灣原住民的歷史源流》,臺原出版社,1998年,第162~163頁。

灣島的先民則因地理環境甚爲封閉，能較好地保留其固有的文化。所以，臺灣原住民的語言既古老而又較多分歧。當然，以上僅是筆者的初步推測，尚缺乏資料輔證。

二、原住民渡臺時間

至於原住民移居臺灣的時間，前輩學仁也多有探究。凌純聲認爲，臺灣原住民是於 3500 年前，自大陸沿兩條可能路徑移居臺灣：一是由臺灣對面中國大陸閩浙沿海地區直接渡海峽而來；二是以長江中游兩湖地區爲發源地，經中南半島、印尼群島、菲律賓而轉至臺灣。〔註12〕衛惠林等結合民族學、語言學與人種學知識進行綜合考察，認爲臺灣原住民渡臺的時間與地點，依族群而異。其中，平埔族群最早來臺者應有 2000 年以上的歷史，而最遲者恐亦不下於 500 年，而同一系統中各族群亦可能有數百年的前後差距，其系統與文化的複雜性可資爲證。〔註13〕石磊認爲臺灣的高山族群最早大約在五六千年前就遷入臺灣，其主群最遲在 3500 年前已遷移完畢。平埔族群大約也在七八百年前就來到臺灣。〔註14〕李壬癸在《臺灣南島語民族的遷移史》一書中指出，最早移居臺灣的族群包括泰雅、鄒、賽夏、巴則海、洪雅等，時間約在 6500 年前；排灣、卑南、魯凱等族群大約在 5000 年前始遷入；噶瑪蘭族大約在 3000 年前，猴猴族則不超過 1000 年，雅美族最遲，約在 500 年前遷居蘭嶼。〔註15〕陳奇祿推斷，泰雅、賽夏二族可能在 5000 年前移入臺灣，邵族、布農、鄒在 3000 多年前，魯凱、排灣、卑南在 2000 多年前，阿美在公元以後，雅美在唐宋之間。〔註16〕潘英從「南島語族」的起源、體質、語言、文化特徵和「發祥地傳說」原理入手，推斷泰雅、鄒來臺最早，約在 5000至 6000 年前分別由大陸南部及中南半島移居臺灣；賽夏、布農等族群次之，約在 3500 至 4500 年前，由華中經由華南、南方島嶼移往臺灣；排灣、魯凱再次之，可能在 2500 到 3500 年前，由中南半島泛海來臺；卑南、阿美、平

〔註12〕凌純聲：《古代閩越人與臺灣土著族》，《學術季刊》第 1 卷第 2 期，1952 年。
〔註13〕臺灣省文獻委員會：《臺灣省通志》，卷八，「同胄志·平埔族篇」，眾文圖書股份有限公司，1980 年，第 1 頁。
〔註14〕石磊：《臺灣土著族》，《國文天地》第 5 卷第 11 冊，1990 年，第 66 頁。
〔註15〕李壬癸：《臺灣南島語民族的遷移史》，常民文化出版社，1997 年，第 76 頁。
〔註16〕陳奇祿：《臺灣土著文化的特質》，載《臺灣土著文化研究》，聯經出版公司，1992 年，第 6～9 頁。

埔等族群約在 2000 年前由中南半島或大陸南部移入臺灣；雅美最次，可能在距今 500 到 1000 年前，由菲律賓巴丹島移入蘭嶼。〔註 17〕

顯而易見，學界對原住民移居臺灣的時間存在較大分歧。在缺乏確鑿而充分證據的情況下，筆者難以判斷孰是孰非。不過，有兩點我們可以確認：其一，考古資料顯示，臺灣島上早在 2～3 萬年前就有人類居住。據此可知原住民最早移居臺灣的時間至少可以追溯到 2 萬年以前。其二，原住民是在漫長的時間裏分批逐次移居臺灣，前後差距甚至達數千年之久。

第二節　臺灣原住民的類別與族稱述論

臺灣原住民的祖先在漫長的歲月裏分批由東亞大陸或南洋群島陸續泛舟遷臺後，因海洋阻隔之故，與外界鮮有接觸。他們依地理形勢、血緣組織與祭祀習俗逐漸形成許多族社，過著近乎封閉式的原始部落生活。明清時期渡臺的大陸移民以及日據時代的日本殖民者為了便於指稱和管理臺灣原住民，遂對其進行分類和命名。由於分類者的背景、動機與認知水平各有所異，加之原住民本身族系繁雜，使得分類結果呈現五花八門的現象。不過，就臺灣原住民類別界定的特徵來看，總體上以日據時代為界可分成兩個階段，即明清時期的漢民族文化中心主義性分類和日據時代以來的學術研究型分類。

一、明清時期：漢民族文化中心主義性分類

自西周以來，中國便逐漸形成了一個以漢文化為中心的認同體系，將四周的「非我族類」皆斥為戎、狄、蠻、夷、番等，視其為非人類。明清時期，渡臺的大陸移民受此民族文化中心主義思想的影響，亦以「夷」或「番」〔註

〔註 17〕潘英：《臺灣原住民的歷史源流》，臺原出版社，1998 年，第 167～168 頁。「發祥地傳說」原理認為：傳說中偏重高山發源說的族群來臺較早，偏重平地或海濱發源說者次之，而偏重海外發源說者來臺最晚。因為偏重高山發源說者已忘記海洋，而偏重海外發源說者不僅記住海洋，甚至還記得來臺路線，顯然前者來臺較早，後者來臺較晚。

〔註 18〕以「番」或「蕃」字指稱異族，出現較晚，約始於唐宋時期。它具有多重解釋：「獸足謂之番，從採田象其掌」，（段玉裁：《說文解字注》，第 50 頁。）；「考國策史漢諸書，無指夷人為番者，惟周禮之九畿有蕃畿，亦曰蕃服，蕃其地最遠，籍以為蕃籬，又夷鎮蕃之服皆為蕃國云。」（吳子光：《臺灣紀事》，第 53 頁。）；「千里曰王畿，又其外方五百里曰蠻畿，又其外方五百里曰蕃畿。」（孫希旦：《禮記集解》，第 287 頁。）

18〕來指稱臺灣原住民。例如，明萬曆三十年（1602 年），福建連江人陳第隨沈有容征剿倭寇於臺灣，次年作《東番記》，曰：「東番夷人不知所自始，居澎湖外洋海島中；起魍港、加老灣，歷大員、堯港、打狗嶼、小淡水、雙溪口、加哩林、沙巴里、大幫坑，皆其居也。斷續凡千餘里，種類甚蕃。別為社，社或千人，或五六百，無酋長，子女多者眾雄之，聽其號令。性好勇，喜鬥，無事晝夜習走，足蹋皮厚數分，履荊刺如平地，速不後奔馬，能終日不息；縱之，度可數百里。」〔註 19〕又如，延平王鄭成功的戶部主事楊英在《從征實錄》中記載永曆十五年（1661 年）「七月，藩駕駐承天府。戶官運糧船不至，官兵乏糧，每鄉斗價至四、五錢不等，令民間輸納雜子蕃薯，發給兵糧。紅夷甲板船至，調右武衛前協裴德幫守安平鎮，援勦後鎮。後衝鎮官兵激變大肚土番叛，衝殺左先鋒鎮營，楊祖與戰，被傷敗回，至省病，死之。」〔註 20〕初期，漢人對臺灣原住民或稱「夷」，或稱「番」，或「夷」、「番」並稱，沒有定制。入清以後，「夷」字逐漸淡出了臺灣原住民的指稱用語，而獨以「番」字來泛稱。漢人在稱呼臺灣原住民時，通常是在「番」字之前加上個限定詞，以作種類區分，如「土番」、「野番」、「生番」、「熟番」等。

首次對臺灣原住民進行分類的是康熙年間入臺採硫的郁永河。他在《裨海紀遊》一書中說：「諸羅、鳳山無民，所隸皆土著番人。番有土番、野番之別：野番在深山中，疊嶂如屏，連峰插漢，深林密箐，仰不見天，棘刺藤蘿，舉足觸礙，蓋自洪荒以來，斧斤所未入，野番生其中，巢居穴處，血飲毛茹者，種類實繁，其升高陟巔越箐度莽之捷，可以追驚猿，逐駭獸，平地諸番恒畏之，無敢入其境者。而野番恃其獷悍，時出剽掠，焚廬殺人；已復歸其巢，莫能向邇。其殺人輒取首去，歸而熟之，剔取髑髏，加以丹堊，置之當戶，同類視其室髑髏多者推為雄，如夢如醉，不知向化，真禽獸耳！」〔註 21〕其後，隨著大陸移民接踵渡臺，番漢接觸日益頻繁，漢人對原住民的命名與分類也日見增多。但是，由於當時人們缺乏基本的民族學知識，所以一般只是基於自身的立場，憑藉自己的認知水平，參照不同的區分準則，主觀地加以分類和命名。例如，有的以是否遵服教化，輸納番課為標準。《彰化縣志》曰：「山高海大，番人稟

〔註 19〕 沈有容：《閩海贈言》，卷二，「東番記」，臺灣文獻叢刊第 56 種，臺灣銀行經濟研究室，1959 年。
〔註 20〕 楊英：《從征實錄》，臺灣文獻叢刊第 32 種，臺灣銀行經濟研究室，1958 年。
〔註 21〕 郁永河：《裨海紀遊》，「卷下」，臺灣文獻叢刊第 44 種，臺灣銀行經濟研究室，1959 年。

生其間，無姓而有字，內附輸餉者曰熟番；未服教化者曰生番，或曰野番。」
〔註22〕有的以原住民與漢文化的接觸程度爲準繩。《臺灣始末偶記》曰：「其番
有生者、熟者；其聚族而居之所曰社，合臺灣之社有三百五、六十焉。其社有
生番、有熟番。生者何？不與漢群，不達吾言語者也。熟者何？漢、番雜處，
亦言吾言，語吾語者也。」〔註23〕有的以原住民居住的地理類型爲依據。《臺東
州採訪冊》云：「臺東本番地，土著皆番人，以居平地，稱平埔番。」〔註24〕
《臺灣番社考》曰「生番又分二種：一爲平埔番，一爲岩穴生番。」〔註25〕有
的以民族秉性爲準。沈葆楨《請移駐巡撫摺》曰：「生番種類數十，大概有三：
牡丹等社，持其悍暴殺爲生，瞽不畏死；若是者，曰凶番。卑南、埔里一帶，
居近漢民，略通人性；若是者，曰良番。」〔註26〕有的是以「番界」爲區分標
準。《蠡測匯鈔》云：「臺灣四面皆海，而大山亙其南北。山以西民番雜居，山
以東有番無民。番所聚處曰社，於東西之間，分疆劃界。界內番或在平地、或
在近山，皆熟番也；界外番或歸化、或未歸化，皆生番也。」〔註27〕

　　這些族稱因依據的標準紛繁複雜，有的還模棱兩可，造成其所指涉的內
容亦含糊不清，讓人難以分辯。例如，「生番」與「熟番」是清代臺灣原住民
最常見的族稱，但何爲「生番」，何爲「熟番」，卻往往難以釐清。若以遵服
教化，輸納番課這一標準而論，則輸餉納貢的番人未必就是「熟番」。「水沙
連番」早在清朝康熙年間便已歸化輸餉了，但即使到了清末光緒年間，仍稱
之爲「化番」，而非「熟番」。所以輸納番課充其量只能作爲區分原住民歸化

〔註22〕 周璽：《彰化縣志》，卷九，「風俗志」，臺灣文獻叢刊第 156 種，臺灣銀行經
　　　　濟研究室，1962 年。據潘英考證，「熟番」與「生番」的區分，最早出現於康
　　　　熙五十五年（1716 年）閩浙總督覺羅滿保的《題報生番歸化疏》中。所謂的
　　　　「生」與「熟」，是古代中國對四夷的一種分類法，以其與漢文化的接觸程度
　　　　爲標準。如苗族分爲熟苗與生苗。
〔註23〕 魯之裕：《臺灣始末偶記》，收入《臺灣輿地匯鈔》，臺灣文獻叢刊第 216 種，
　　　　臺灣銀行經濟研究室，1965 年。
〔註24〕 胡傳：《臺東州採訪冊》，臺灣文獻叢刊第 81 種，臺灣銀行經濟研究室，1960
　　　　年。
〔註25〕 鄺其照：《臺灣番社考》，載《臺灣輿地匯鈔》，臺灣文獻叢刊第 216 種，臺灣
　　　　銀行經濟研究室，1965 年。
〔註26〕 沈葆楨：《福建臺灣奏摺》，臺灣文獻叢刊第 29 種，臺灣銀行經濟研究室，1959
　　　　年。
〔註27〕 鄧傳安：《臺灣番社紀略》，載《蠡測匯鈔》，臺灣文獻叢刊第 9 種，臺灣銀行
　　　　經濟研究室，1958 年。

與否的標準，而不能作爲判定生熟之別的準繩。〔註 28〕若以與漢文化接觸程
度作爲標準，則在具體的操作中更難以把握。因爲「生番」到底漢化到何種
程度才能夠算得上是「熟番」呢？其界定標準彈性較大，往往因人而異。同
一個番社在不同的分類者眼中，可能會是「生番」，也可能會是「熟番」。所
以，生熟番之區分併非絕對。況且，隨著時間的推移，環境的改變，「生番」
可以化熟，「熟番」也可以化生。例如，雍正五年（1727 年）巡臺御史索琳曾
不無擔憂地說：「熟番場地，向有奸棍認餉包墾，久假不歸之弊，若任其日被
侵削，番眾無業可依，必至退處山內，漸漸變爲生番。」〔註 29〕又如乾隆三
十一年（1766 年）閩浙總督蘇昌奏：「比年熟番滋生日眾，生計日蹙。及今不
辦日久必潛入大山，仍作生番。」〔註 30〕

　　總的來看，明清時期臺灣原住民的分類與命名具有以下四個特徵：其一、
分類者主要是民間士人和地方官吏。明清時期，有關臺灣原住民的記載散見
於現存的史志、札記、遊紀、奏摺、告示等，而這些文本的撰述者多是民間
士人和地方官吏，由此推測他們應是明清時期臺灣原住民的主要分類與命名
者。其二、分類的動機是爲了滿足獵奇心理和管理需要。民間士人之所以著
書記述臺灣原住民，無外乎是爲其奇特的風土人情所吸引，立志將所見所聞
記載下來，以爲世人所知曉。而地方官吏對原住民作出分類可能是爲了便於
管理番社和徵收賦稅。其三、分類的結果缺乏科學性。由於明清時期無論民
間士人，還是地方官員均毫無民族學知識，結果導致他們的分類顯得雜亂無
章，隨意性強，缺乏系統性，沒有科學憑據。明清時期臺灣原住民的分類，
除了黃叔璥在「番俗六考」中的分類與現代所採用的類別法有多處吻合外，
其餘的皆無學術意涵。〔註 31〕其四、漢民族文化中心主義思想烙印明顯。民

〔註 28〕邱正略：《清代臺灣中部平埔族遷移埔里拓墾之研究》，私立東海大學歷史研
　　　　究所碩士論文，1992 年，第 16 頁。
〔註 29〕《雍正硃批奏摺選輯》，大通書局，1984 年，第 44 頁。
〔註 30〕《清高宗實錄選輯》，大通書局，1964 年，第 148 頁。
〔註 31〕黃叔璥在「番俗六考」中對臺灣原住民作如下分類：北路諸羅番十種和南路
　　　　鳳山番三種，共十三類。前者包括：一、新港、目加溜灣（一名灣里）、蕭壠、
　　　　麻豆、卓猴；二、諸羅山、哆囉嘓、打貓；三、大武郡、貓兒幹（一作麻芝
　　　　幹）、西螺、東螺、他里霧、猴悶、斗六（一名柴里）、二林、南社、阿束、
　　　　大突、眉里、馬芝遴；四、大傑巔、大武壠、噍吧年、木岡、茅匏頭、加拔、
　　　　霄里、夢明明；五、內優、壠社、屯社、綱社、美壠；六、南投、北投、貓
　　　　囉、半線、柴仔坑、水里；七、踏枋、鹿堵、啤囉婆、盧麻產、幹仔務、奇
　　　　冷岸、大龜佛、水沙連、思麻丹、木武郡赤嘴（一名刺嘴籛）、麻咄目靠、挽

間士人和地方官員以深具侮辱性和鄙視性的「番」字來指稱臺灣原住民，表明在他們的心目中臺灣原住民無異於茹毛飲血的獸類，漢民族文化中心主義思想對臺灣原住民分類與命名的影響於此可見一斑。

二、日據時代以來：學術研究型類別

甲午戰爭中清廷慘敗，被迫將臺灣割讓給日本。而日本對臺灣早已垂涎三尺，現既然如願以償地攫取了臺灣，自然不會像腐敗無能、目光短淺的清政府那般賤視之。日本自侵佔臺灣的那一刻起，就對它表現了強烈的企圖心，在接管之初就派遣了若干學者隨日軍來臺。翌年，又有計劃地派遣動物、植物、地質及人類學四大部門的研究人員來臺，企圖掌握臺灣的生態環境，以便統治。早期研究臺灣原住民成就卓著的伊能嘉矩、鳥居龍藏、森醜之助等都是於此時就登陸臺灣了。〔註32〕具有諷刺意義的是，清廷統治臺灣雖長達二百餘年，可對原住民卻知之甚少，而日人侵臺後不久，就開展大規模的「蕃地調查」活動，並由此開創了真正意義上的臺灣原住民研究。

日本據臺之初，殖民當局依然沿襲清代常用的「生、熟番」二分格局，只是改「番」為「蕃」。《理蕃概要》曰：「本島的蕃族分生蕃、熟蕃兩種，生蕃是屬於所謂的化外異類，居高嶺深溪之間，仍保持原始的生活狀態；熟蕃指從蘭、鄭時代即向化，服從政令的西部平原居住的蕃族。」〔註33〕有時他們也稱臺灣原住民為「高山蕃」與「平地蕃」。《蕃情研究會志》云：「所謂高山蕃，

鱗倒咯、狙里蟬巒蠻、幹那霧；八、大肚、牛罵、沙轆、貓霧拺（一作麻霧拺）、岸里、阿里史、樸仔籬、掃拺、烏牛難；九、大甲東社、大甲西社、宛里、南日、貓盂、房里、雙僚、吞霄、後壟、新港仔、貓里、加至閣、中港仔、竹塹、礁嘮巴；十、南嵌、坑仔、霄里、龜侖、澹水、內北投、麻少翁、武嘮灣、大浪泵、擺接、雞柔、大雞籠、山朝、金包里、蛤仔難、哆囉滿、八里分、外北投、大屯、里末、峰仔嶼、雷里、八芝蓮、大加臘、木喜巴壟、奇武辛、秀朗、里族、答答悠、麻里即吼、奇里岸、眩眩、小雞籠。後者包括：一、上澹水、下澹水、阿猴、搭樓、茄藤、放索、武洛、力力；二、北葉安、心武里、山豬毛、加蚌、加務朗、勃朗、施汝臘、山里老、加少山、七齒岸、加六堂、礁嘮其難、陳阿修、加走山、礁綱曷氏、係率臘、毛係係、望仔立、加籠雅、無朗逸、山里目、佳者薏葉、擺律、柯覓、則加則加單；三、謝必益、豬嘮踈、小麻利、施那格、貓里踏、寶刀、牡丹、蒙率、拔蛃、龍鸞、貓仔、上懷、下懷、龜仔律竹、猴洞、大龜文、柯律。

〔註32〕潘英：《臺灣原住民族的歷史源流》，臺原出版社，1998年，第78頁。
〔註33〕臺灣總督府蕃務本署：《理蕃概要》，載《臺中廳理蕃史》，臺中廳蕃務課，1914年，第93頁。

指居住在本島高山，黥面之北蕃總稱；……平地蕃，指的是住在平地的蕃人之意。」〔註34〕不過，隨著日人對原住民境況瞭解的深入以及民族學知識的發展，他們開始以較具科學意義的「族」字替換帶有歧視意味的「蕃」字。1935年，日本臺灣總督府公佈的「戶口調查規定」中，正式改稱住在高山上的原住民爲「高砂族」，居住在平原地帶漢化較深的原住民爲「平埔族」。臺灣光復初期，具有殖民主義色彩的「高砂族」又被改爲「高山族」。由明清時期的「生番」與「熟番」到近現代的「高山族」與「平埔族」，臺灣原住民的二分格局沿用日久，便在一般人的觀念中以爲「平埔族」與「高山族」是體質與文化均不相同的兩個民族。〔註35〕日據時代以來，人們習慣性地將臺灣原住民分爲「平埔族」和「高山族」（或稱「高山族群」與「平埔族群」）兩大類別，然後再根據語言、文化等特徵分別對其進行更爲細緻的分類與命名。

（一）平埔族群

平埔族群的學術研究型分類由日本學者伊能嘉矩首創。〔註36〕1900年，他在與粟野傳之丞合著的《臺灣番人事情》一書中依據語言特徵將平埔族群分爲十個族群，分別是 Tao（馬卡道族）、Siraiya（西拉雅族）、Lloa（魯羅阿族）、Poavosa（貓霧捒族）、Arikun（阿里坤族）、Vupuran（巴布蘭族）、Pazzehe（巴則海族）、Taokas（道卡斯族）、Ketaganan（凱達格蘭族）、Kuvarawan（噶瑪蘭族）。〔註37〕此後，日本學者移川子之藏、小川尚義、馬淵東一、鹿野忠雄、土田茲以及臺灣光復後的中國學者張耀琦、洪敏麟、李亦園、李壬癸等在伊能嘉矩的基礎上，又分別提出七族、八族、九族、十族、十二族等各種不同的類別法。現將各家的分類情況製成一表。

〔註34〕 （日）鯉登行文：《高山蕃與平地蕃》，載《蕃情研究會志》，第2號，蕃情研究會，1899年，第6～7頁。

〔註35〕 李亦園：《從文獻資料看臺灣平埔族》，載《臺灣土著民族的社會與文化》，聯經出版事業公司，1982年，第50頁。李氏認爲，平埔族與高山族的分類法是不科學的，因爲平埔族與高山族乃屬於同一系統，而有些高山族與平埔族間的關係且較與其他高山族的關係尤深。但由於研究上的方便，我們因襲了傳統的「平埔族」與「高山族」兩名詞。

〔註36〕 有的學者認爲，鳥居龍藏才是最早對臺灣平埔族進行分類的人，時間是1897年。詳情見林修澈的《原住民的民族認定》，立華出版有限公司，2001年，第25頁。

〔註37〕 羅春寒：《清代臺灣平埔族文化變遷之研究》，中央民族大學博士學位論文，2005年，第76頁。

表一：臺灣平埔族群分類沿革表〔註38〕

時間	分類者	族　　名												
1899	伊能嘉矩 粟野傳之丞	Kuvarawan	Ketaganan		Taokas	Vupuran	Poavosa	Arikun	Lloa	Pazzehe	一	Siraiya		Tao	10族
1930	移川子之藏	Kavarawan	Ketagalan		Taokas	Vupuran	Babuza	Hoanya		Pazeh	Sao	Siraiya		Tao	10族
1935	小川尚義	Kavarawan	Ketagalan		Taokas	Vupuran	Babuza	Hoanya		Pazzehe	Sao	Siraya			9族
1944	小川尚義	Kavarawan	Ketagalan	Luilang	Taokas	Papora	Babuza	Hoanya		Pazeh	Sao	Siraiya			10族
1951	張耀琦	卡瓦蘭	凱達格蘭		道卡斯	拍瀑拉	拍瀑拉	洪雅		拍宰海	一	西拉雅	四社熟番		9族
1954	馬淵東一	Kavanlan	Ketangalan	Luilang	Taokas	Papora	Babuza	Hoanya		Pazeh	Sau	Siraya Taivoan / Makatau			10族
1955	李亦園	噶瑪蘭	凱達格蘭	雷朗	道卡斯	巴布拉	貓霧捒	和安雅		巴則海	水沙連	西拉雅			10族
1970	洪敏麟	卡瓦蘭	凱達格蘭		道卡斯	拍瀑拉	巴布薩	洪雅		拍宰海	一	西拉雅			8族
1985	土田滋	Kavalan	Basay	Keta.	Kulon	Taokas	Papora	Babuza	Hoanya	Pazeh	一	Sir	Mak	Taiv.	12族
1991	李壬癸	噶瑪蘭	凱達格蘭（馬賽 / 雷朗 / 哆囉美遠）		巴布蘭（道卡斯 / 巴布拉 / 貓霧捒 / 費佛朗）			洪雅		巴則海	邵	西拉雅（Sir. / Mak. / Taiv.）			7族14支

〔註38〕 本表是參照李壬癸的《平埔族分類對照表》增添繪製而成。

資料來源：洪敏麟等：《臺灣省通志》，卷八，「同胄志・族群分類分佈篇」，臺灣省文獻委員會，1972 年，第 19～22 頁。李亦園：《從文獻資料看臺灣平埔族》，載《臺灣土著民族的社會與文化》，聯經出版事業公司，1982 年，第 51～53 頁。李壬癸：《臺灣平埔族的歷史與互動》，常民文化事業股份有限公司，1998 年，第 41 頁。

迄今為止，學界之所以沒有在平埔族群分類上達成共識，主要是因為自古以來平埔族群是以「社」為聚居單位，而相鄰的族社之間在語言、風俗等方面往往並無明顯的差異，所以學術界根本無法按照文化特徵人為地將他們分成界限分明的若干族群。另外，迨至日據時代，多數平埔族群業已漢化很深，其固有的文化特徵早已喪失大半，這無疑令平埔族群的分類更是難上加難。不過，雖然各家對平埔族群的分類存在一定出入，但大致都是以九族為主軸。這九個族群分別是噶瑪蘭族、凱達格蘭族、道卡斯族、拍瀑拉族、巴布薩族、洪雅族、巴則海族、西拉雅族和馬卡道族。

（二）高山族群

高山族群的系統分類也首見於《臺灣番人事情》一書。伊能嘉矩在該書中將高山族群分為 Ataiyal（泰雅）、Vonum（布農）、Tsuou（鄒）、Supayowan（排灣）、Tsarisen（澤利先）、Piyuma（漂馬）、Amis（阿美）等七個族群。[註39] 1910 年，鳥居龍藏在實地田野調查後，分高山族群為 Taiyai（泰雅）、Niitaka（新高）、Bounoun（布農）、Saou（邵）、Tsarisène（澤利先）、Paiwan（排灣）、Pyouma（漂馬）、Ami（阿美）、Yami（雅美）九族，較伊能嘉矩的分類增加了雅美和邵族，並把鄒族改稱為新高族。1911 年，臺灣總督府蕃務本署在伊能嘉矩和鳥居龍藏分類的基礎上，分高山族群為 Taiyal（泰雅）、Bunun（布農）、Tsuou（鄒）、Tsarisen（澤利先）、Paiwan（排灣）、Piyuma（漂馬）、Ami（阿美）、Yami（雅美）、Saisett（賽夏）九族，即將邵族排除出去，加上向被視為平埔族群的賽夏族。[註40]

中國學者早在日據時代就開始嘗試對高山族群進行調查研究。林惠祥曾冒著生命危險兩度入臺調查原住民，他在 1930 年發表的《臺灣番族之原始文化》一文中分高山族群為太麼、薩衣設特、蒲嫩、朱歐、阿眉、派宛、野眉

〔註39〕劉斌雄：《日本學人之高山族研究》，載黃應貴主編的《臺灣土著社會文化研究論文集》，聯經出版事業公司，1998 年，第 74 頁。
〔註40〕潘英：《臺灣原住民族的歷史源流》，臺原出版社，1998 年，第 79 頁。

七族。〔註41〕臺灣光復後，中國學者繼續對高山族群的分類進行探討，並提出富有創造性的見解。例如，芮逸夫在《臺灣土著各族劃一命名擬議》中認為，居於中央山脈和東海岸平原的高山族群可分爲泰雅、賽夏、布農、曹、魯凱、排灣、卑南、阿美、雅美九大族群，而陳奇祿則主張十大族群之說，即於上述九族群之外再加上日月潭地區的邵族。〔註42〕爲了便於讀者一目了然，現將各家對高山族群的分類列表於後：

表二：臺灣高山族群分類沿革表

時間	分類者	族									名
1899	伊能嘉矩 粟野傳之丞	Ataiyal	Tsuou	Vonum	—	Tsarisen	payowan	Piyuma	Amis	—	—	7族
1910	鳥居龍藏	Tayal	Niitaka	Bounoun	Saou	Tsarisen	Patwan	Pyouma	Ami	Yami	—	9族
1911	臺灣總督府蕃務本署	Taiyal	Tsuou	Bunun	—	Tsarisen	Paiwan	Piyuma	Ami	Yami	Saisett	9族
1912	森醜之助	Taiyal	Tsuou	Bunun	—	Paiwan			Ami	Yami	—	6族

〔註41〕林惠祥：《臺灣番族之原始文化》，載《天風海濤室遺稿》，鷺江出版社，2001年，第78頁。

〔註42〕卓宏祺：《清代臺灣理番政策之研究》，國立政治大學邊政研究所碩士論文，1988年，第6頁。在臺灣原住民分類上，日月潭地區的邵族是個比較有爭議的族群。有的學者認爲其應爲高山族，如張耀錡、陳奇祿、衛惠林等；有的則認爲是平埔族，如小川尚義、移川子之藏、李亦園等。

時間	分類者	族　　　　　　　　　名										
1913	臺灣總督府	Taiyal	Tsuou	Bunun	—	Paiwan		Ami	Yami	Saisett		7族
1930	林惠祥	太麼	朱歐	蒲嫩	—	派宛		阿眉	野眉	薩衣設特		7族
1935	移川子之藏	Taiyal	Tsuou	Bunun	—	Rukai	Panapanayan	Pangtsah	Yami	Saisett		8族
1936	淺井惠倫	Atayal / Sedeq	Tsou	Bunun	—	Rukai / Paiwan	Sa'arua-Kanakanabu	Ami	Yami / Batan	Saisiyat		11族
1939	鹿野忠雄	Atayal	Tsou	Bunun	—	Paiwan	Puyuma	Ami	Yami	Saisiyat		8族
1953	芮逸夫	泰雅	曹	布農	—	魯凱	排灣	卑南	阿美	雅美	賽夏	9族
1958	陳奇祿	泰雅	曹	布農	邵	魯凱	排灣	卑南	阿美	雅美	賽夏	10族
1970	衛惠林	泰雅	曹	布農	—	排灣	卑南	阿美	雅美	賽夏		8族

資料來源：洪敏麟等：《臺灣省通志》，卷八，「同冑志・族群分類分佈篇」，臺灣省文
　　　　獻委員會，1972年，第6～18頁。潘英：《臺灣原住民族的歷史源流》，
　　　　臺原出版社，1998年，第78～118頁。

　　由「臺灣高山族群分類沿革表」可見，雖然學界對高山族群的分類亦未
達成共識，但分歧卻比平埔族群小得多。這可能是因為高山族群漢化較淺，
民族文化特徵保存較好，有利於學者進行類別。目前學界通常將高山族群分
為九個族群，即泰雅族、賽夏族、布農族、鄒族、魯凱族、排灣族、卑南族、
阿美族和雅美族。

　　總而言之，日據時代以來，臺灣原住民的分類具有如下特徵：其一，分
類者主要是學有專攻的人類學家、民族學家和考古學家。其二，類別的依據
是語言、風俗等民族文化特徵。其三，類別的結果甚為精細，學術意涵濃厚。

三、異文化視野下的族稱

臺灣原住民的族稱甚多,且隨著時間的推移而不斷更新。據文獻記載,三國時臺灣原住民被稱爲「山夷」,唐宋時爲「琉球土人」,明代爲「東番夷人」。入清以後,大陸移民統稱臺灣原住民爲「番」,並根據不同情形分爲「生番」、「熟番」、「化番」等。日據時代有「高砂族」與「平埔族」之區分,其中「高砂族」包括泰雅、賽夏、布農、鄒、魯凱、排灣、卑南、阿美、雅美等族群;「平埔族」包括噶瑪蘭、凱達格蘭、道卡斯、拍瀑拉、巴布薩、洪雅、巴則海、西拉雅、馬卡道等族群。二戰後,中國大陸統稱臺灣原住民爲「高山族」,臺灣則稱之爲「山胞」,又分爲「山地山胞」與「平地山胞」。

顧名思義,「族稱」乃民族或族群的稱謂。根據現代民族學理論,科學的「族稱」應是所指群體的自覺認同和「自稱」的記憶,在一定程度上反映其文化內涵或歷史來源。從這個層面來看,迄今爲止臺灣原住民的族稱多不具備近代民族學上「族稱」的意義。

首先,諸如「夷」、「番」之類的族稱,是漢人在漢文化視野下對臺灣原住民的籠統指稱,並沒有反映其內部族系的複雜性和文化的多樣性。臺灣原住民源流多元,支系龐雜,並非一個文化整體。長期以來,漢人站在漢民族文化中心主義的立場上,「嚴華夷之別」,將臺灣島上的「非我族類」統稱爲「夷」或「番」。可是,在中文語境裏,像「蠻」、「夷」、「戎」、「狄」、「番」等並沒有特指的時空存在、特定族群的文化傳統,這些名稱相當於我們今天所說的東、西、南、北四方「少數民族」,根本不是特定族群的稱謂。由是觀之,「夷」與「番」只是漢民人文的話語,是華夏、漢民人文外部視野下的粗放的認知,是外部世界附加於內涵複雜、形態多樣的臺灣原住民身上的概括性「符號」,而不是反映原住民各族群自身認同、文化記憶的「自稱」。〔註43〕

其次,臺灣原住民的「族稱」多是「他稱」,並且命名隨意性強,缺乏科學意涵。理想的「族稱」應是該民族或族群的自覺認同和「自稱」的記憶。然而,臺灣原住民的族稱基本上都是外人主觀認定的,根本沒有獲得他們的認同。例如,「高砂族」這一族稱據說是這樣得來的:日本侵略者初到臺灣時,見到臺灣島上風光秀麗,景色宜人,白沙青松,風景與日本播州海濱之地高

〔註43〕 吳春明:《異文化視野下的臺灣原住民「統稱」》,《廣西民族研究》2008 年第
4 期。

砂極爲相似，於是稱臺灣爲「高砂」，稱住在臺灣山地上的原住民爲「高砂族」。「高山族」這一族稱的產生也很有意思。臺灣光復初期，新聞記者在報導臺灣原住民時，爲了擯棄具有日本殖民主義色彩的「高砂族」稱呼，於是改「砂」爲「山」，創造出「高山族」一詞。不想後來官方和學界也沿用這個稱呼，竟使它成爲臺灣原住民影響深遠的一個族稱。〔註44〕如此種種，不一而足。像這類由外人強加在臺灣原住民身上的「他稱」，隨意性強，沒有科學意涵，有違「名從主人」的原則。

最後，日據時代以來根據語言、文化等特徵所劃分的族群，在某種程度上可謂是帶有任意性的「聚攏」，其族稱往往不能有效地指稱相應的群體，存在以偏概全的現象。臺灣原住民自古以來是以社或社群爲聚居單位，每個社或社群都有特定的名稱。學界在調查研究臺灣原住民時，通常將語言、文化基本相近或有所關聯的若干社或社群歸爲一類，構建成一個族群，並以部分族社的自稱作爲該族群的族稱。例如，「泰雅」一詞原是泰雅族中人口占多數的泰雅亞族中賽考列克及鄒利兩群稱「人」（tayal）這個名詞，並被學界用來統稱包含賽德克亞族在內的所有泰雅人。可是就實際而言，泰雅族（tayal）這個詞對賽德克亞族卻沒有意義，在他們的語言中，稱「人」爲 sedek，漢語音譯爲「賽德克族」。賽德克人則稱自稱爲 tayal 的泰雅亞族爲 bu'ala，而非 tayal。〔註45〕在臺灣原住民的各個族群中，諸如此類的情況還很多，如凱達格蘭族中的雷郎族，噶瑪蘭族中的猴猴族，等等。這種站在局外人的立場上，主觀地以主幹族社的自稱作爲族群族稱的命名方式，嚴重傷害了少數族社的情感，遭到他們的極力反對。

總之，歷史上臺灣原住民的分類和命名，可依日據時期爲界劃分爲漢民族文化中心主義性類別和學術研究型類別兩種類型。前者主要是民間士人和政府官吏，類別的結果顯得模糊籠統，雜亂無章，隨意性強，缺乏系統性，沒有科學憑據；後者是學有專長的人類學家和考古學家，類別的依據爲語言、文化、體質等民族特徵，劃分的方法比較系統嚴謹，學術意涵濃厚。臺灣原住民的族稱多是異文化視野下的「他稱」，而不是反映原住民各族群自身認同、文化記憶的「自稱」。

〔註44〕陳國強等：《高山族史研究》，中國人類學學會編印，1999 年，第 199 頁。
〔註45〕瓦歷斯・諾幹、余光弘：《臺灣原住民史：泰雅族史篇》，國史館臺灣文獻館，2002 年，第 2 頁。

第三節　從文獻資料看臺灣原住民的傳統生活方式

　　臺灣原住民屬於南島語族的馬來——玻里尼西亞文化系統，他們的生產形態、衣食住行、社會組織以及禮俗信仰都甚為獨特，與屬於漢藏語系之漢民族的文化特質迥然不同。然而，自明末清初以來，臺灣原住民，尤其是平埔族群與大陸移民頻繁接觸，深受漢文化的影響，其固有的生活方式和風俗習慣漸次喪失，使得他們的原始生活狀況，現今已無法得見。幸而明清時期的地方志與遊紀裏留存大量有關臺灣原住民的記載，使得我們可以從這些文獻資料中窺見臺灣原住民的傳統生活情形。

一、生產形態：漁獵與遊耕

　　就文獻記載來看，臺灣原住民的生產形態以漁獵和遊耕為主。他們的狩獵活動分為焚獵、陷獵與武器獵三種。〔註46〕關於焚獵，《臺海使槎錄》如是描述：「鹿場多荒草，高丈餘，一望不知其極。逐鹿因風所向，三面縱火焚燒，前留一面；各番負弓矢，持鏢槊，俟其奔逸，圍繞擒殺。」〔註47〕陷獵的方法，陳小崖在《外記》中云：「開大阱，覆以草，外椓杙，竹篾疏維如柵。鹿性多猜，角觸篾動，不敢出圍，循杙收柵而內入；番自外促之，至阱皆墜矣，有剝之不盡至腐者。」〔註48〕荷蘭人甘迪紐斯（Candidilus.Georgius.）在《臺灣島要略》中更有詳盡記述：「網有二種，於鹿或野豬常行走之獸道上置網，或追逐野獸入竹篾製成之網檻。彼等亦知布陷弇於鹿或其他野獸成群來往之地點，其上以土掩覆之。只有其中有一頭觸弇，立即被捕得」。同書中對武器獵也有生動的描繪：「彼等進行狩獵時，舉全村或超村之人，各攜二三支槍而赴。為驅出野獸，率眾多獵犬赴野。眾人排成大圓陣，如斯被逐出野獸入其圓陣者，殆無能逃脫之例。槍長及六英尺，係以竹子製成，其後方繫以鈴。為防止自野獸傷口脫落，約有三至四個鐵製鉤，以繩縛於另一端。此鐵鉤並未緊縛於槍柄，常在逃脫時隨其不尋常速度，繩自常解開，但所繫之鈴即發

〔註46〕宇驥：《從生產形態與聚落景觀看臺灣史上的平埔族》，《臺灣文獻》第 21 卷第 1 期。

〔註47〕黃叔璥：《臺海使槎錄》，卷八，「番俗雜記」，臺灣文獻叢刊第 4 種，臺灣銀行經濟研究室，1957 年。

〔註48〕周鍾瑄：《諸羅縣志》，卷八，「風俗志」，臺灣文獻叢刊第 141 種，臺灣銀行經濟研究室，1962 年。

出信號，以報知其逃落隱蔽之處，彼等持弓箭率獸犬，以如下方法獵取，二三名成一隊，發現鹿群時，追逐其後，放失其中間，中數隻捕之，如此一年之中捕獲可觀數量之鹿。」在此三種狩獵方式中，以武器獵最為常見。

原住民的漁撈分射魚、堰魚、涸魚三種方法。其中，射魚為最主要的捕魚方法。「社番頗精於射，又善用鏢槍。上鏇兩刃，杆長四尺餘，十餘步取物如攜。嘗集社眾，操鏢挾矢，循水田畔窺遊魚，噞呴浮沫或揚鬐曳尾，輒射之，應手而得，無虛發。」〔註49〕堰魚，就是利用溪中下游河幅狹窄處，布置魚籠、竹罩等，由上游持竹竿之類毆魚，使其順流而下，使魚類流入籠內，伸手捕之。關於這種捕魚法，《臺海使槎錄》載：「二林捕魚，番婦或十餘、或數十於溪中用竹籠套於右胯，眾番持竹竿從上流毆魚，番婦齊起齊落，扣魚籠內，以手取之。」〔註50〕涸魚法主要盛行於居住在海濱的原住民中間，「自吞霄至淡水，砌溪石沿海，名曰『魚扈』；高三尺許，綿亙數十里，潮漲魚入，汐則男婦群取之，功倍網罟。」〔註51〕

旱作輪休式遊耕是臺灣原住民的主要農業生產形式。《番社采風圖考》曰：「番地土多人少，所種之地一年一易，故穎粟滋長，薄種廣收。」〔註52〕他們「種禾於園。種之法，先於秋八九月誅茅，平覆基埔；使草不沾露，自枯而朽，土鬆且肥，俟明歲三四月而播。場功畢，仍荒其地；隔年再種，法如之。禾秸高而柔，慮為風雨摧折，雜植薏苡。薏秸粗梗又差高於禾，如藩籬然。一畦之中，兩種並獲。」〔註53〕種植的農作物，以根莖作物為主，主要包括黍、稷、薯、芋、芝麻、栗等，其中有種旱稻，名曰「大頭婆」，粒圓而味香，甚為珍重。農業耕作方法十分粗放，「隨意樹藝，不深耕，不灌溉，薄殖薄收」〔註54〕；生產工具也極其簡陋，「耕作無牛，亦無農具，僅用一鋤，

〔註49〕六十七：《番社采風圖考》，臺灣文獻叢刊第 90 種，臺灣銀行經濟研究室，1962年。

〔註50〕黃叔璥：《臺海使槎錄》，卷五，「番俗六考」，臺灣文獻叢刊第 4 種，臺灣銀行經濟研究室，1957 年。

〔註51〕周鍾瑄：《諸羅縣志》，卷六，「賦役志」，臺灣文獻叢刊第 141 種，臺灣銀行經濟研究室，1962 年。

〔註52〕六十七：《番社采風圖考》，臺灣文獻叢刊第 90 種，臺灣銀行經濟研究室，1962年。

〔註53〕周鍾瑄：《諸羅縣志》，卷六，「賦役志」，臺灣文獻叢刊第 141 種，臺灣銀行經濟研究室，1962 年。

〔註54〕陳培桂：《淡水廳志》，卷十五（下），臺灣文獻叢刊第 172 種，1963 年。

闊三寸，柄長一尺，屈足伏地而斸。」〔註 55〕收穫農作物時，「以收摘取，不用鐮銍。」

二、衣食住行：冬夏一布、粗糲一飽

清代文獻中對臺灣原住民的衣食住行有相當豐富的記載。關於服飾方面，《裨海紀遊》載：「男女夏則裸體，惟私處圍三尺布；冬寒以番毯爲單衣，毯緝樹皮雜犬毛爲之。亦有用麻者，厚可一錢，兩幅連綴，不開領腔，衣時以頭貫之，仍露其臂；又有袒掛一臂，及兩幅左右互袒者。婦人衣以一幅雙迭，縫其兩腋，僅蔽胸背；別以一副縫其兩端以受臂，而橫擔肩上。上衣覆乳露腹；中衣橫裹，僅掩私，不及膝；足不知履，以烏布圍股；一身凡三截，各不相屬。老人頭白，則不掛一縷，箕踞往來，鄰婦不避也。髮如亂蓬，以青蒿爲香草，日取束髮，蟣虱遽走其上。間有少婦施膏沐者，分兩絡盤之，亦有致；妍者亦露倩盼之態，但以鹿脂爲膏，戲不可近。男子競尚大耳，於成童時，向耳垂間各穿一孔，用筱竹貫之，日以加大，有大如盤，至於垂肩撞胸者。項間螺貝累累，盤繞數匝，五色陸離，都成光怪。胸背文以雕青，爲鳥翼、網罟、虎豹文，不可名狀。」〔註 56〕《諸羅縣志》云：「衣短及臍，名籠仔；布二幅縫其半於背左右及腋而止，餘尺許垂肩及臂，無袖，披其襟。婦女則前加以結，色尚白；或織茜毛紅紋於領、或緣以他色，約五寸許。……女無脂粉，不結髻，不施膏沐；盤髮以青布，大如笠。衣短至腰，橫聯幅布爲帬，無褺襗；膝下以青布十數層，堅束其腓至踝。男女喜以瑪瑙珠及各色贗珠、文具、螺殼、銀牌、紅毛劍錢爲飾；各貫而加諸項，累累若瓔珞。喜插花，或以雉尾及鳥羽插髻垂肩。」〔註 57〕《臺灣府志》載：「男婦皆跣足，不穿褲，上衣短衫以幅布圍其下體，番婦則以布裹其脛，束髮盤頭亦知插花草以示豔，或有以稻草束髮者。……至於男女聚處，暑熱之時，男皆赤身，女皆裸體，相對飲食。」〔註 58〕《東瀛識略》曰：「衣以布及自織達戈紋〔註

〔註 55〕朱景英：《海東札記》，卷四，「記社屬」，臺灣文獻叢刊第 19 種，臺灣銀行經濟研究室，1958 年。

〔註 56〕郁永河：《裨海紀遊》，卷下，臺灣文獻叢刊第 44 種，臺灣銀行經濟研究室，1959 年。

〔註 57〕周鍾瑄：《諸羅縣志》，卷八，「風俗志」，臺灣文獻叢刊第 141 種，臺灣銀行經濟研究室，1962 年。

〔註 58〕蔣毓英：《臺灣府志》，中華書局，1985 年，第 95 頁。

59〕爲之，……冬以鹿皮披於身間。有鹿皮蒙首，止露兩目者，亦有披氈以卓戈文蔽體者。皆赤足，不知有襪履。」〔註60〕就文獻中記載的情況來看，臺灣原住民的服飾，因地域及族群的不同而各有所異，但衣服形式簡單，喜歡紋身和佩戴飾物則是較爲普遍的現象。

原住民的飲食方法甚爲奇特。「鳥獸之肉，傅諸火，帶血而食。麋鹿刺其喉，吮生血至盡，乃剝腹；草將化者綠如苔，置鹽少許，醃即食之；但不茹毛耳。捕小魚，微鹽漬之，令腐；俟蟲生既多，乃食。亦喜作鮓魚，以不剖腹而醃，故速腐。細切鹿肝爲醢，名膏蚌鮭；藏久，云可愈噤口痢。魚肉蛆生，氣不可聞，嗜之如飴，群嗽立盡。」〔註61〕他們的主食有粳米、糯米、黍、豆、瓜等，其中以黍、薯、芋最爲主要。《東瀛識略》曰：「番以薯芋爲常餐，食飯者僅十之三、四；飯皆摶而食之，或將糯米蒸熟，舂爲粉瓷，名『都都』，珍爲上品。緣不知耕作，故粟米甚少。」他們「不藝圃，無蔥韭生菜之屬」，除了獸魚肉外，蔬菜非常缺乏，「客至，殺雞代蔬。俗尚多瓜，見官長，抱瓜以獻，雞則以犒從者。」〔註62〕他們嗜酒，「農事既畢，各番互相邀飲，必令酒多，不拘肴核。男女雜坐歡呼，其最相親愛者，並肩並唇，取酒從上瀉下，雙入于口，傾流滿地，以爲快樂。」〔註63〕

臺灣原住民的聚落多爲小型非固定性集村。「社之大者，不過一二百丁，社之小者，止有二三十丁」。〔註64〕「社」的四圍通常環植莿竹，外圍爲田園。每戶的配置是番屋居中，旁植果樹，並置有廩囷，圈欄。〔註65〕這種聚落景觀誠如王瑛曾在《重修鳳山縣志》中所述：「村居錯落，環植莿竹，周

〔註59〕所謂「達戈紋」，即番女所織之布，其質料是以苧麻絲爲線，染上茜草，加以鳥獸毛織成者，因其斑斕相同，故稱爲達戈紋」。《彰化縣志》曰達戈紋「出水沙連，如毯紓，雜樹皮成之，色瑩白。斜紋間以赭黛，長不竟床。出南路各社者皆灰色，有磚紋或方勝文，長亦如之。番以被體，漢人以爲衣包，頗堅致」。

〔註60〕丁紹儀：《東瀛識略》，「番俗」，臺灣文獻叢刊第 2 種，臺灣銀行經濟研究室，1957 年。

〔註61〕周鍾瑄：《諸羅縣志》，卷八，「風俗志」，臺灣文獻叢刊第 141 種，臺灣銀行經濟研究室，1962 年。

〔註62〕丁紹儀：《東瀛識略》，「番俗」，臺灣文獻叢刊第 2 種，臺灣銀行經濟研究室，1957 年。

〔註63〕六十七：《番社采風圖考》，臺灣文獻叢刊第 90 種，臺灣銀行經濟研究室，1962 年。

〔註64〕黃叔璥：《臺海使槎錄》，卷八，「番俗雜記」，臺灣文獻叢刊第 4 種，臺灣銀行經濟研究室，1957 年。

〔註65〕戴炎輝：《清代臺灣番社的組織及其運用》，《臺灣文獻》，第 26 卷第 1 期。

圍或數畝，或數十畝不等。中為番厝，旁植果木，積貯廩囷，牛豕圈欄，井井有條。」〔註66〕原住民在一地生活日久，若遇到水旱災害或不吉祥的事情就會舉社遷移，「番社歲久或以為不利，則更擇地而立新社以居。將立社先除草栽竹，開附近草地為田園。竹既茂，乃伐木誅茅。室成而徙，醉舞酣歌，互相勞苦」。〔註67〕臺灣原住民的聚落形態之所以為小型非固定性集村，原因大概有三：其一，生產形態所決定。原住民行熱帶旱田原始遊耕農業，生產力低下，地力減退即棄地而去，另闢新地以代之。另外，部落獵場的鹿隻若因過度狩獵而減少，也不得不遷移它處，尋求新的獵場，易地數次之後，與原村落距離漸遠，乃棄原屋，在現耕地或獵場附近築屋以居，聚落隨之遷移。同時，在原住民部落內，土地為集體所有，各戶沒有私有土地，耕作、狩獵等生產活動皆為由族長統一。如此生產方式迫使原住民只能採取小型的非固定性集村的聚落形態。其二，遷社的習俗使然。原住民若碰到天災人禍，即以為此處不吉，便廢棄原社，遷移別處另建新社。在災害頻仍的情況下，遷社成為經常性的行為。如此一來，若聚落規模過於龐大，則難以覓得能夠容納眾多人口的居處。聚落較小，尋找合適的新生活區相對而言要容易些。其三，族群之間鬥爭的結果。原住民族社間經常為爭奪獵場、水源而發生衝突，弱勢的一方常被迫他遷。

臺灣原住民的房屋建築結構，南部、中部和北部都不盡相同。南部的馬卡道族「一家作室，眾番助之，不日落成。屋高地四五尺，或以竹木作架、或以土築臺為基，高五六尺；亦有就地起蓋，廣四五丈，深十餘丈者。各社不一，大都聯梁通脊，悉於脊頭闢門，編竹為壁，上覆以茅。茄簷深邃，垂地過士。基方丈，雨暘不得侵，以貯笨車、網罟、雞塒、豕欄之屬。」〔註68〕中部的巴布薩「大肚諸社屋，以木為梁，編竹為牆，狀如覆舟；體制與各社相似。貓霧捒諸社，鑿山為壁，壁前用木為屏，覆以茅草，零星錯落，高不盈丈，門戶出入，俯首而行」；北部的凱達格蘭族「淡水地潮濕，番人作室，結草構成，為梯以入，鋪木板於地；亦用木板為屋，如覆舟，極狹隘，

〔註66〕王瑛曾：《重修鳳山縣志》，卷三，「風土志」，臺灣文獻叢刊第 146 種，臺灣銀行經濟研究室，1962 年。

〔註67〕周鍾瑄：《諸羅縣志》，卷八，「風俗志」，臺灣文獻叢刊第 141 種，臺灣銀行經濟研究室，1962 年。

〔註68〕劉良璧：《重修福建臺灣府志》，卷六，「土番風俗」，臺灣文獻叢刊第 74 種，1961 年。

不似近府縣各社寬廣。前後門戶式相類。」〔註69〕原住民建築房屋所使用的材料也具有區域性特徵。南部地區以竹子爲主，木材爲輔，中部則竹、木、茅草兼用，北部以木板爲主。李亦園認爲，臺灣原住民的家屋型式大致可分爲三種：南部地區的房屋以高約一公尺餘的土臺爲基，在建屋之前，先築土臺，然後在四周編以竹牆，並以茅草爲頂，茅簷低垂至地面。此種型式的房屋，可稱爲地面式建築；中部地區一般背山坡築屋，先鏟平地基，作「糞斗形」，前側以木爲壁，後牆在山坡下。此種型式的房屋稱背山式建築，或「半洞窯式住屋」；北部地區的房屋爲典型的印度尼西亞干欄式建築，其屋乃建於木樁之上，也稱「樁上住屋。」〔註70〕原住民的聚落內除了供家庭所有成員休憩之用的正屋外，爲配合生產活動和防禦外敵及婚俗習慣，另有附屬性的房屋。例如，築有專供未婚男青年集宿之用的「社僚」，或稱「公廨」；供未婚少女合住的「籠仔」或「貓鄰」；爲防農作物或獵場被奸宄之徒偷竊，並防禦生番攻擊所興建的「望樓」；用來貯藏穀物的「禾間」與「圭茅」，等等。

臺灣原住民的交通工具因地理形勢的不同也有所差別。北部地區冬季多霧雨，河川水位變化較小，涉水渡河較困難，故有種渡河用的獨木舟，稱Banka，漢語音譯爲「艋舺」、「莽葛」或「蟒甲」。關於艋舺的形制，《小琉球漫志》載：「蟒甲以獨木爲之，大者可容十三四人，小者三四人，劃雙漿以濟，稍欹側，即覆矣，……惟雞籠內海蟒甲最大，可容二十五六人。」〔註71〕艋舺不僅用來渡人過河，也用以運載貨物，甚至作爲捕魚工具，是種用途廣泛的器物。他們還有種形似葫蘆的器物，稱爲「匏」，可以用來放置較小物品，便於隨身攜帶。《重修臺灣縣志》曰：「製葫蘆爲行具，大者容數斗，出則隨身，旨蓄、毯衣悉納其內，遇雨不濡，遇水則浮。」〔註72〕若行李體積較大，無法裝入匏器，則改裝於竹筐之內搬運。吳子光在《一肚皮集》中說：「番俗有負而無擔。家製一竹筐，容三、四斗不等，以籐爲帶，長短視人肩膊，籐

〔註69〕黃叔璥：《臺海使槎錄》，卷六，「番俗六考」，臺灣文獻叢刊第 4 種，臺灣銀行經濟研究室，1957 年。

〔註70〕李亦園：《從文獻資料看臺灣平埔族》，載《臺灣土著民族的社會與文化》，1982年，聯經出版事業公司，第 63～64 頁。

〔註71〕朱士玠：《小琉球漫志》，卷八，「海東勝語（下）」，臺灣文獻叢刊，第 3 種，臺灣銀行經濟研究室，1957 年。

〔註72〕王必昌：《重修臺灣縣志》，臺灣文獻叢刊第 113 種，臺灣銀行經濟研究室，1961 年。

性柔而韌，故負重不墜落。凡薪米什物舉其中，行則負之。」〔註73〕

三、社會組織：女性親族制與部落長老制

臺灣原住民是母系社會〔註74〕，「重生女，贅婿於家，不附其父；故生女謂之『有賺』，則喜；生男出贅，謂之『無賺』。無伯叔甥舅，以姨爲同胞之親，叔姪、兄弟各出贅離居，姊娣多同居共爨故也。」〔註75〕女性繼承家產，傳承家系，在家庭組織和社會控制方面發揮重要作用。除了女性親族制度外，部落長老制亦是臺灣原住民社會組織的支柱。原住民自古是以部落爲聚居單位，因部落成員對自然資源獲取的機會均等，故階級無從產生，部落中的階層化，僅能「由性別、年齡別或親屬別」而劃分。〔註76〕其中以年齡劃分的年齡組織在臺灣原住民社會中普遍存在。所謂年齡組織是按照年齡將部落內的所有男子編排在不同的階層中，分別承擔相應的權力和義務。關於原住民年齡階層的劃分，茲引錄伊能嘉矩在《巴則海族舊慣》一文中對巴則海年齡組織的闡述，以作參考。

1. 兒童級（rubaruban）：　　　　自初生至 13 歲
2. 青年級（mamarum）：　　　　14 歲～20 歲
3. 成年級（rahevahehai）：　　　21 歲～30 歲
4. 中年級（ababasan）：　　　　31 歲～40 歲
5. 老年級（bakuhakuzan）：　　　40 歲以上〔註77〕

〔註73〕吳子光：《一肚皮集》，龍文出版社，2001 年，第 57 頁。

〔註74〕平埔族群是母系社會的觀點值得商榷。首先，平埔族群的部落土目幾乎清一色爲男性，凡重大事情的決策皆由年長男性所組成的部落會議決定，而女性幾乎不參與，女性的權力如何體現？其次，在原始民族中，因爲農業生產水平極其低下，在整個社會生活中只是充當輔助性糧食來源，故而，一般由婦女來從事此無關緊要的生產活動。男子則從事保障族人主要生活來源的狩獵活動。平埔族群中婦女從事農業，男子從事狩獵，正符合社會發展規律，是男人承擔社會重任的表現。平埔族群只能視爲尊重女性的社會，而不能算作母系社會。

〔註75〕周鍾瑄：《諸羅縣志》，卷八，「風俗志」，臺灣文獻叢刊第 141 種，臺灣銀行經濟研究室，1962 年。

〔註76〕陳炎正：《臺中縣大甲溪流域開發史》，臺中縣立文化中心，1989 年，第 103 頁。

〔註77〕轉引自李亦園：《從文獻資料看臺灣平埔族》，載《臺灣土著民族的社會與文化》，聯經出版事業公司，1982 年，第 51 頁。

　　40 歲以上的男子爲長老，有參加長老會議的權利與義務。長老會議負責部落事務的議決與糾紛的排解。據《臺灣島要略》載：「並無元首，無超越個人之優勢者統治之。與文化國家類似點，即唯有十二人會，彼等每兩年改選，其年齡限於四十歲以上，而且須同年輩者……，任完二年滿期之會員，自動將冠上之毛拔除，存於公廨之下，此爲從事過該工作之表記」。《被忽略的臺灣》曰：「部落皆散處獨立，不相統轄，即無王號召全島，亦無將軍、酋長號召全島。部落之政治組織，選協議委員十二名，遇有事開委員會議，委員會番語稱『加治』，委員年齡四十歲前後爲標準」。然而，長老會議的議決並不具最高的權威，只不過具有協議討論部落事務而向部落成員提供之權限，最後之決定權仍爲部落全體成員。「協議委員會之權限決非至高，委員會所議定之事項或命令，不能強制全村之人奉行。何則？事有關於全村之設施，乃欲改廢在來之設施時，須先開加治委員會，討論成案後，再開村民大會。會場大致在祠前，此時先由委員就所決議可否執行交番說明，務使全村人盡瞭解，秩序整然，說明者娓娓不倦，不可即交由村民另議。」《臺灣島要略》也載：「彼等之權限至窄，因不具備最高權威，然處理某事時，須對全部落人下令，赴公廨開會。在此向社眾公佈事件，以事先決定之案說服眾人服從，爲此努力盡口舌大辯論。若經眾人承認，則成不文律，不然則不發生法之效力。」〔註78〕

　　女性親族制和部落長老制作爲臺灣原住民的基本社會組織，對規範和協調原住民的日常生活秩序，維繫部落的存在與發展起著至關重要的作用。

四、禮俗信仰：婚喪、鳥占與獵首

　　婦女在臺灣原住民社會中地位較高，倍受尊重，體現在婚姻上就是女性在擇偶時比較自由，主動。《番社采風圖考》曰：「番女年及笄，任自擇配。每月梳洗，麻達有見之屬意者，饋鮮花，贈芍歸荑，備極繾綣；柳葉桃根，婉致風情。遂與野合，告父母成牽手焉。如後反目，許相離異，名爲『放手』，所生男女仍歸番婦。」〔註79〕《裨海紀遊》云：「婚姻無媒妁，女已長，父母

〔註78〕轉引自陳炎正等：《臺中縣大甲溪流域開發史》，臺中縣立文化中心，1989 年，第 103～104 頁。
〔註79〕六十七：《番社采風圖考》，臺灣文獻叢刊第 90 種，臺灣銀行經濟研究室，1962 年。

使居別室中，少年求偶者皆來，吹鼻簫，彈口琴，得女子和之，即入與亂，
亂畢自去；久之，女擇所愛者乃與挽手。挽手者，以明私許之意也。明日，
女告其父母，召挽手少年至，鑿上齶門牙旁二齒授女，女亦鑿二齒付男，期
某日就婦室婚，終身依婦以處。」〔註80〕招贅婚雖是臺灣原住民的主要婚姻
形態，但嫁娶婚也間或有之。通常情況是「一女則贅婿，一男則娶婦，男多
則聽人招贅，惟幼男則娶婦終養；女多則聽人聘娶，惟幼女則贅婿為嗣。」〔註
81〕儘管原住民對未婚青年交際持放任自由的態度，但對已婚者卻有嚴格的約
束。「已相配而淫者，被獲，繫而榜之，聚眾罰以牛、羊。」〔註82〕「私通被
獲，投送土官罰酒豕，鳴於眾，再罰番錢二圓。……婦與人私，即將姦夫父
母房屋拆毀，倍罰珠粒分社番，以示家教不嚴。」〔註83〕他們的社會倫理觀
念顯然與漢人存在較大差異。

臺灣原住民的喪葬習俗甚為奇特。《臺海使槎錄》載：「置死者於地，男
女環繞，一進一退，抵掌而哭；用木板四片殮葬，竹圍之，內蓋一小茅屋，
上插雜毛並小布旗，以平生什物之半懸死者屋內。喪服披烏布於背，或絆烏
帶於肩，服三月滿。夫死，婦守喪亦三月。即改適，先告父母，後自擇配；
與新港等社期年除服、先後擇配不同；」「番死，男女老幼皆裸體用鹿皮包裹，
親屬四人昇至山上，用鹿皮展鋪如席，將平生衣服覆身，用土掩埋。服尚白
色。既葬，本家及昇喪人三日不出戶，不舂不歌，番親供給飯食。一月後赴
園耕種。通社亦三日不赴園，以社有不吉事也。居喪，父母兄弟半月，夫婦
一月；一月後，婦不帶耳珠，著黲服，改適方如常」；「番死曰馬歹。不論貧
富，俱用棺埋厝內；以平日衣服器皿之半殉之。喪家衣俱著皂色，以示不變。
父母兄弟之喪俱一年。夫死一年後改適，必自為擇定，告前夫父母及所生父
母而後嫁」，「屍瘞厝邊，富者棺木，貧者草席或鹿皮襯土而殯」。〔註84〕《諸

〔註80〕郁永河：《裨海紀遊》，卷下，臺灣文獻叢刊第44種，臺灣銀行經濟研究室，
1959年。

〔註81〕黃叔璥：《臺海使槎錄》，卷六，「番俗六考」，臺灣文獻叢刊第4種，臺灣銀
行經濟研究室，1957年。

〔註82〕周璽：《彰化縣志》，卷九，「風俗志」，臺灣文獻叢刊第156種，臺灣銀行經
濟研究室，1962年。

〔註83〕黃叔璥：《臺海使槎錄》，卷五、六，「番俗六考」，臺灣文獻叢刊第4種，臺
灣銀行經濟研究室，1957年。

〔註84〕黃叔璥：《臺海使槎錄》，卷五、六，「番俗六考」，臺灣文獻叢刊第4種，臺
灣銀行經濟研究室，1957年。

羅縣志》云：「人死結綵於戶，鳴鐘。舁屍詣屬親之門，各酹酒其口，撫摩再三；志永訣也。既遍，然後歸家瘞之。死者遺衣物，分其半以殉。無棺槨塋域，裹以鹿皮。有生時置皮一器如廂，入己物其中，死即以爲棺者。瘞所居床下；移其居，而舊宅聽其自圮」。〔註85〕除了室內葬以外，他們還有室邊土葬、屋外搭僚葬、屋外山葬等習俗。可以說，臺灣原住民的喪葬方式不僅甚爲奇特，而且因族群的不同而各有所異。

臺灣原住民的宗教信仰以萬物有靈的自然崇拜爲主要內容。陳第曾在《東番記》記載原住民爲保證農業生產豐收，在耕作期間所遵循的禁忌：「當其耕時，不言不殺，男婦雜作山野，默默如也；道路以目，少者背立，長者過，不問答；即華人侮之，不怒，禾熟復初。謂不如是，則天不祐，神不福，將凶歉，不獲有年也。」〔註86〕實際上這就是相信萬物有靈的自然崇拜，屬於原始宗教的內涵。「鳥占」是原住民最常見的宗教信仰活動。在日常生活中，凡做大事如出草、農事、立房、喪葬、甚至文身前，他們都講究「鳥占」。所謂鳥占，就是行事之前先聽鳥的鳴叫聲來判斷凶吉。《臺海使槎錄》載：「將捕鹿，先聽鳥音占吉凶。鳥色白，尾長，即鷷雀也（番曰蠻任），音宏亮，吉；微細，凶。」〔註87〕《番社采風圖考》云：「郡邑附近番社，亦三四月插秧。先日獵生酹酒祝空中，占鳥音吉，然後男女偕往插種，親黨饟黍往餉焉。……番不諳堪輿，然築舍亦自有法。初卜鳥音以擇日，營基高於地五尺，周圍砌以石，中塡土。」〔註88〕

臺灣原住民有獵頭習俗。《臺海使槎錄》曰：「傀儡生番，動輒殺人割首以去；髑髏用金飾以爲寶，志言之矣。被殺之番，其子嗣於四個月釋服後，必出殺人，取首級以祭。」〔註89〕《裨海紀遊》云：「野番恃其獷悍，時出剽掠，焚廬殺人；已復歸其巢，莫能向邇。其殺人輒取首去，歸而熟之，剔取髑髏，

〔註85〕周鍾瑄：《諸羅縣志》，卷八，「風俗志」臺灣文獻叢刊第141種，臺灣銀行經濟研究室，1962年。

〔註86〕沈有容：《閩海贈言》，卷之二，「記」，臺灣文獻叢刊第56種，臺灣銀行經濟研究室，1959年。

〔註87〕黃叔璥：《臺海使槎錄》，卷七，「番俗六考」，臺灣文獻叢刊第4種，臺灣銀行經濟研究室，1957年。

〔註88〕六十七：《番社采風圖考》，臺灣文獻叢刊第90種，臺灣銀行經濟研究室，1962年。

〔註89〕黃叔璥：《臺海使槎錄》，卷七，「番俗六考」，臺灣文獻叢刊第4種，臺灣銀行經濟研究室，1957年。

加以丹堊，置之當戶，同類視其室髑髏多者推為雄，如夢如醉，不知向化，眞禽獸耳！」〔註90〕藍鼎元的《東征集》載：「生番殺人，臺中常事。此輩雖有人形，全無人理，穿林飛箐，如鳥獸猿猴，撫之不能，剿之不忍，……其殺人割截首級，烹剝去皮肉，飾髑髏以金，誇耀其眾，眾遂推為雄長。」〔註91〕

綜上所述，臺灣原住民在與漢人接觸之前，其傳統的生產形態是以漁獵為主，遊耕為輔，生產方式粗放，工具極其簡陋；他們的衣食住行雖因地域及族群的不同而各有所異，但基本上處於「冬夏一布、粗糲一飽」的狀態；以女性家系承襲為主的親族制和以年齡階層為基礎的長老制是其社會組織的兩大支柱；他們的禮俗信仰形式多樣且甚為奇特。不過，由於文獻的內容、年代及其所代表的意義存在差異，筆者依據它們所勾勒的臺灣原住民的傳統生活狀況，只是略近原貌而已。

第四節　清初臺灣原住民的分佈

臺灣原住民習慣上按政治及歷史發展中漢化與否的標準，被概分為平埔族群和高山族群兩大類別。〔註92〕其中，平埔族群又被依據語言、文化等特徵的不同而進一步細分為噶瑪蘭族、凱達格蘭族、道卡斯族、拍瀑拉族、巴布薩族、洪雅族、巴則海族、西拉雅族、馬卡道族等九個族群；高山族群被分為泰雅族、賽夏族、布農族、鄒族、魯凱族、排灣族、卑南族、阿美族、雅美族等九個族群。清朝初年，在尚未遭到大陸移民浪潮擠壓之前，平埔族群主要聚居在臺灣西部的沿海平原、盆地及近山臺地；高山族群則散居在險峻的中央山脈和狹長的東部縱谷。各個族群的具體分佈情況如下。

一、平埔族群的分佈

1. 噶瑪蘭族，清代志書上稱之為「蛤仔難三十六社」，分佈於今宜蘭縣境內，主要有奇蘭武社、期尾笠社、踏踏社、抵巴葉社、新仔罕社、瑪立丁洛

〔註90〕郁永河：《裨海紀遊》，卷下，臺灣文獻叢刊第44種，臺灣銀行經濟研究室，1959年。

〔註91〕藍鼎元：《東征集》，「復呂撫軍論生番書」，臺灣文獻叢刊第12種，臺灣銀行經濟研究室，1958年。

〔註92〕李亦園：《臺灣平埔族的祖靈祭》，載《臺灣土著民族的社會與文化》，聯經出版事業公司，1982年，第29頁。

社、都美簡社、奇武暖社、珍珠美簡社、抵美福社、棋立丹社、奇武荖社、礁嘮貓社、巴撈屋社、抵美抵美社、新仔羅罕社、基密丹社、丁仔難社、其沓沓社、瑪魯煙社、打蚋米社、奇宅貓氏社、婆羅辛仔宛社、加禮宛社、搭龜滿社、打那岸社、擺立社、歪阿歪社、珍仔滿力社、馬荖武煙社、打朗巷社、掃笏社、奇立板社等番社。

2. 凱達格蘭族，居住地以臺北盆地為主，北起基隆市社僚里、和僚里、平僚里，沿大屯火山匯裙野至淡水河口，南達桃園縣境內，主要有淡水社、毛少翁社、里族社、內北投社、外北投社、大浪泵社、麻里錫口社、峰仔峙社、金包里社、武勝灣社、雷里社、秀朗社、里末社、擺接社、八里坌社、三貂社、雞柔社、小雞籠社、大雞籠社、圭北社、八芝蓮社、大加臘社、塔塔攸社、南港社、荖釐社、木喜巴壟社、八白盆社、沙蔴廚社、了阿八里社、嘎嘮別社、南崁社、龜崙社、坑仔社、霄里社等番社。

3. 道卡斯族，分佈於臺中縣大甲鎮以北，經苗栗縣沿海地帶，至新竹市附近之海岸平原，有三大社群，即竹塹社群：竹塹社、眩眩社；後壠五社：後壠社、中港社、新港社、貓里社、嘉志閣社；蓬山八社：吞霄社、房里社、苑里社、貓盂社、日北社、雙僚社、大甲西社、大甲東社。

4. 拍瀑拉族，居於大肚溪以北至清水鎮以南，大肚臺地以西的海岸平原。在清代大致分為四個社群，由北而南為牛罵社、沙轆社、水里社及大肚北中南三社。

5. 巴布薩族，分佈地主要位於大肚溪與濁水溪之間的彰化平原，主要有東螺社、西螺社、二林社、阿束社、貓霧捒社、眉里社、半線社、柴仔坑社、馬芝遴社等番社。

6. 洪雅族，分佈於臺中縣霧峰鄉以南，臺南縣新營以北的近山平地，主要番社有哆囉嘓社、諸羅山社、他里霧社、猴悶社、柴里斗六社、貓兒幹社、打貓社、南社、大武郡社、貓羅社、北投社、南投社、大突社、萬斗六社等。

7. 巴則海族，居住地以豐原為中心，北起大甲溪岸，南迄潭子鄉，東達東勢一帶，西至大肚山麓，主要有岸里社群、撲仔籬社群、阿里史社、烏牛欄社。

8. 西拉雅族，住區約在今臺南縣麻豆鎮以南，至屏東縣林邊鄉一帶的平地及山麓，主要有新港社、目加溜灣社、蕭壟社、麻豆社、大目降社等。

9. 馬卡道族，即清代文獻中的「鳳山八社」，分佈於今屏東縣高屏溪到大

武山腳的平原上，有大傑巔社、放索社、上淡水社、下淡水社、阿猴社、搭樓社、茄藤社、武洛社、力力社等。〔註93〕

二、高山族群的分佈

1. 泰雅族，分佈範圍最北、最廣、最分散，今臺北縣烏來鄉、宜蘭縣南澳鄉與大同鄉、桃園縣復興鄉、新竹縣尖石鄉與五峰鄉、苗栗縣泰安鄉、臺中縣和平鄉以及南投縣仁愛鄉等廣闊山地皆是其居住區域。

2. 賽夏族，主要分佈在今新竹縣五峰鄉與苗栗縣東河鄉，即五指山、向天湖、加里山等淺山地區。

3. 布農族，是高山族群中居地平均海拔最高的族群，其分佈地以中央山脈中段爲中心，包括今南投縣仁愛、信義及高雄縣桃源、三民，臺東縣的海端、延平、金峰等地。

4. 鄒族，居住於玉山西南麓，以阿里山地方爲主要分佈地。

5. 阿美族，分佈地以臺東縱谷爲主，並擴及縱谷東部海外山脈的太平洋沿岸及恒春半島的部分地區。

6. 魯凱族，分佈於中央山脈南段兩側高雄縣茂林村、屏東縣霧臺鄉及臺東縣卑南鄉境內的山區。

7. 排灣族，分佈在知本山以南中央山脈東西兩側，即以今屏東縣三地、霧臺、瑪家、泰武、來義、獅子、牡丹等七鄉及臺東縣達仁、金峰、大武、大麻里四鄉境內的山地爲主要居住地域。

8. 卑南族，分佈在中央山脈以東，卑南以南的海岸地區及臺東縱谷南方卑南鄉平原上。

9. 雅美族，居住在蘭嶼島上。〔註94〕

〔註93〕參閱詹素娟、張素玢：《北臺灣平埔族群史》，臺灣省文獻委員會，2001年，第4～6頁；王育傑：《清代平埔族與漢人土地轉移關係之研究》，中國文化大學民族學與華僑研究所碩士論文，1987年，第19～21頁；劉澤民：《平埔百社古文書》，國史館臺灣文獻館，2002年，第4～5頁。臺灣省文獻委員會：《臺灣省通志》，卷八，「同冑志‧平埔族篇」，眾文圖書股份有限公司，1980年，第16～39頁。張耀奇：《平埔族社名對照表》，臺灣省文獻委員會，1951年。中村孝志：《蘭人時代の蕃社戶口表》，《南方土俗》第4卷，第1期，1936年，第46～48頁。

〔註94〕參閱衛惠林：《賽夏族的民族組織與地域社會》，《臺灣文獻》第7卷第34期；丘其謙：《布農族卡社群的社會組織》，中央研究院民族學研究所專刊之七，1966年，第9頁；衛惠林等纂修：《臺灣省通志》，卷八，「同冑志」，第1冊，臺灣省文獻委員會，1965年，第7頁。

第五節　清代大陸移民渡臺的原因、類型與途徑

　　大陸移民登陸臺灣肇始於何時，學術界目前尚無定論。不過，清代是大陸移民渡臺的主要時期已為人們所共識。眾所周知，清廷收復臺灣後，始終對其實行消極的統治策略，嚴格限制漢人移居臺灣。那麼，在當時苛嚴的移民渡臺政策下，大陸移民是基於何種原因，通過何種途徑蜂擁渡臺的呢？他們移居臺灣的動機與目的何在？弄清這些問題，對於正確理解清代臺灣的族群關係會有所裨益。

一、客家人與閩南人：渡臺的移民

　　清代移居臺灣的漢人絕大部分是來自閩、粵兩省沿海地帶的居民。這些移民雖同屬漢族，卻又因方言、習俗的相異而分為客家人和閩南人兩大族群。客家人是唐宋以來為躲避戰亂或橫征暴斂，或因經商、墾殖等因素而陸續遷居閩粵贛山區的中原漢人，經過長期與土著居民互動融合後形成的一個族群。〔註95〕清代移居臺灣的客家人主要來自粵東的惠州、嘉應州、潮州和閩西的汀州。〔註96〕閩南人，也稱福佬人，〔註97〕分佈於浙江的台州、溫州，福建的興化、泉州、漳州、永春、龍岩，廣東的潮州、惠州等府州。臺灣的閩南人主要來自閩南的漳州和泉州。清代文獻中習慣上將臺灣的漢人按照祖籍的不同分為漳、泉、粵三種不同的群體。〔註98〕

〔註95〕楊彥傑：《從客家視野看清代臺灣史研究幾個問題》，《臺灣研究》2006年第3期。客家人的源流問題，目前學術界尚未定論，例如，羅香林認為客家人來自五胡亂華時渡江的中原氏族，范錡認為起於秦始皇征南越的戌卒。

〔註96〕范瑞珍：《清代臺灣竹塹地區客家人拓墾研究——以族群關係與產業發展兩層面為中心所做的探討》，東海大學歷史學研究所碩士論文，1995年，第7頁。

〔註97〕石萬壽：《乾隆以前臺灣南部客家人的墾殖》，《臺灣文獻》第37卷第4期。關於「福佬」名稱的由來，目前比較流行如下幾種說法：（1）「福佬」是指「福建佬」，因為客家人是廣東人，故把福建閩南人稱為「福建佬」，簡稱「福佬」；（2）「福佬」乃「學佬」，因為過去客家人很窮，大部分人沒讀書，少文化，而村中請來教子弟讀書的先生多是閩南人或潮汕人，出於尊敬和羨慕，特稱先生為「學佬」，意思是有學問的人，久而久之，便將所有閩南人、潮汕人都稱為「學佬」；（3）「福佬」應為「河洛」，傳說福佬先民是從河洛一帶遷來，比土著有較高的文化，為了紀念故土，同時要與落後愚昧的土著相區別，故自稱「河洛人」。因閩南話中「河洛」與「福佬」音近，故被人訛稱為「福佬人」。參見謝重光的《佘族與客家福佬關係史略》，福建人民出版社，2002年，第122頁。

〔註98〕施振民：《祭祀圈與社會組織——彰化平原聚落發展模式的探討》，中央研究院民族學研究所集刊之三十六，1975年，第193頁。

　　清代臺灣的客家人與閩南人到底有多少？官方檔案與民間文獻中均無確切記載，現今已無從得知。不過，我們從《安平縣雜記》中可約略窺見清代臺灣族群構成的大致情形。「其民人五方雜處，漳、泉流寓者爲多，廣東之嘉應、潮州次之。餘若福建之興化府、福州府，全臺合計兩府之人流寓臺地者，不過萬人而已。外此，更寥寥無幾焉。計臺之丁口，在二百萬左右，生熟土番不過二十分之一。隸漳、泉籍者，十分之七八，是曰閩籍；隸嘉應、潮州籍者，十分之二，是曰粵籍；其餘隸福建各府及外省籍者，百分中僅一分焉。」〔註99〕臺灣人口最早的統計數據源自日據時期。據日本人 1926 年的調查，全臺灣 3751600 漢人中，閩南人爲 3116400 人，占 83.1％，客家人 586300，占 15.6％。〔註100〕客家人與閩南人在臺各縣、市的人口數及分佈狀況如下：臺北（包括臺北市、基隆市、臺北縣、宜蘭縣）漢人 726000，其中閩南人 716100，占 84.25％，客家人 4300，占 0.51％，臺北市以泉州人占多數，基隆、宜蘭、羅東、蘇澳以漳州人居多，七星、淡水、文山等地以泉州人占絕對多數。新竹（包括新竹、桃園、苗栗三縣）漢人 582100，客家人 353300，占 56.72％，閩南人 217100，占 34.85％，新竹、竹南的客家人多於閩南人，桃園、大溪漳州人占大多數，中壢、竹東、苗栗、大湖以客家人占絕大多數。臺中（包括臺中市以及臺中、南投、彰化三縣）漢人 853800，閩南人 736200，占 81.48％，客家人 107700，占 11.92％，臺中市多漳州人，大甲、彰化多泉州人，東勢多客家人，豐原漳、泉各半，員林、南投及竹山以漳州人爲多。臺南（包括臺南市及臺南、嘉義、雲林三縣）漢人 1010400，閩南人 979300，占 91.89％，客家人 20500，占 1.92％。臺南市、新化、新營、東石、北門、北港多泉州人，嘉義與北斗幾乎都是漳州人。高雄（包括高雄市、高雄縣、屏東縣）漢人 489700，閩南人 387100，占 71.18％，客家人 92000，占 16.92％，高雄漳、泉各半，鳳山、岡山、旗山、屏東、東港、恒春以泉州人爲多，潮州多客家人，此外，旗山、屏東、東港、恒春也有不少客家人。臺東漢人 4900，閩南人 3700，在所有人口中所占比例爲 8.4％，客家人 1200，占 2.72％。花蓮，漢人 17100，閩南人 9900，占 15.84％，客

〔註99〕《安平縣雜記》，「住民生活」，光緒二十三年輯，中國方志叢書，臺灣地區第 36 號。
〔註100〕臺灣總督官房調查課，《臺灣在籍漢民鄉貫別調查》，1928 年，轉引自林在復的《閩南人》，第 80 頁。

家人 7200，占 11.51％。就上述統計數字來看，閩南人在臺灣占絕大多數，
其中臺南分佈最多，其次爲臺中，再次爲臺北，臺東最少。客家人的分布新
竹最多，其次爲臺中。〔註 101〕

　　林豪曾精闢地指出臺灣漢人分佈格局的大勢是：「海口多泉，內山多漳，
再入與生番毗鄰，則爲粵籍人。」〔註 102〕臺灣學者陳正祥對林豪的論斷做
出如是詮釋：「泉州人多分佈在西部沿海平原，和臺北附近，漳州人多分佈
在西部平原內緣，北部丘陵地帶、宜蘭平原以及臺東縱谷的南北兩端。廣東
人則主要分佈在西北部丘陵、屏東平原的北部與東部以及臺東縱谷的中部。」
〔註 103〕至於爲何會呈現如此分佈狀況，陳正祥認爲是移民渡臺時間先後有
別所致，即泉州最接近臺澎，移民來臺最早，故先占平原，後來者只好佔據
更遠的平原邊緣、丘陵和山地。戴炎輝又在陳正祥的基礎上，提出更具體的
補充：「隨鄭氏渡臺者多泉民，從施琅征臺者多漳民。粵民於臺灣初入清版
圖時，被禁止渡臺，至康熙末年，因其禁漸弛而人漸增。泉、漳先至，故占
海濱平原，爲頭家、佃戶或營商，粵民後至，故多居附山地帶，且初時大率
爲佃戶。」〔註 104〕然而，此種解釋也頗受學界的質疑。洪麗完認爲「泉人
近海，漳人居中，客人居內」的族群分佈狀況，並非原初移民的實態，而是
分類械鬥所造成的區域人口調整結果，例如，乾隆四十七年（1782 年）粵籍
居民由霧峰一帶遷往葫蘆墩、東勢角，乾隆五十一年（1786 年）牛馬頭的少
數粵民遷往南坑（今豐原市）、葫蘆墩、東勢員，而道光以後，大墩及北莊
神岡一帶粵民移民東勢、葫蘆墩等事件均與械鬥有關。〔註 105〕施添福則根
據遷臺漳、泉、粵在原籍地與現居地環境、謀生手段甚爲相似而提出決定清

〔註 101〕樊信源：《清代臺灣民間械鬥歷史之研究》，《臺灣文獻》第 25 卷第 4 期。
〔註 102〕林豪：《東瀛紀事》，「鹿港防剿始末」，臺灣文獻叢刊第 8 種，臺灣銀行經濟
　　　　研究室，1957 年。
〔註 103〕陳正祥：《臺灣地志》，（上），第 227 頁。轉引自余光弘：《清代班兵與移民：
　　　　澎湖個案研究》，稻鄉出版社，1997 年，第 140 頁。
〔註 104〕戴炎輝：《清代臺灣之鄉治》，聯經出版事業股份有限公司，1992 年，第 296
　　　　頁。據文獻記載，臺灣初入版圖時，禁止粵人渡臺。「臺灣始入版圖，爲五方
　　　　雜處之區，而閩粵人尤多。先時鄭逆竊踞海上，開墾十無二三。迨鄭逆平後，
　　　　招徠墾田報賦；經將軍施琅之世，嚴禁粵中惠、潮之民，不許渡臺。蓋惡惠、
　　　　潮之地素爲海盜淵藪，而積習未忘。琅歿，漸弛其禁，惠、潮之民乃得渡臺。」
　　　　《臺海使槎錄》卷四「赤崁筆談」。
〔註 105〕洪麗完：《清代臺中地方福客關係初探》，載《臺灣史研究論文集》，中華民國
　　　　臺灣史蹟研究中心，1988 年，第 54～94 頁。

代在臺漢人祖籍分佈的基本因素是：移民原鄉的生活方式。〔註106〕

筆者認為客家人與閩南人在臺的分佈格局絕非一蹴而就，而是在多種因素的綜合作用下經過長期演變而成，任何以單個因素所作出的解釋恐怕都難免偏頗。不過，值得注意的是，因政治環境、經濟條件與文化傳統等因素的影響，清代移民臺灣的漢人多是同籍相率而居，形成閩、客分地而居，漳、泉異地建莊的局面，彼此界線鮮明。此種分佈形態為客家人與閩南人以及漳、泉、粵之間的分類械鬥埋下了隱患。

二、政治經濟與人文性格：渡臺的原因

學界在闡釋人口遷移的原因時，大多利用「推拉理論」（Push-Pull Theory）進行分析。所謂「推力」（push），是指遷出地存在的那些造成民眾離家出走的不利因素，如自然災害、戰亂頻繁、經濟蕭條、人口壓力、政治迫害等。「拉力」（pull），是指遷入地存在的那些吸引民眾的優越條件，如社會安寧、人口稀少、土地肥沃等。

有的學者在闡釋大陸移民渡臺的原因時，很自然地會借用「推拉理論」。客觀而言，此舉本身並無可厚非，問題是他們在實際分析過程中往往受理論的束縛，生搬硬套，結果產生了認識誤區和疏忽。

首先，他們在解析造成移民渡臺的推力時，一般只注意到政治經濟因素，而忽略了人文性格的作用。毋庸置疑，政治經濟因素確實是促使大陸移民渡臺的主要原因之一。明清時期，閩南地區水旱、瘟疫、颱風等自然災害甚為頻繁。據《晉江縣志》記載，自明崇禎四年（1631年）至清嘉慶二十一年（1816年）的185年中，該縣共發生自然災害84起，平均不到三年即有一起。漳州的南靖縣，自明永樂五年（1407年）至清宣統三年（1911年）的五百多年中，發生普遍性的旱、澇、蝗、瘟疫、地震等 130 多次，平均四年一次大災。另外，明清之際，適逢朝代鼎革，兵戈迭起，累年不息，無辜百姓飽受戰火蹂躪，死傷累累，流離失所。連綿不斷的自然災害和頻繁的戰亂導致數以萬計的農民破產，無以為生，不得不離鄉背井，很多人就遷移到與大陸一水之隔的臺灣島。〔註107〕

〔註106〕施添福：《清代在臺漢人祖籍分佈和原鄉生活方式》，臺灣師大地理系，1987年，第 180 頁。

〔註107〕李祖基：《大陸移民渡臺的原因與類型》，《臺灣研究集刊》，2004 年第 3 期。

　　清乾、嘉年間，戰亂雖止，社會趨於安寧，但閩粵兩省卻又因人口增長過快而造成人稠地狹，土地不敷耕種。據史籍記載，明朝後期，福建人口約有 500 萬，而到乾隆末年，已達 1300 萬，增加了一倍半。可是耕地面積卻因福建多山的客觀條件所限而增加甚少。沉重的人口壓力推動人們不得不去尋找新的發展空間。誠如《福建通志》所載：「閩、廣人稠地狹，田園不足於耕，望海謀生，十居五六。」再如清朝中葉南安豐山《陳氏族譜》載：「族之子姓發達後，於疆界、土地偏小，廬舍縱橫，田園益蹙。食多生寡，故士農衛商，維持生活頗費躊躇，於是乎奔走外洋。」〔註 108〕富餘人口只得另闢蹊徑，尋求出路，有的人就泛舟東進入臺，拓墾荒地。

　　但是，天災人禍、經濟蕭條、人口過剩、土地匱乏等情況在閩、粵兩省普遍存在，為何獨有閩南人和客家人大量移居臺灣，而閩中、閩東，抑或粵南、粵北鮮有民人渡臺呢？顯而易見，政治經濟因素決不是促使他們移墾臺灣的惟一原因。其實，我們只要留意一下閩南人和客家人的人文性格，就會對他們渡臺的原因有更深層的認識。

　　陳支平在《福建六大民系》一書中認為，閩南人最顯著的人文性格是具有比較濃厚的海洋文化色彩，比較注重對財富的追求，勇於冒險打拼。〔註 109〕閩南人這種重商和冒險的精神，使他們為逐利而敢於闖蕩異域。例如，明清時期漳州府沿海的龍溪縣、海澄縣等，居民多闖蕩海內外，風俗是「悍強難治，輕死易發，民俗奢侈，文物如鄒魯……君子尚氣節，小人急生業。」〔註110〕再如，泉州府沿海的晉江、同安等縣，「濱於海，探珠而從海賈遊者，經鯨波蜃浪之險，而心無畏懼。」〔註 111〕閩南人的冒險進取精神使得他們在生產生活空間變得艱難、狹窄的情況下，會毅然背井離鄉，去謀求新發展機會。

　　客家人本身即是自中原遷徙而來，因此，自古以來，其安土重遷的觀念就比較淡薄，只要有利於生存發展，無論何處都會趨之若鶩。這一點可以從現存閩西客家人黃氏的祖訓中得到印證。其祖訓曰：「爾輩宜各營生計，斷勿

〔註108〕南安豐山：《陳氏族譜》，轉引自莊國土先生：《海貿與移民互動：17～18 世紀閩南人移民臺灣原因──兼論漳泉籍移民差異》，《臺灣文獻》第 51 卷第 2期。

〔註109〕陳支平：《福建六大民系》，福建人民出版社，2000 年，第 224 頁。

〔註110〕 （崇禎）《漳州府志》，卷二十六，「風俗志」，轉引自陳支平的《福建六大民系》。

〔註111〕 （乾隆）《泉州府志》，卷二十，「風俗」，轉引自陳支平的《福建六大民系》。

株守家庭。……任爾輩在外鄉隨處卜居。」又詩曰：「駿馬匆匆出異方，任從隨地立綱常。年深外境猶吾境，日久他鄉即故鄉。曉夜莫忘親命語，晨昏須薦祖宗香。願言蒼天垂庇祐，三七男兒總熾昌。」〔註112〕客家人不固守家園土地，冒險擴遷精神於此可見。

至此我們可以認為，促使閩南人和客家人源源不斷地遷離大陸，渡海入臺的推動力，除了政治經濟因素外，人文性格也是一個重要因素。

其次，就移民入臺的拉力而言，有的學者往往不顧客觀事實，刻意強調臺灣的優越條件，忽略不利因素。如強調其土地肥沃、物產豐富；強調其地廣人稀、氣候宜人、交通便利、商業發達；強調其富庶繁榮，充滿發展機遇。誠然，臺灣確實存在一些吸引大陸漢人絡繹不絕地渡海而來的優越條件，但是，當時臺灣作為一個尚處於開發階段的蠻荒之地，環境真的如他們所敘說的那般美好嗎？其可信性不免令人置疑。關於當時臺灣的真實情況，我們可從文獻資料中覓見一端。

《臺灣府志》載：「鳳山以南至下淡水等處，早夜東風盛發，及晡鬱熱，入夜寒涼，冷熱失宜。又水土多瘴，人民易染疾病」，「半線以北，山愈深，土愈燥，煙瘴愈屬，人民鮮至。」〔註113〕《諸羅縣志》曰：「臺南、北淡水均屬瘴鄉。……蓋陰氣過盛，山嵐海霧鬱蒸中之也深。或又睡起醉眠，感風而發，故治多不起。」〔註114〕《裨海紀遊》云雞籠、淡水等地，「人至即病，病輒死，凡隸役聞雞籠、淡水之遣，皆欷歔悲歎，如使絕域。水師例春秋更戍，以得生還為幸。」〔註115〕據李祖基統計，自康熙二十三年（1684年）至四十六年（1707年）的九任鳳山縣下淡水巡檢中（巡檢司署設於下淡水東港），除沈翔昇一任係「告老解任」外，其餘歷任皆卒於官，「甚至闔署無一生還者。」〔註116〕此外，拓墾土地的大陸移民還時刻面臨著臺灣原住民的「出草」威脅，

〔註112〕 （民國）上杭《閩杭黃氏宗譜》，卷一，「始祖」，轉引自陳支平的《福建六大民系》。
〔註113〕 高拱乾：《臺灣府志》卷七，「風土志·氣候」，臺灣文獻叢刊第65種，臺灣銀行經濟研究室，1960年。
〔註114〕 周鍾瑄：《諸羅縣志》，卷十二，「雜記志」，臺灣文獻叢刊第141種，臺灣銀行經濟研究室，1962年。
〔註115〕 郁永河：《裨海紀遊》，臺灣文獻叢刊第44種，臺灣銀行經濟研究室，1959年。
〔註116〕 李祖基：《大陸移民渡臺的原因與類型》，《臺灣研究集刊》，2004年第3期。

「耕種採樵，每被土番鏢殺，或放火燒死，割去頭顱。」〔註117〕移墾臺灣的大陸移民除了生命難以得到保障外，精神上也飽受折磨。早期的很多拓墾者多爲年輕力壯的單身男子，許多拓墾者終身未娶，未能享受家庭生活的溫馨，可以想見他們在精神上和生活上都是非常痛苦的。〔註118〕

既然臺灣的拓墾環境並非如部分學者所說的那樣優越，爲何大陸移民還要前仆後繼地蜂擁而來呢？筆者認爲臺灣作爲移民遷入地，其拉力主要表現在以下三個方面：

其一，臺灣荒地廣闊，原住民土地觀念淡薄，大陸移民無需花費太多的力氣和資金就可獲取大片土地，謀生機遇多。例如，雍正年間臺灣知府沈起元說：「漳泉內地無籍之民無田可耕，無工可雇，無食可覓。一到臺地，上之可以致富，下之可以溫飽，一切農工商賈以及百藝之末，計工授值，比內地率皆倍蓰。」〔註119〕

其二，帶有欺騙性的鼓動移民的謠言，致使許多人盲目渡臺。例如，「臺灣好趁食」，「臺灣錢，淹腳目」等傳言早已廣爲人知，極具誘惑力。這也是造成臺灣遊民鳩集的原因所在。

其三，在臺墾戶因請墾的土地面積動輒數千甲，自己無力耕作，必須招徠佃戶，將既得土地劃分成小塊租給他們墾種。如此一來，就爲移民提供了較多的勞動就業機會。

由是觀之，大陸移民渡臺是在社會政治經濟與人文性格等因素的推動下，和臺灣發展機遇多、易於謀生的欺騙性謠言等多種因素的誘導下共同促成。

三、追求生存與投資營利：渡臺的類型

關於大陸移民渡臺的性質，李祖基在《大陸移民渡臺的原因與類型》一文中將其劃分爲生存型移民和發展型移民兩種類型。〔註120〕顯而易見，他是參照葛劍雄的移民類別法作出上述分類的。葛劍雄在《中國移民史》一書

〔註117〕黃叔璥：《臺海使槎錄》，卷五，「番俗六考」，臺灣文獻叢刊第4種，臺灣銀行經濟研究室，1957年。

〔註118〕陳孔立：《臺灣歷史綱要》，九洲圖書出版社，1996，第148頁。

〔註119〕《清經世文編選錄》，「條陳臺灣事宜狀」，臺灣文獻叢刊第229種，臺灣銀行經濟研究室，1966年。

〔註120〕李祖基：《大陸移民渡臺的原因與類型》，《臺灣研究集刊》2004年第3期。

中把移民分爲生存型的移民與發展型的移民,「所謂生存型的移民,就是爲了維持自身的生存而不得不遷入其他地區定居的人口,或者說是以改變居住地點爲維持生存手段的移民行爲。產生這類移民的主要原因是遷出地的推力,如自然災害、戰爭動亂、土地矛盾、人口壓力等」;「所謂發展型的移民,就是爲了物質生活或精神生活的改善而遷入其他地區定居的人口,或者說是以提高物質生活或精神生活的水平爲目的的移民行爲。產生這類移民的主要原因不是遷出地區的推力,而是遷入地區的拉力或吸引力」。〔註121〕有的學者曾對葛劍雄這種分類法的合理性產生質疑。例如,陳孔立認爲,從本質上說,移民都是爲了謀求生存與發展而進行人口遷移的,「生存」與「發展」似乎是很難割裂開的。〔註122〕魯西奇曾指出:「從根本上說,這(指發展型移民)仍然是生存欲求的驅動。在這個意義上,發展型移民實質上也是一種生存型移民。從移民動因的角度而言,可以說,所有的移民現象都可以歸納爲生存型。而從移民結果的角度來考察,所有的移民又都是開發、發展型移民。」〔註123〕所以,嚴格而言,「生存型移民」和「發展型移民」並沒有明確的界線,本質上無法區別,因爲生存是發展的前提,發展是爲了更好地生存。

在此且不論葛氏的移民分類在廣泛意義上合理與否,單就大陸移民渡臺之事而言,教條地借用此法,不免顯得牽強附會,但若稍加修正,似乎還可以說得通。生存型移民與發展型移民從其最終目的來看,無法將兩者割裂開來,但若從移民的最初動機來看,兩者的區別卻十分明顯。如前所述,清代大陸移民渡臺具有多重原因。有的是因遭受天災人禍,無以爲生,被迫冒險渡臺,尋求新的生產生活空間;有的是因作奸犯科、畏捕逃罪,偷渡過臺;有的是因耕地不足,勞力富餘,遷臺尋找就業機會。無論他們因何種原因渡臺,其最初目的都是爲了追求能夠繼續生存下去的機會與空間。所以,若依渡臺的最初動機,似可將他們歸類爲追求生存型移民。

有的移民渡臺並非是因在原居地無以爲生,而是爲了追逐財富,投資營利。閩粵地區素有重商趨利的傳統,爲牟取利益,不惜鋌而走險。明人馮璋

〔註121〕葛劍雄主編:《中國移民史》(第一冊),福建人民出版社,1997年,第49～50頁。

〔註122〕陳孔立:《清代臺灣移民社會研究》,九州出版社,2003年,第10頁。

〔註123〕魯西奇:《移民:生存與發展》,《讀書》1997年第3期。

在《通番舶議》中說：「泉漳風俗，嗜利通番，今雖重以充軍、處死之條，尚猶結黨成風，造船出海，私相貿易，恬無畏忌。」〔註 124〕《泉州府志》曰：「瀕海之民，多以魚鹽爲業，而射贏牟息，轉賈四方，罟師估人高帆健艫疾榜擊沐，出沒於霧濤風浪中，習而安之，不懼也。」〔註 125〕宋人劉克莊描寫泉州人：「朝爲原憲暮陶朱。海賈歸來富不貲，以身殉貨絕堪悲。似聞近日雞林相，只博黃金不博詩。」〔註 126〕明人李光縉描繪泉州人重商的習氣更加細膩：「安平市獨矜賈，逐什一趨利。然亦不倚市門，丈夫子生及已弁，往往慶著鬻財，賈行遍郡國，北賈燕，南賈吳，東賈粵，西賈巴蜀，或衝風突浪，爭利於海盜絕夷之虛。近者歲一歸，遠者數歲始歸，過邑不入門，以異域爲家。」〔註 127〕

　　清朝前期臺灣初定，草萊新闢，曠土尚多，加之原住民土地觀念淡薄，不諳耕作，因此，大陸移民僅需花費較小的代價就可獲得大片的良田。更爲重要的是，清廷對臺灣採取消極的統治政策，田主極易隱報田地，逃避賦稅。如此千載難逢的致富契機，刺激了閩粵兩省部分人士追逐財富，投資營利的欲望，於是他們紛紛挾資而來，募佃墾田，牟取利潤。

　　按照清朝《戶部則例》的規定，「各省實在可墾荒地，無論土著流離，俱准報墾」。又規定：「凡報墾者必開具界址土名，聽官查堪，出示曉喻後五個月，如無業主呈報，地方官即取結給照，限年升科。」〔註 128〕有力之家、地方豪傑、甚至朝廷官員渡臺後，首先向當地官府申領墾照，成爲合法墾戶，然後再將請墾所得的大片土地，分割成小塊，招徠佃戶墾種，向他們收取大租。大租與正供之間的差額就是請墾者所賺取的利潤。清朝時期渡臺的漢人中靠請墾土地而富甲一方的不乏其人。例如，福建漳浦人林成祖，「世業農，慨然有遠大之志，當是時，淡水初啓，地利未興，欲謀墾田，苦無資。朋輩助之，得數百金。以雍正二十年來臺，居大甲，貸番田而耕之。厥土黑墳，

〔註 124〕　《明經世文編》，卷 280，「馮養虛集」，2967 頁，轉引自陳支平的《福建六大民系》。

〔註 125〕　（萬曆）《泉州府志》，卷二，「風俗」，轉引自陳支平的《福建六大民系》。

〔註 126〕　劉克莊：《後村集》，卷十二，「泉州南廓」，臺北商務印書館《四庫全書》影印本，第 1180 冊。

〔註 127〕　李光縉：《景璧集》，卷四，「史母沈孺人壽序」，轉引自陳支平的《福建六大民系》。

〔註 128〕　轉引自曹樹基：《清代臺灣拓墾過程中的股份制經營——兼論中國農業資本主義萌芽理論的不成立》，《中國社會科學》1998 年第 2 期。

一歲兩熟。成祖能耐勞，備田課耕，家乃日殖。」後來，成祖又投入鉅資修
鑿大甲圳、大安圳、永豐圳等水利工程，「所墾之田，曰新莊、曰新埔、曰後
埔、曰枋寮、曰大佳臘，歲入穀十數萬石」。再如汀州人胡焯猷，「乾隆初年
來臺，居於淡水之新莊山腳。時新莊方駐巡檢，而興直堡一帶多未闢。焯猷
赴淡水請墾，出資募佃。建村落，築陂圳，盡力農功。不十數年啓田數千甲，
歲入租穀數萬石，翹然爲一方之豪矣。」〔註129〕

　　不過，根據文本的舉證，請墾者也需要準備和投入巨額資金，並進行長
時期殫智竭慮的苦心經營，且承受巨大的風險。尹章義通過對臺北平原拓墾
過程的研究，指出：墾首募得佃墾者後，必茸屋爲僚，結厝爲莊，預備耕牛、
種子、農具和糧食。假如需要開鑿坡、圳，其工本更大，所需要資金也就更
多。一些大的墾號所籌集的資金往往達到數千甚至上萬兩銀子。但總的來說，
這些投資土地拓墾事業的人從請墾到募股、籌資、備器、招佃、拓墾、鑿渠
以及與平埔族人交涉諸事件的表現上，他們所呈現的精神、能力與業績，已
經不止是傳統的農民與士族，他們也具備了現代工商業經營者與企業家們所
必需的智慧、能力與氣質。所以，他們的墾號無論設置還是經營，都已經「形
成了現代資本主義企業化的經營方式。」〔註130〕由是觀之，臺灣土地的拓墾
是以具有股份制經營性質的墾首制爲主進行的，可見當時爲追逐財富，渡臺
投資土地開墾的人不在少數。這些人按其渡臺的最初動機，似可歸類爲投資
營利型移民。

　　歷史上造成移民的原因錯綜複雜，由此而產生的移民類型也多種多樣。
任何企圖尋求用一個理論或模式來概括所有移民原因與類型的努力肯定都是
徒勞。不過，若利用某個理論將一個特定地區或特定階段移民的主要特色勾
勒出來還是可以做到的。基於此認識，筆者在前輩學仁的研究基礎上，借用
「推拉理論」，從政治經濟、人文性格、發展機遇、欺騙性的鼓動謠言以及墾
戶招佃等方面來解析清代大陸移民渡臺的原因，借用並修正葛劍雄的移民分
類法，將大陸移民渡臺按其最初的動機劃分爲追求生存型移民與投資營利型
移民。

〔註129〕 連橫：《臺灣通史》（下），商務印書館，1983年，第564～565頁。據李祖基
　　　　 考證，此處「雍正二十年」有誤，應爲「雍正十二年」。
〔註130〕 尹章義：《臺灣平原拓墾史研究（1697～1772）》，載《臺灣開發史研究》，世
　　　　 和印製企業有限公司，2003年，第147～148頁。

四、請照以往與偷渡私行：渡臺的途徑

　　康熙二十二年（1683 年），清廷消滅鄭氏政權後，認為臺灣乃彈丸之地，得之無所用，欲「遷其人，棄其地」，後經靖海將軍施琅析陳利害，始勉為其難地決定保留，在臺設一府三縣，隸屬福建省，由臺灣廈門兵備道管轄，簡稱臺廈道。〔註 131〕但顢頇無知的滿清政府對臺灣始終採取消極的統治政策，對往來臺海間的船隻人員管制甚嚴，唯恐其再度成為反清的淵藪。在清廷苛嚴的移民渡臺政策下，大陸移民若欲想去臺灣拓墾謀生，渡臺的途徑通常有兩種：合法請照以往或非法偷渡私行。

（一）清廷移民渡臺政策的嬗變

　　清廷在平臺翌年，取消了「申嚴海禁」令，允許沿海商船與漁船出海貿易、捕魚。但不久又在施琅等建議下，頒佈了三條規定，加以管制：

（1）欲渡航臺灣者，先給原籍地方之照單，經分巡臺廈兵備道之稽查，依臺灣海防同知之審驗，許之，潛渡者處以嚴罰。

（2）渡航臺灣者，不准攜伴家眷；既渡航者，不得招致之。

（3）粵地屢為海盜淵藪，以其積習未脫，禁其民之渡臺。〔註 132〕

〔註 131〕清初設置的一府三縣是臺灣府、臺灣縣、諸羅縣和鳳山縣。臺灣府府治在今臺南，疆域東至大山番界，西至澎湖，南至沙馬磯，北至雞籠城；臺灣縣縣治在東安坊，疆域東至羅漢門莊內門，西至鹿耳門海，南至二層行溪，北至新港溪，轄四坊、十四里；諸羅縣縣治初在開化里之佳里興，康熙四十三年移駐諸羅山，疆域東至大武巒山，西至海，南至新港溪，北至基薩城，轄四里，三四社；鳳山縣縣治在興隆莊，東至淡水溪，西至打鼓山港，南至沙馬磯頭，北至二層行溪，轄七里，二莊。參閱洪燦楠的《臺灣地區聚落發展之研究》，《臺灣文獻》第 29 卷，第 2 期。

〔註 132〕伊能嘉矩：《臺灣文化志》，中卷，（中譯本），臺灣省文獻委員會編譯，1985年，第 409 頁。關於這三條規定所頒行的時間、內容，以及其得以制定是否與施琅有關，李祖基在《對清初大陸移民渡臺政策若干問題的討論》一文中（原文載《臺灣源流》），提出了新的看法。他認為，規定頒佈的時間並非是康熙二十三年（1684 年），而最有可能在康熙二十四年的下半年至二十五年之間；清政府禁止人民攜眷入臺的目的不是專門針對臺灣移民的，其制定立法的本意原在於防止人口流向外國；禁止惠、潮人民渡臺的規定可以在有關史料中得到印證，基本可信。此外，其他學者對這三條規定也有異議，如周憲文在《「臺灣紀略」的弁文》中認為，規定制定的時間應在康熙二十四年五月至二十九年之間。鄧孔昭在《清政府禁止沿海人民偷渡臺灣和禁止赴臺者攜眷的政策及其對臺灣人口的影響》一文中，認為「禁止惠、潮人民渡臺」的規定「未必可信」。臺灣學者楊熙根據伊能嘉矩曾推定康熙二十五、二十六年就有粵省客民入臺，拓墾於下淡水溪東岸流域等地，認為此規定「可能是傳聞失實。」

　　不過，因當時臺灣初定，百廢待興，沃野遍佈，勞力需求旺盛，所以這些禁令執行得並不徹底，幾乎形同具文。此時移民渡臺的環境相對比較寬鬆，是為「鬆禁期」。

　　可是到了康熙五十七年（1718 年），閩浙總督覺羅滿保覺察臺灣遊民鳩集，治安日壞，擔憂若再如此放任下去，勢必釀成大禍，於是奏請加強管制：「海洋出入，商、漁雜沓，應將客商責之保家，商船水手責之船戶或貨主，漁船水手責之澳甲同艘，各取保結，限定人數，出入盤查。並嚴禁漁船，不許裝載貨物，接渡入口。至於臺灣、廈門，各省、本省往來之船，雖新例各用兵船護送，其貪時之迅速者，俱各處直走外洋，不由廈門出入。應飭行本省，並咨明各省：凡往來臺灣之船，必令到廈門盤驗，一體護送，由澎而臺；其從臺灣回者，亦令盤驗護送，由澎到廈。凡往來臺灣之人，必令地方官給照，方許渡載；單身遊民無照者，不行偷渡。如有犯者，官兵民人分別嚴加治罪，船隻入官。如有哨船私載者，將該管官一體參奏處分。」〔註133〕他的奏疏經兵部等衙門議覆後，准予公布施行。自此大陸沿海人民欲往臺灣謀生，大不如以前那般便易了，是為「第一次嚴禁期」。

　　在此嚴禁期間，藍鼎元、高其倬、鄂彌達等開明官員屢次建議解除搬眷入臺的禁令，以安民生。清廷於雍正十年（1732 年）採納了他們的建議，准許安分循良，在臺有田產生業者及文職官員知縣以上，且年愈 40 歲而無子嗣者，申領印照，搬眷渡臺，是為「第一次弛禁期」。可是當時臺灣也因人口的劇增而顯現出「昔患土之滿，今患人之滿，地不加闢，賦不加增」的情景。於是在解禁七年後，即乾隆四年（1739 年），閩浙總督郝玉麟奏請停止給照。〔註134〕翌年，清廷再行禁止搬眷入臺令，並要求地方官員加強對往來船隻的盤查，是為「第二次嚴禁期」。

　　乾隆九年（1744 年），戶科給事中六十七，奉旨巡視臺灣。他在親眼目睹了移民管制所產生的各種弊端，民眾偷渡所遭受的各種慘狀後，認為這種不分善惡，不論是非，一概嚴禁的政策，其實是杜絕人們的生存之路，悖逆情理，〔註135〕於是就向清廷建議：「內地遊曠之民，仍照嚴禁偷渡，不准給照外，

〔註133〕《大清聖祖仁皇帝實錄》，第 277 卷，康熙五十七年（1718 年），春二月初九日條。

〔註134〕陳紹馨：《臺灣省通志》，卷二，「人民志人口篇」，臺灣省文獻委員會，1972年，第 100 頁。

〔註135〕莊金德：《清初嚴禁沿海人民偷渡來臺始末》（上），《臺灣文獻》第 15 卷第 3 期。

其有祖父母、父母在臺而子孫欲來侍奉，或子孫在臺置有產業而祖父母、父母內地別無依靠，欲來就養；或本身在臺置有產業，而妻子欲來完聚者，准其呈明內地原籍地方官，查取地隣甘結，給予印照來臺。」〔註136〕他的奏請，一再被拖延推諉，直到乾隆十一年四月十九日（1746 年）方經由戶部議准，是爲「第二次弛禁期」。不過，這次開禁爲期極短，前後僅約二年。

自乾隆十三年（1748 年）起，清廷的移民渡臺政策又趨嚴厲，除了再行申禁外，又重新擬定了獎勵和處分辦法，並限定「橫洋船」舵手名額，〔註137〕是爲「第三次嚴禁期」。乾隆二十五年（1760 年），福建巡撫吳士功見這種良莠不分，一概嚴禁的政策，不但有悖情理、難以執行，而且徒爲害民，促生貪污。因此，他不顧當時閩浙總督楊廷璋的掣肘，毅然上奏清廷，要求放寬限制，准予臺民搬眷過臺。他的奏疏經吏部反覆廷議後，准予施行，但僅以一年爲限，即自乾隆二十五年五月二十六日起，至二十六年五月二十五日至，是爲「第三次弛禁期」。

乾隆二十六年解禁期滿後，主張禁民渡臺的楊廷璋遂依照其先前所擬定的禁渡條款，嚴厲執行。而清廷此時也認爲臺灣之所以民變、械鬥迭起，主要是由於渡臺者「皆窮困逋逃之輩，性情狡悍，不能安分」，因此，「與其辦理於臨時，不如羈縻於平時」，〔註138〕責令地方政府嚴禁福建、廣東兩省人民赴臺，加強各處口岸的巡邏，毋許私行逗留一人，並重新編設保甲，以查出新增人戶，究其來歷，將原查疏漏之人嚴參重處，是爲「第四次嚴禁期」。不

〔註136〕中國檔案彙編：《明清史料》，戶部《爲內閣抄出巡臺給事中六十七等奏》移會，中央研究院歷史語言研究所，戊編第 3 冊，第 207 頁。

〔註137〕新的獎勵辦法是「偷渡船隻尚在沿海口岸，兵目、澳保人等在本管汛虜獲，毋庸給賞。如在洋面遊巡追獲者，按獲犯名數，十人以上賞銀二兩，每十名以上，遞加二兩。若尚未出洋而別汛兵目、澳保盤獲，減半給賞。其賞銀俱於本案追獲贓銀船價內支給，餘入官充公」。新的處分辦法是：「凡獲偷渡人犯，必先究客頭，如官不能究出，罰俸一年，已供故刪者，革職。……如招引多人偷渡，本人照客頭例，發邊疆衛充軍，不請印照者，照偷渡例，杖八十，逐回原籍。地方官濫給印照，照例參處」。「有司陽奉陰違，不行遞逐，容留案犯，如止一、二名者，依違令例議處，三名以上者，罰俸一年，五名以上者，降一級留任，至十名以上者，照奸棍不行虜例，議以降調」。「橫洋船」的舵手限額爲：「每隻止需舵手十四名，例准二十餘名，請裁至十四名爲率。」具體內容請參閱莊金德的《清初嚴禁沿海人民偷渡來臺始末》（上），《臺灣文獻》第 15 卷，第 3 期。

〔註138〕《清高宗實錄》，第 845 卷，乾隆三十四年（1769 年），冬 10 月 25 日條。

過，在此期間清廷鑒于禁令有的地方過於嚴密苛細，難以眞正實施，所以不得不屢次對其進行修正。例如，自乾隆三十六年（1771 年）起，臺民回籍無需再申領印單，可直接赴鹿耳門總口，將其姓名、年貌、住址報明，驗戳掛號後，就會隨時放行。乾隆四十一年（1776 年）又規定在臺的文武官員，無論年齡，有無子嗣，都准予攜帶眷口。〔註 139〕

　　乾隆五十五年（1790 年），清廷在閩浙總督福康安的建議下，明設官渡，擬定章程〔註 140〕，整治各汛口敲詐勒索之風，規範航渡程序。自此以後清廷未再積極地對移民渡臺嚴加管制，但也不曾積極予以倡導，只是隨著人民所造成的既成事實去調整方針政策，是爲「第四次弛禁期」。

　　由上述可見，清廷的移民渡臺政策總體上是以禁防爲基本原則，目的在於抑制臺灣人口增長，防其成爲反清的根據地。其間雖因部分開明官吏的力爭，曾數度開禁，但每次持續的時間都極其短暫，截至乾隆五十五年（1790年），總計開禁時間才不過 11 年。我們可依准予搬眷入臺與否爲標準，將清廷領臺期間的移民渡臺政策，劃分爲一個鬆禁、四個嚴禁和四個弛禁，共九個階段。現將每一階段持續的時間、倡導者、主要內容、禁弛程度及延續的年數列表如下：

表三：清朝移民渡臺政策嬗變表〔註 141〕

時　　　間	倡導者	內　　　　　容	程度	年數
康熙二十三年～五十七年（1684～1718 年）	施琅	1. 須領照單，經分巡臺廈兵備道稽查，依臺灣海防同知審驗批准，始許放行。 2. 不准攜帶家眷。 3. 禁粵地民人渡臺。	鬆禁	34 年

〔註 139〕《清高宗實錄》，第 1007 卷，乾隆四十一年（1776 年），夏 4 月 22 日條。
〔註 140〕「明設官渡」章程的內容概略如下：1.內地客民領照赴臺灣，責令行保船戶開報姓名、籍貫、年貌、住址、幷往臺灣作何生業，呈報該管廳員查驗，立即給照放行，移明臺灣各廳驗放入口。其出口之處，仍令守口員弁查驗放行。如有給照遲延、驗放留難等事，即將該員弁嚴行參處。人照不符，照私渡例治罪。2.官渡商船由廈門至鹿耳門，每名許收番銀三圓；由南臺至八里坌，蚶江至鹿仔港，每名許收番銀二圓，不准多索。3.仍飭專管各汛口員弁、兵役，每日將所泊商、漁等船，查驗字號、船牌，按旬列報，一有無照船隻，即行根究。如兵役等虜獲偷渡之犯，即將船隻貨物一幷賞給，以示鼓勵。4.沿海有底無蓋小船，俱令驗烙編號，止許就近撥載，不得遠出，以防弊混。
〔註 141〕本表是依據莊金德的《清初嚴禁沿海人民偷渡來臺始末》繪製而成。

時　　間	倡導者	內　　　容	程度	年數
康熙五十七年～ 雍正十年 （1718～1732 年）	覺羅滿保	1. 商漁船出入海洋應各取保結，並限定人數。 2. 嚴禁漁船裝載貨物，接渡入口。 3. 凡往臺之船，必令到廈門盤驗，由澎而臺；從臺回者，亦令盤驗護送，由澎到廈。 4. 凡往臺者，必令地方官給照，方許渡載。 5. 單身遊民無照者，不行偷渡。	嚴禁	14 年
雍正十年～ 乾隆五年 （1732～1740 年）	藍鼎元 高其倬 鄂彌達	1. 有田產生業，安分循良者可領照搬眷入臺。 2. 文職官員知縣以上者，年愈 40 歲而無子嗣，得申請攜眷。	弛禁	8 年
乾隆五年～ 乾隆十一年 （1740～1746 年）	郝玉麟	1. 臺協三營游擊內，分年撥防，其輪年游擊，各與本營千總，每三月更換一次。 2. 地方官於商人給照之時，喚齊在船，逐加親驗，將出海、舵工、水手、姓名、年貌、籍貫、箕斗、疤痣，逐一開列，填注明白，仍取澳甲地保甘結。 3. 凡船隻經過沿海各汛，及抵臺灣汛口，該處文武嚴加盤查。 4. 各文武有失察並賄縱狗隱等弊，分別參處治罪。 5. 停止給照搬眷。	嚴禁	6 年
乾隆十一年～ 乾隆十三年 （1746～1748 年）	六十七	1. 准予臺民搬眷。 2. 准予內地民人來臺探親。	弛禁	2 年
乾隆十三年～ 乾隆二十五年 （1748～1760 年）	潘思榘 喀而吉善 楊應琚	1. 重新訂定獎勵辦法。 2. 重新擬定處分辦法。 3. 限定「橫洋船」舵手名額。	嚴禁	12 年
乾隆二十五年～ 乾隆二十六年 （1760～1761 年）	吳士功	1. 在臺有業良民，果有親屬在內地者，許先赴臺地該管縣報明，將本籍住處暨眷口姓氏、年歲、開造清冊，移明內地原籍查對，相符覆到之日，給與路照，回籍搬眷過臺。	弛禁	1 年

時　　　間	倡導者	內　　　　　容	程度	年數
		2. 其內地親屬，如欲過臺探親，先由內地該管州縣報明，造冊，移明臺地，查確覆到，再行督撫，給照過臺。		
乾隆二十六年～乾隆五十五年（1761～1790年）	楊廷璋崔應階	1. 通飭各屬嚴行禁止閩粵民人赴臺。 2. 重新編設保甲，以查出新增人戶，究其來歷，將原查疏漏之人嚴參重處。 3. 各處口岸，設法巡邏周密。	嚴禁	29年
乾隆五十五年～光緒二十一年（1790～1895年）	福康安伍拉納	1. 明設官渡。 2. 擬定官渡章程。 3. 嚴懲汛口文武兵弁。	弛禁	105年

　　在清廷以防範為基本原則的移民渡臺政策下，閩粵沿海地區的閩南人和客家人若欲想去臺灣拓墾謀生，渡臺的途徑無非兩種：合法請照以往或非法偷渡私行。

（二）合法請照以往

　　如前所述，清廷在平臺翌年就頒佈了三條規定，限制大陸移民渡臺。按照禁令，欲渡臺者須先向原籍地方官府申領印單，開列姓名、年貌、籍貫等，然後經分巡臺廈兵備道逐一核查，人照相符，方准配船放行，到臺之時，再經臺防廳照印單查驗核實後，始准進港登岸。所有駛往臺灣的船隻，都必須先到廈門接受盤驗，由澎而臺；從臺灣返回者，也要先經臺防同知盤驗，由澎而廈。即便如此，清廷還嚴禁渡臺者攜帶家眷。儘管後來迫於情勢，清政府曾解禁幾次，准予搬眷入臺，但搬眷的手續卻極為繁瑣。例如，雍正十年（1732年），清廷首次允許搬眷過臺，但要求該管道府官員詳細申明，查對核實後再發給照單，並要求在臺者自己親自渡海返回原籍；另一方面，又要求原籍地方官員，查明在臺者眷口的實際情況，然後再填給路引。〔註142〕乾隆十一年（1746年）開禁時，在臺者若要搬遷家眷渡臺，首先須向內地原籍地方官員呈明情由，待他們查驗核實後，再頒給入臺印照，同時要向臺籍廳縣報明備案。待到家眷抵臺後，先由當地官府審查確實，然後再責令在臺者當

〔註142〕中國檔案彙編：《明清史料》，吏部《為內閣抄出福建巡撫吳士功奏》移會，中央研究院歷史語言研究所，戊編第2冊，第107～108頁。

面認領，並編入家甲安插。〔註143〕再如乾隆二十五年（1760 年），在臺者如果要搬遷內地親屬入臺，須要先赴臺地該管縣報明情況，將本籍住處暨親屬的姓氏、年歲、開造清冊，告知內地原籍官府查對，情況相符後，再反饋給臺籍該管縣，然後才准許報明該管道府，給與路照，回籍搬眷過臺。其內地親屬，如欲過臺探親，須先由內地該管州縣報明，造冊，移明臺地，查確覆到，再行督撫，給照過臺。〔註144〕由是觀之，合法領照渡臺，辦理手續既繁瑣又費時。

　　領照渡臺，除了要經辦繁瑣的手續外，還要無端遭受汛口官員胥役的刁難與盤剝。前文已述，領照渡臺者均要經過臺廈兩地汛口員弁、兵役的層層查驗，始能成行。如此一來，守口的員弁、胥役等便可籍其職權，動輒故意攔阻進出口岸的船戶，從中敲詐勒索。例如，當時各汛口都有所謂收取「陋規」之習氣。藍鼎元的《與吳觀察論治臺灣事宜書》載：「商船出入臺灣，俱有掛驗陋歸，……在府則同知家人書辦掛號，例錢六百；在鹿耳門則巡檢掛號，例錢六百，而驗船之禮不在此數。若舟中載有禁物，則需索數十金不等。……蓋船戶畏其留難，不敢不從故也。」〔註145〕至於官員胥役藉端敲詐勒索，中飽私囊到何種程度，可從乾隆五十五年（1790 年）五月二十七日，直隸總督梁肯堂所報奏的「爲查追得受臺灣陋規各員恭折奏明聖鑒事」中窺見一斑。

　　　　案查乾隆五十四年七月二十四日，準福建撫督臣咨追臺灣海口
　　　　得受陋規文武各員名下應追贓銀，及回籍之員所得遣罪，應由直省
　　　　發配一案，並抄冊，內開：韓琮，直隸通州人，於鹿耳門同知、淡
　　　　水同知等任內，共得銀三萬七千五百八十四圓。焦長髮，直隸曲陽
　　　　縣人，於署淡水同知及鹿仔港理番同知等任內，共得銀一萬七千三
　　　　百三十四圓。章紳，天津縣人，於臺灣鎮總兵任內，得受鹿耳門海
　　　　口陋規銀二萬一千三百八圓。董梁，豐潤縣人，於臺灣總兵任內，
　　　　得受鹿耳門海口陋規銀二萬一千八百十六圓。胡國貴，天津縣人，

〔註143〕中國檔案彙編：《明清史料》，戶部《爲內閣抄出巡臺給事中六十七等奏》移會，中央研究院歷史語言研究所，戊編第 3 冊，第 207 頁。

〔註144〕中國檔案彙編：《明清史料》，吏部《爲內閣抄出福建巡撫吳士功奏》移會，中央研究院歷史語言研究所，戊編第 2 冊，第 107～108 頁。

〔註145〕藍鼎元：《平臺紀略》，「附錄目次」之「與吳觀察論治臺灣事宜書」，臺灣文獻叢刊第 14 種，1958 年。

於千總任內，得受鹿耳門海口陋規銀三千二百七十八圓。鄔淮蕭，

順天大興縣人，於鹿耳門同知任內得銀八萬圓。〔註146〕

這些文武官員通過留難勒索所獲得的財物數目之巨，令人觸目驚心。這也反映出領照渡臺者所遭受的盤剝有多麼淒慘。合法請照渡臺不僅手續繁瑣，而且還要無端遭受欺壓勒索，這就迫使大陸移民不得不鋌而走險，選擇另一條渡臺途徑：偷渡私行。

（三）非法偷渡私行

終清之世，偷渡是大陸移民渡臺最普遍的方法。至於當時偷渡猖獗到何等程度，清代檔案文書中所記載的偷渡案件可為我們提供個大概情形。據陳孔立整理，自康熙五十年（1711年）至乾隆六十年（1795年）的84年中，有關偷渡案的記載就達22則之多，其中有的一年之中所緝獲的偷渡事件就達數十次，涉案人員逾千。〔註147〕這些為官府所稽查到的偷渡事件，肯定只是冰山一角，數以萬計的偷渡者並未被官府緝獲。誠如曾任臺灣知府的周元文所言：「詎意奸頑商艘並營哨船隻輒將無照之人，每船百餘名或多至二百餘名偷渡來臺。其自廈門出港，俱用小船載至口外僻處登舟；其至臺，亦用小船於鹿耳門外陸續運載，至安平鎮登陸。以致臺、廈兩同知，稽查莫及。即間有拿獲通報者，亦不過千百中之什一耳。」〔註148〕

偷渡者究竟是如何躲避官府的層層稽查，渡海過臺的呢？據陳孔立研究，當時組織大陸移民偷渡臺灣儼然成為一種行業，有專門幫助別人偷渡，從中牟利的人，如客頭、船戶、窩家、招引人和接應人。他們有嚴密的組織和細緻的分工，其中，客頭是主要組織者，由他負責聯繫船戶，調度船隻以供渡海之用；收取偷渡者的「舡錢」，〔註149〕酬勞其他幫辦者；與過往汛口的守口員弁以及當地的地保澳甲相聯絡，構建關係網，保障偷渡的順利通行。船戶就是擁有船隻，負責運輸偷渡者的船主。窩家，即在偷渡前負責暫時安

〔註146〕中國檔案彙編：《明清史料》，戶部《為內閣抄出直隸總督梁肯堂奏》移會，中央研究院歷史語言研究所，戊編第2冊，第142頁。

〔註147〕陳孔立在《清代臺灣移民社會研究》一書中羅列了歷年官府所拿獲的偷渡案件的次數、人數、地點以及船戶姓名。詳情請參閱該書第117~120頁，九州出版社，2003年。

〔註148〕周元文：《重修臺灣府志》，卷十，「藝文志」，臺灣文獻叢刊第66種，臺灣銀行經濟研究室，1960年。

〔註149〕舡錢，又稱「水腳銀」，即偷渡的費用。

頓、窩藏偷渡者的人。招引人是專門從事游說，鼓動偷渡的人。接應人是在偷渡者到達臺灣後，負責把他們接應到各地的人。〔註150〕

　　偷渡者上船的地點，以廈門爲主。《臺海使槎錄》載：「偷渡來臺，廈門是其總路，又有自小港偷渡上舡者，如曾厝垵、白石頭、大擔、南山邊、鎭海、歧尾；或由劉武店至金門、料羅、金龜尾、安海、東石，每乘小漁船私上大船。」〔註151〕此外，漳州銅山（今東山島）、晉江蚶江等也是偷渡口岸。到達臺灣時沒有主要的登陸口岸，幾乎西海岸所有的小港口都是偷渡者登陸點。例如，淡水的八尺門、中港、後壠港、大安港；彰化的海香豆港、三港、水裏港；嘉義的虎尾澳、八掌溪、笨港、猴樹港、鹽水港、蚊港、會西港，鳳山的竹仔港、東港、打鼓港等皆是偷渡者上岸的地點。〔註152〕

　　偷渡的辦法多種多樣，最普遍的是頂冒舵工、水手之名。據史籍載：「偷渡之路有二：由廈門大擔口正路出洋者，多屬船主舡工計圖漁利，招引無照之人頂冒水手；由青嶼、浯嶼、赤碼、檳榔嶼小路偷渡者，俱係不法客頭包攬客民，先於海澄、龍溪、詔安等縣招引，由石碼潛至廈門，乘夜載赴大船出洋。」〔註153〕也有利用小船販運米穀之餘，進行偷渡：「近有小船，私由小港偷運米穀至漳、泉、粵東等處；內地奸民乘其回棹，暗行過臺。又廈門往臺船隻，名爲橫洋船；其舵、水人等額配過多，有分賄兵役，頂冒偷渡過臺。」〔註154〕

　　偷渡雖然可以避免領照手續的繁瑣和汛口員弁盤剝勒索，但也是條充滿血淚的畏途。王必昌在《重修臺灣縣志》中對偷渡者的悲慘境遇有詳盡的描述：「按內地窮民，在臺營生者數十萬……其父母、妻子俯仰乏資，急欲赴臺就養。格於例禁，壘賄船戶，頂冒水手姓名掛驗，女眷則用小漁船夜載出口，私上大船。抵臺復有漁船乘夜接載，名曰灌水。一經汛口覺察，奸梢照律問

〔註150〕陳孔立：《清代臺灣移民社會研究》，（增訂本），九州出版社，2003 年，第 124～126 頁。

〔註151〕黃叔璥：《臺海使槎錄》，卷二，「赤嵌筆談」，臺灣文獻叢刊第 4 種，臺灣銀行經濟研究室，1957 年。

〔註152〕中國檔案彙編：《明清史料》，中央研究院歷史語言研究所，1953 年，戊編 4 冊，第 303 頁。

〔註153〕臺灣國學文獻館：《臺灣研究資料彙編》第一輯，臺北：聯經出版社，1993，第 16467 頁。

〔註154〕《清高宗實錄》，第 281 卷，乾隆十一年（1746 年），轉引自陳孔立的《清代臺灣移民社會研究》。

遭，固刑當其罪，而杖逐回籍之民，室廬拋棄，器物一空矣。更有客頭串通
習水積匪，用濕漏小船，收載數百人，擠人艙中，將艙蓋封頂，不使上下；
乘黑夜出洋，偶值風濤，盡入魚腹。比到岸，恐人知覺，遇有沙汕，輒趕驅
離船，名曰放生。沙汕斷頭距岸尚遠，行至深處，全身陷入泥淖中，名曰種
芋。或潮流適漲，隨波漂溺，名曰餌魚……窮民迫於飢寒，罔顧行險，相率
陷阱，言之痛心。」〔註155〕巡臺御史六十七對於偷渡者所遭受的各種慘狀也
有過描述：「內地民人，或聞臺地親年衰老，欲來奉養，或因內地孤獨無依，
欲來就養。原圖天倫聚順，永遠相親，無如格於成例，甘蹈偷渡之愆。不肖
客頭奸梢，將船駛至外洋，如遇荒島，詭稱到臺，促客登岸，荒島人煙斷絕，
坐而飢斃，俄而洲上潮至，群命盡歸魚腹。」〔註156〕雍正年間，閩浙總督郝
玉麟曾估計，能夠成功偷渡到臺者大概只有十分之二、三，「其沒於孤島、沙
洲，葬於魚腹者十之四五。」〔註157〕即使成功登岸，若不幸被緝獲，其境遇
依然十分悲慘。藍鼎元在《臺灣近詠十首呈巡使黃玉圃先生》中的對於偷渡
過程中的淒慘遭遇如是描繪：「累累何為者，西來偷渡人？鋃鐺雜貫索，一對
一酸辛！嗟汝為餓軀，謂茲原濕畇。舟子任無咎，拮据買要津；寧知是偷渡，
登岸禍及身？可恨在舟子，殛死不足云。汝道經鷺島，稽查司馬門；司馬有
印照，一紙為良民。汝愚乃至斯，我欲淚沾巾，哀哉此屬禁，犯者仍頻頻。
奸徒畏盤詰，持照竟莫嗔，茲法果息奸，雖冤亦宜勤。如其或未必，寧施法
外仁。」〔註158〕

綜上所述，清廷收復臺灣後為了防範其再度成為反清的淵藪，頒佈了較
為苛嚴的移民渡臺政策，嚴格限制大陸民眾移居臺灣。在此情勢之下，閩南
人與客家人欲移墾臺灣，唯有以非法偷渡為主要途徑，合法請照實際上只是
一種輔助形式而已。

〔註155〕 王必昌：《重修臺灣縣志》，卷二，「山水志·海道」，臺灣文獻叢刊第113種，
　　　　　臺灣銀行經濟研究室，1961年。
〔註156〕 中國檔案彙編：《明清史料》，史部「為內閣抄出福建巡撫吳士功奏」移會，
　　　　　中央研究院歷史語言研究所，戊編第2冊，第107～108頁。
〔註157〕 臺灣國學文獻館：《臺灣研究資料彙編》第一輯，聯經出版社，1993年，第
　　　　　5408頁。
〔註158〕 謝金鑾：《續修臺灣縣志》，卷八，「藝文（三）·詩」，臺灣文獻叢刊第140
　　　　　種，臺灣銀行經濟研究室，1962年。

第二章　清代臺灣拓墾中原漢[註1] 的合作與衝突

　　長期以來，有些臺灣學者在研究清代臺灣拓墾中原住民與漢人移民的互動關係時，往往只注重探討衝突問題，而對於雙方的合作則有所忽略。他們最為常見的表述是：在清政府的默許和慫恿下，經濟文化上處於優勢地位的漢人移民利用各種辦法蠶食鯨吞原住民的土地，侵佔抵賴番租，致使原住民賴以生存的土地流失殆盡，番租變得有名無實，經濟陷入困頓，以致於不得不背井離鄉，或被迫同化於漢人之中。這種研究取向使人產生一種刻板印象，即清代臺灣拓墾史其實是一部漢人壓迫和殺戮原住民的血淚史。然而，筆者在翻閱大量清朝時期臺灣的民間契約後卻發現，原住民與漢人移民之間因土地、番租等問題而發生衝突的現象固然存在，但彼此在墾務、水利、治安等方面的合作現象也較為普遍。雙方的合作與衝突並非受清政府的左右，而是由社會的政經環境與族群的經濟利益等民間社會力所決定。

第一節　原漢合作

　　清代臺灣拓墾中漢人移民與原住民有時會形成交錯雜居，並耕共處的格局。他們共居一處，產業毗鄰，難免要在許多關涉雙方共同利益的地方事務上進行合作。就契約文書來看，漢人移民與原住民的合作主要集中在贌耕、水利、治安等三個方面。

〔註 1〕為了避免歧視意味，文中在論述清代臺灣原住民與漢人移民的互動關係時，一律以「原漢」代替「番漢」。

一、番業漢佃：贌耕合作

如前所述，清代大陸渡臺的移民類型按性質分可爲兩類：追求生存型與投資營利型。廣大窮苦民眾遭受天災人禍，無以爲生，只得冒險渡臺尋求能夠繼續生存下去的機會與空間，從而爲臺灣的開發提供了充沛的勞動力；而有力之家與地方豪傑見臺灣草萊新闢，曠土尙多，充滿致富契機，紛紛挾資而來，募佃墾田，爲臺灣的開發帶來了大量資金和富有號召力的組織者。此兩種移民類型的結合使得臺灣的開發具備了現代資本主義企業化經營方式的條件，並使得「墾首制」〔註2〕成爲臺灣土地開發中最主要的拓墾形態。

臺灣的土地在清政府的理念中界分爲兩類：番地與荒地。收復臺灣初期，清廷允許民人認墾荒地，但「凡報墾必開具界址土名，聽官查勘，出示曉諭後五個月，如無原業呈報，地方官即取給照，限年升科。貧者酌借牛種，升科後帶還……墾戶不請印照，以私墾論。官勘不實，並予議處。至承墾後或實在墾不成熟，仍准報官勘明，銷照退業。」換言之，漢人移民欲開墾荒埔，必須先向地方官府申請墾照，獲得其認可。茲移錄一墾照，以資說明。

> 具稟人沈紹宏，爲懇恩稟請發給告示開墾事。緣北路鹿野草荒埔原爲鄭時左武驤將軍舊荒營地一所，甚爲廣闊，並無人請耕，伏祈天台批准宏著李嬰爲管事，招佃開墾，三年後輸納國課；並乞天台批發明示臺道，開載四至，付李嬰前往鹿野草草地起蓋房屋，招佃開墾，永爲世業，須至稟者。今開四至，東至大路及八撐溪，西至龜佛山及崁，南至抱竹及崁仔上，北至溪崁。

> 康熙二十四年十月日

> 墾荒，現奉上令，准速給照，以便招佃及時料理；候墾耕成熟之後，照例起科，照。〔註3〕

據此墾照可悉：沈紹宏應爲財力雄厚且與地方官府關係較佳的「有力之家」。他請墾北路鹿野草荒埔，並非是要親自墾耕，而是準備委託管事李嬰代

〔註2〕周翔鶴認爲墾首制只存在於清代後期，主要是埔里社盆地和開山撫番過程中的山地開墾者，而早期臺中盆地、臺北盆地及臺南的開發形式是業戶制。墾首制這個名稱之所以廣泛流行，在於人們簡單地將業戶等同於墾首。參見周翔鶴《墾首考辨》，《臺灣研究集刊》1989年第2期。

〔註3〕《清代臺灣大租調查書》，「通論・墾照」，臺灣文獻叢刊第152種，臺灣銀行經濟研究室，1963年。

爲起蓋房屋，招佃開墾。也就是說，他請墾之目的不是爲了自耕糊口，而是爲了投資營利。像沈紹宏這種「有力之家，視其勢高而近溪澗淡水者，赴縣呈明四至，請給墾單，召佃開墾」的拓墾形態即所謂的「墾首制」。

不過，墾首並非只須向官府遞上一稟便可任意獲取大片土地，招佃墾耕。因爲清廷爲防止臺灣再次成爲反清的淵藪，嚴禁漢人贌耕番地或逾越番界拓墾，規定：「凡民人偷越定界私入臺灣番境者，杖一百；如近番處所偷越深山抽藤、釣鹿、伐木、採稷等項，杖一百、徒三年」〔註4〕乾隆三年（1738 年）閩浙總督郝玉麟奏請：「熟番與漢民所耕地界，飭令查明，有契可憑，輸糧已久者，各照契內所開四至畝數，立界管業。其漢民原贌界內有未墾、未升田園，應令開墾報升。仍將原贌買之契，示諭各業戶，呈縣驗明蓋印，該縣設立印簿，照契內買賣本人及中保姓名、畝數、價銀、輸糧額數、土名、四至，逐一填明簿內。有未墾、未升若干，一併登明，毋許弊漏。仍照式匯造清冊，送司存案。將來倘有轉售，劃一呈驗登塡。庶田地有冊可考，不致侵佔番業。倘有契外越墾，並土棍強佔者，令地方官查出，全數歸番，分晰呈報。嗣後永不許民人侵入番界，贌買番業，令地方官督同土官劃界立石，刊明界限土名，仍將各處立過界址土名，造冊繪圖申送，以垂永久。」〔註5〕然而，清廷的封禁政策並未能有效阻遏漢人移民拓墾土地的浪潮。有清一代，漢人贌耕番地和越界拓墾的現象甚爲普遍。對於造成這種狀況的原因，不少臺灣學者總是從清政府吏治黑暗，政策執行不力，形同具文，或漢人移墾民眾的狡詐與狂熱等方面去解釋，而有意無意地忽視或淡化原住民的意願與作用。筆者認爲，臺灣地方官員政策執行上的玩忽懈怠與漢人移民獲取土地墾耕的強烈願望固然是導致番地私贌和越界拓墾盛行的原因，但原住民在促進埔地拓墾中的作用也不容忽視。其實，在清廷消極的封禁與隔絕政策下，若無原住民的協助與參與，無論番地租贌或越界拓墾，單靠漢人移民的力量是無論如何也難以得逞。

先說番地租贌。臺灣原住民雖自古以漁獵爲主，遊耕爲輔，土地觀念淡薄，利用率甚低，但卻視環繞在其聚落周圍的荒埔爲「祖公所遺，……可耕可捕，藉以給養饗」的族產，決不會允許外人輕易侵佔。清代渡臺的漢人若

〔註4〕《清會典臺灣事例》，「刑部·私出外境及違禁下海」，臺灣文獻叢刊第226種，臺灣銀行經濟研究室，1966年。
〔註5〕范咸：《重修臺灣府志》，卷十六，「風俗（四）·番俗通考」，臺灣文獻叢刊第105種，臺灣銀行經濟研究室，1961年。

要墾耕原住民的土地，必須獲得他們的允許方可。通常情況下，漢人是以繳納番租或貼納番餉的方式向原住民贌耕土地。「贌」，本是「佃」的閩南方言，為「租借」之意。凡對他人業地有使用、收益關係，即謂之「租贌」。〔註 6〕漢人在贌耕原住民土地之前，須與番社的土目或通事簽訂一份贌約，以規範和約束雙方的權利與義務。茲例舉一則，以資說明。

> 立招給墾批南崁社通事萬里圖有承祖荒埔一所，坐落土名轆狗
> 尾，東至陳家田為界，西至徐家田邊大車路為界，南至大車路為界，
> 北至陳家田為界，四至界址各踏明白。今因社番乏力耕作，將此荒埔
> 情願招佃開墾。茲有漢人張士輝前來承墾，出過給批銀三十大員正
> 銀，即日收訖。此荒埔付聽佃人前去開墾水田，其水源任從灌溉，其
> 大租依庄例聽南崁社業主一九五抽的，車運到社交納。若開墾成業或
> 佃人要回唐，任從佃人轉賣以為工本，而業主亦不得刁難阻擋，此係
> 業佃兩願，各無反悔生端，保此荒埔係崁社承祖物業，與別社無干，
> 並無重張招給別佃來歷交加不明等情。如有不明，南崁社業主出首抵
> 當，不干佃人之事。今欲有憑，立招給墾批一紙，付執為照。
>
> 即日收過給批銀三拾員完足再照
>
> 　　　　　　知見甲頭　　　麻希納
> 　　　　　　為中人夥長　　黃志燕
> 　　　　　　代筆人　　　　湯亞卿
> 南崁霄里龜崙坑仔等四社通事萬里圖戳記〔註7〕

從這張契約中，我們可以獲悉如下訊息：一、原住民與贌耕的漢人移民是「業佃關係」。道卡斯族南崁社將其管內的一塊土名「轆狗尾」的荒埔租贌給漢人張士輝墾耕，「若開墾成業或佃人要回唐，任從佃人轉賣以為工本，而業主亦不得刁難阻擋」。其實，南崁社是將土地的使用權、收益權和處理權出讓給了張士輝，只保留土地的所有權和收租權。南崁社與張士輝之間形成了「業主」與「佃戶」的關係，即所謂的「番業漢佃」。二、漢人移民承贌原住民的土地後，每年要按照贌約中的規定繳納一定數額的番租。張士輝每年向南崁社繳納番租的標準為「一九五抽」，即每百石張士輝得八十五石，南崁社

〔註 6〕臨時臺灣舊慣調查會編：《臺灣私法》，臺灣文獻叢刊第 150 種，臺灣銀行經濟研究室，1963 年。
〔註 7〕蘆竹莊役場：《蘆竹莊志》，蘆竹莊役場，1933 年，第 9 頁。

得一十五石。三、漢人移民與原住民所簽訂的土地贌約須有第三方見證，並加蓋番社通事印戳方為有效。張士輝與南崁社簽訂贌約時，係由甲頭麻希納和夥長黃志燕擔當知見者，湯亞卿代筆，加蓋了道卡斯族南崁、霄里、龜侖、坑仔等四社通事萬里嘓的印戳，形式上相當嚴謹和規範。

由是觀之，即使清廷對漢人移民的墾耕活動採取聽之任之的態度，恐怕他們也未必能隨意拓墾，更何況清廷還明令禁止漢人租贌番地呢？故而，漢人移民之所以能輕易地大規模贌耕番地，其較為合理的解釋乃是原住民居中起了相當重要的協助與推動作用。清代臺灣民間文書中大量有關原住民主動招徠漢人移民墾耕土地的案例也有力地佐證了這一點。例如，水沙連六社遵例封禁時，各社皆面臨土地荒蕪，糊口無資的窘境。於是道光二十九年（1849年）六社土目群赴郡恒，請求鎮道府憲，允許他們招漢佃墾耕，以資口糧。

> 同立招佃字人水沙連社六社化番總通事毛澳、草地主目改旦等，有承管埔地，址在長祿埔一帶。埔地東連茄道薈，西接貓矙，南至極大山，北至鯽底，四至界址明白。今因六社化番不諳耕種，不識樹藝，生齒人多，口糧無從出息。無奈，赴列憲叩乞恩施，均蒙憲諭令澳與旦等就世管埔地，自行招佃開墾納租，以資口糧，以養番命等諭。茲總壯丁黃肥招得墾戶首王增榮，為人誠篤，惠愛番黎，又語能番語，自備工本前來墾耕。但現樹木竿茅極其密茂，農夫稼穡實為難辛，酌議就收冬時候，每十石粟抽的番租五斗，以資口糧；至墾成之時，另行經丈，配租換契，掌管田業。〔註8〕

這則契約清晰地顯示了水沙連六社出贌荒埔，以資口糧的強烈意願，以及他們在促成漢人王增榮贌耕番地「長祿埔」過程中所起的推動作用。六社番目先「赴列憲叩乞恩施」，請求鎮道府憲允許他們「自行招佃開墾納租」；在招得漢人墾首王增榮自備工本前來認墾後，為了使其覺得有利可圖，堅定墾耕埔地的信心，他們甚至同意在土地墾成之前，每十石粟僅抽番租五斗，待到墾成之後，再另行經丈，配租換契。

不過，多數情況下原住民在將土地租贌給漢人移民時並不赴官請稟，而是私相授受。例如，乾隆三十一年（1766年）阿里史社就是私下託中引介，將其管內的荒埔租贌給漢人林德自備工本前去開墾。

〔註 8〕《清代臺灣大租調查書》，第三章，「番大租、草地租及亢五租」，臺灣文獻叢刊第 152 種，臺灣銀行經濟研究室，1963 年。

　　　　立給墾荒埔字阿里史社通事潘繩武，有承祖遺存沙歷巴來積積
埔投標林荒埔地二片。其埔地界址，東至大岸界，西至薛粒國界，
南至大溝界，北至大溝界。一片北勢，東至溝界，西至石矼界，南
至大溝界，北至大岸界。兩片四至界址明白。今因乏力開墾，情願
將荒埔地二片，託中給付林德自備工本前去掌管築圳，開墾成田成
園，永爲己業。三面言定時值荒埔地花邊價銀二百大員。其銀、字
即日同中兩相交收足訖；其埔地隨即踏明盡界，交付銀主林德前去
掌管。面約三年開荒限滿，照水聲徵納業主大租穀。每份水田連園
逐年徵納一十七石，無論年冬豐歉，宜經風煽淨，不得短欠。保此
埔地係武承祖遺存物業，與社眾無干，並無來歷不明；如有等情，
武一力出首抵擋明白，不干銀主林德之事。口恐無憑，立出給墾荒
埔字一紙，付執爲照。〔註9〕

　　客觀而言，在臺灣當時的社會經濟環境中，番地的瞨耕既符合原住民的
短期利益，又能滿足漢人移民獲取土地墾耕的願望，於民於番均有所裨益。
可是，清廷的封禁政策卻嚴重地阻礙了原漢雙方在土地方面的正常交往，損
壞了他們的共同利益，這就迫使他們不得不私下合作，隱瞞官府，租瞨土地。
另外，私瞨土地，逃報升科，還可以免納正供。從這層意義來看，我們就可
理解爲何儘管清廷三令五申，嚴禁漢人瞨耕番地，但卻屢禁不止，而且越演
越烈。

　　再看越界拓墾。清廷爲了防範漢人移民勢力拓展，或「生番」出草滋事，
在臺灣實行劃界封禁、隔絕族群的政策，即人爲在漢人移民與「生番」之間
構建條「番界」，派兵丁駐守，嚴禁雙方越界。故而，對於初至臺灣，環境陌
生的漢人移民來說越界拓墾並非易事，因爲他們不僅要躲避官府的稽查，而
且還要應付嗜殺成性的「生番」，風險極大。那麼，渡臺漢人果眞如有的臺灣
地方官所描繪得那樣，爲了拓墾土地「前仆後繼，雖殺不畏」嗎？筆者發現，
在不少情況下漢人越界拓墾其實是有熟悉番情的原住民土目或通事居中協助
和引導，而並非冒著生命危險魯莽行事。例如，乾隆三十四年（1769 年）貓
霧揀巡檢汪國順折稟臺灣知府交彰化知縣查辦的有關石岡土牛溝界外泰雅族
招漢佃開墾的案件，便屬此類。

〔註 9〕《清代臺灣大租調查書》，第三章，「番大租‧番社給墾字」，臺灣文獻叢刊第
　　　　152 種，臺灣銀行經濟研究室，1963 年。

　　批前縣勘詳貓霧司汪國順折，舉黃禎慶等十五名私墾樸仔離土
牛邊界。地係屋鰲等十三社生番土目由巴仕等歸化雇黃懷春等開
墾，收息供納鹿皮小米餉稅等緣由。蒙批仰即拘到岸里通事敦仔及
黃懷春、黃文待等，徹底根究是何漢奸如何蠱誘，務事實情，重完
擬具詳等回。續蒙理番分府同前回各到縣，業經飭拘訊詳，並予次
勤限嚴催各去後，延今日久杳無到案，該差玩延已極，本應摯此，
姑再嚴催。爲此票仰原差洪用，迅往該地督同鄉保通土，立拘後開
有名各犯正身限三日之內一齊拿到赴縣，以憑訊詳。事關寧件，該
差丹敢違延，定逢三六日期完此不貸。火速須票。〔註10〕

　　漢人黃懷春等越界墣墾泰雅族屋鰲社等十三個番社的土地，爲官府所
拘，並要「徹底根究是何漢奸，如何蠱誘，務事實情，重完擬具詳等回」，
結果發現是十三社土目由巴仕等委託巴則海族岸里社通事敦仔代爲招佃墾
耕。

　　具遵依岸里社通事敦仔，今當大老爺臺前，遵依得歸化番土目
由巴仕等託敦代招黃懷春等在樸仔離土牛側所，與由巴仕等做工代
墾埔地。茲蒙堂訊諭黃懷春等不許代由巴仕等開墾埔地，取具遵依
在案。敦等不敢再招別佃並假借雇工名色墾地，如有此情，致被查
出，願甘坐罪，合具遵依是實。〔註11〕

　　越界墣墾事件經縣主訊究後，不得「再招別佃並假借雇工名色墾地。」
然而，通事似乎並不理會官府的規定，繼續招佃墾耕，官府遂再次要求敦仔
查明越墾事。

　　具稟臺下岸里社通事敦仔，爲奉諭稟明事。緣本月十八日蒙□
□爺票諭敦有包庇黃開春、黃阿侖、陳保升等越墾樸仔離地方等事。
奉此查得樸仔離土牛邊界地，蓋緣屋鰲等十三社生番土目由巴仕歸
化雇佃黃懷春即黃開春等開墾，希圖遞年收息供納鹿皮、小米餉稅。
呈明前主韓爺批准後，因汪司爺詳報府憲，業蒙批駁仰回縣訊。迨
去年七月初一日，蒙業召集訊，不許黃懷春、黃禎慶等開墾，著敦
別尋處所貼納番餉，不得容留黃懷春等仍在此地墾種。時敦同黃懷
春等各具遵依繳驗存案回來，著黃懷春等罷墾搬出。因爺臺詳覆府

〔註10〕溫振華：《大茅埔開發史》，臺中縣立文化中心，1999 年，第 14 頁。
〔註11〕溫振華：《大茅埔開發史》，臺中縣立文化中心，1999 年，第 14～15 頁。

憲，又蒙仰仍將黃懷春等示責發落，黃懷春因而遷移留未出。敦稟
候票提示責，不敢遽赴稟逐，是以遲延至今，並無包庇情事。〔註12〕

由上述官府公文可悉，屋鏊等十三社土目由巴仕等事先有意招佃墾地，「希圖遞年收息供納鹿皮、小米餉稅」，而漢人黃懷春等則有獲取土地耕種的願望，這樣經岸里社通事敦仔居中疏通引導，贌耕事宜遂一拍即合。可以說，清代臺灣土地開發過程中漢人私贌番地盛行，越界拓墾猖獗，在一定程度上是原住民與漢人移民通力合作，共同隱瞞事實，對抗官府的結果。

原住民不僅私下將埔地出贌給漢人或協助他們越界拓墾，有時甚至還直接傲仿漢人墾首，申領土地，招徠漢佃開墾。例如，康熙五十四年（1715年），巴則海族岸里社土官阿穆傲仿漢人墾首，向諸羅知縣周鍾瑄請墾校栗埔、大姑婆等曠野。茲將周鍾瑄的「曉諭公文」抄錄如下：

> 諸羅縣正堂、加一級紀錄四次周，為食宿無地，籲天垂憐，恩賞片土，以恤番命事。據岸里五社土番阿穆大眉、帶烟居乃等具稟前事，詞稱：竊穆等原屬化外，耳目皆無見聞，茹泉食菓，不異飛禽走獸。幸逢老爺德澤廣被，招徠扶綏，設通事傳譯，教導飲食起居，習尚禮義倫理。穆等深沐化成，傾心照例輸餉，是前為化外異類，今則為盛世王民矣。然禮義倫理雖未盡識，而飲食起居實所諳曉，獨是原居深山窮谷，衣食無資，雖為歸化之民，弗得土地，而起居寢食終屬不安。因查山外有一帶曠野平原，東至大山，西至沙崙界大山，南至大山大溪，東南至□□□□□；西南至揀加頭地。凶番時常出沒殺人，漢人皆不敢到。穆等思給地開墾耕種，上完國課，下資口食，並凶番出入，但未蒙仁憲賞賜，不敢擅自開闢，理合稟請恩准，批賞穆等五社番黎前去耕鑿飲食起居，則頂戴鴻慈而不朽矣，等因前來。據此，除將校標□□□□婆等處曠野平原，准穆等前去開闢外，合就出示曉諭。為此，示仰沙轆、大肚各社通事人等知悉，即便遵照。茲得以阿穆等五社土番雖愚不諳王化，不得盤踞抽取租稅，阿穆等亦宜遵照制限管耕，不得越界開墾，以滋爭端，干譴未便，各宜凜遵，毋違，特示。〔註13〕

〔註12〕溫振華：《大茅埔開發史》，臺中縣立文化中心，1999年，第15頁。
〔註13〕《清代臺灣大租調查書》，第三章，「番大租・其他諭示」，臺灣文獻叢刊第152種，臺灣銀行經濟研究室，1963年。

　　乾隆二十四年（1759 年），阿穆的後繼者敦仔按照漢人墾戶報墾土地的方式，立墾號「大由仁」，將請墾之地分割成小塊，招募佃戶前來開墾。漢人劉國興便是敦仔的佃戶之一，雙方簽訂的贌耕契字如下：

> 立字贌人劉國興，今日無田耕作，前來向得敦通事社面前南勢荒埔一塊，前去開田。當日三面言定，田主貼出傢伙、鐵耙一張、犁一張、鋤頭二張、鐵匝二張。自興承贌以後，首年納租穀三十石、二年納租穀六十石、三年納租穀九十石，三年之後另議，不敢異言執拗。如二比甘願，另轉贌耕。倘不甘願，將田即交還田主，興不敢生端。其灌溉水圳，係田主自己開鑿，不干贌人之事。倘後有崩缺修築等項，係贌人自理，不得推搪。此係二比甘願，兩無迫勒。今欲有憑，立贌字一紙付執存炤。〔註14〕

　　再如，竹塹地區拓墾中道卡斯族霄里社的蕭家、竹塹社的錢家和衛家充當了重要角色。早在乾隆十三年（1748 年），蕭家祖先知母六就與漢人墾首合作開墾土地。蕭家的後代也多積極參與墾務，自行擔任墾戶或隘首。例如，蕭東盛自備資斧，前往銅鑼圈三洽水一帶開墾。因該地山多地少，又臨近泰雅人的馬武督社，需要建隘防守，成本大且風險高。蕭東盛和幾個兒子經過多年慘淡經營，備嘗辛苦，終於在道光三年（1823 年）墾成銅鑼圈。蕭瑞雲招佃十股僚，將墾民分為十股，十股僚因而得名。蕭鳴皋招佃明興莊、三洽水、矮坪子、乳姑山、八張犁、竹窩仔、泉水空、九座僚等。蕭家歷經三代拓墾，富甲一方。〔註15〕

　　乾隆十四年（1749 年）竹塹社因常遭水患，通事錢子白率領全社遷移到霧崙毛毛，與漢人混居，並以漢人的農耕技術墾成荳仔埔、馬麟厝、北勢、番仔陂等莊。乾隆五十九年（1794 年），錢子白又招漢佃入墾湖口一帶，成為波羅汶莊的番業戶。〔註16〕乾隆五十六年（1791 年），竹塹社土目衛阿貴向官府申請墾照，開始拓墾土地。以下這則文字對衛阿貴一族從新社遷居五分埔，開墾新埔，然後從新埔遷往鹹菜硼一帶開墾之事有所記載。

〔註14〕《岸里文書》No.13，轉引自陳秋坤：《平埔族岸里社潘姓經營地主的崛起，1699～1770》，《中央研究院近代史研究所集刊》，第 20 集，1991 年。

〔註15〕張素玢：《龍潭十股僚蕭家：一個蕭里家族的研究》，載《平埔研究論文集》，中央研究院臺灣史研究所籌備處，1995 年，第 99 頁。

〔註16〕張炎憲、李季樺：《竹塹社勢力衰退之探討——以衛家和錢家為例》，載《平埔研究論文集》，中央研究院臺灣史研究所籌備處，1995 年，第 188 頁。

衛魁秋曾祖衛阿貴經辦竹塹社屯目，由新社遷居五分埔，始墾新埔一帶續美里莊，即鹹菜硼。乾隆五十八年先因連際盛，即陳志仁屢墾不成，至嘉慶年間我祖付思繫屬竹塹社連地，到憲稟官，自備工本開墾，爲隘首墾戶，由是建功立業，生番聞風而逃，佃民簞食以迎，一鼓成功，地平民安，青山盡變饒地，草成爲街莊。〔註17〕

衛阿貴死後，其子衛福星、金星、平星、祖星、賜星兄弟五人以「衛壽宗」爲墾號，繼續拓墾土地。衛家參與墾務事業前後的八十年之久，成績斐然，到了咸豐年間，今之新埔、關西一帶幾乎成爲衛家的食邑。〔註18〕

二、割地換水：水利合作

凡農耕之起，必有水利灌溉相伴而生，尤其臺灣島受地形、氣候影響，旱土之需求水源潤澤尤甚。就現代眼光而言，水利設施乃提供集約耕作的基本條件，既能提高單位面積產量，又可保證每季有穩定的收穫，故在臺灣開發史上，每將水利設施視爲土地拓墾必不可少的環節。〔註19〕可是，清廷既然對民眾墾地多有限制，對水利設施的興建自然也不會用力。所以，清代臺灣的埤圳基本上都是由民眾自行開鑿。然而，陂圳的開鑿工程浩大，所費資本甚巨，民眾唯有合力方能成功修建。漢人移民與原住民雜居共處，水源是他們共同面臨的問題，故而，他們爲了各自的切身利益，在水利興建方面容易形成合作關係。

漢人移民與原住民合作築埤開圳的形式比較靈活。有的是漢人出資修築埤圳，原住民負責把守護衛。例如，乾隆四十一年（1776年），薛文珩出資修建麻薯舊社水圳時，巴則海族岸里社抽調壯丁協助防禦，結果「圳水到汴分流之處，公約一鳩均分，莊佃得九，眾番得一，灌蔭番田，以酬其把守護衛之勞」。〔註20〕有的是原住民業主以永耕或延長租賬田業年限爲條件，鼓勵漢人佃民自行開鑿水圳。例如，漢人管英華於乾隆三十四年（1769年）用銀五十元向岸里社土目敦仔租賬三處荒埔，因乏水灌溉，他於乾隆三十八年（1773

〔註17〕《臺灣平埔族文獻資料選集——竹塹社》，中央研究院臺灣史田野研究室，1993年，第806頁。

〔註18〕施添福：《清代臺灣竹塹地區的土牛溝和區域發展》，《臺灣風物》第40卷第4期。

〔註19〕洪麗完：《大安、大肚兩溪間拓墾史研究》，《臺灣文獻》第43卷第3期。

〔註20〕《臺灣中部地方文獻資料》，（四），《臺灣文獻》第34卷第4期。

年）雇工開鑿水圳，至四十二年（1777 年）竣工，共費工本銀三千餘元。敦仔也因此將該處田地永遠付予管英華耕作，約定年納租穀一百六十八石五斗。〔註21〕有的是原住民以部分荒埔的墾耕權向漢人圳主換取灌溉水源，即所謂的「割地換水」。這種形式以巴則海族的岸里社、掃束社、烏牛欄社與舊社等四個番社與以漢人張達京為首的「六館業戶」的合作最為典型。他們前後共進行了四次「割地換水」。

首次「割地換水」發生在雍正元年（1723 年）。岸里等四社土官敦仔等緣於「界內之地俱屬旱埔，播種五穀，無水灌溉，歷年失收」，眾社民議定，情願以西勢南阿河巴草地墾耕權作為交換條件，委託漢人通事張達京代為募工鑿圳，分水灌溉田園。結果「張振萬」（即張達京墾號）出本銀九千三百兩，開水定汴，並將圳內之水，定作十分，留八分灌溉自己田地，撥二分給社民灌溉田業。茲將雙方簽訂的第一次「割地換水」契約抄錄於下：

> 公同立出合約字人，岸里、搜揀、烏牛欄、舊社等社土官潘敦仔，仕那搭比甌那阿歪茅格郡買呢頭番田必難阿四老打祿乃大由仕敦必的加臘下馬下臘馬下道阿打郡乃郡那務該旦拔黎祿斗肉仕阿四老愛肚歪敦仔阿歪郡乃拔黎敦必的加臘下阿四郡乃茅格下臘阿打歪甲必難阿打歪郡那老馬下道該旦打祿祿斗肉仕郡乃大由仕馬務群乃阿打歪郡那務郡乃大由仕馬下臘甲下臘必難拔黎茅格，白番（阿打歪搓比阿木愛箸、阿四老愛姑郡乃甌那）等，緣敦等界內之地俱屬旱埔，播租五穀，無水灌溉，歷年失收，無奈，眾番鳩集妥議，託中向懇通事張達京，有人能出工本，募工鑿圳，均分灌溉水田者，敦等闔社，願將西勢南阿河巴之地，東至搭連溝，直透石碑為界，西至山項頂，南至水堀頭與貓霧揀草地分界，與岸里社社東為界，西南至山頂貓霧揀分界，北至岸里社社尾，與崁頭，至往牛頭橫車路為界，此係敦等四社界內之地，並無侵礙他人界內旱埔，願將此酌償工本，付業主前去，招佃開墾，該敦等眾番，日後子子孫孫，不得異言，願將此旱埔，懇託張達京，代敦等，請到業戶張振萬，前來擔承，自己出本銀九千三百兩，開圳分水，與番灌溉，當日三面議定，張振萬開水定汴，私圳內之水，定作十分，內八分歸張振

〔註21〕《臺灣中部地方文獻資料》（四），「翁仔社糾紛互控卷宗」，《臺灣文獻》第34卷第4期。

萬灌溉自己田地，留二分歸番，灌溉番田，其阿河巴之草地照原踏
四至界址內，付張振萬前去開墾，以抵開水工本，立戶升科，永為
己業，保此業係眾番，願割地換水，張振萬願出銀開水，分番灌溉
換地，兩相甘願，日後子孫不敢言贖侵越等情，保此地，係敦等祖
地，與他社無干，亦無重約他人，倘有不明，係敦等□□抵當，不
干張振萬之事，每年張振萬等粟貳百石，聽敦等自己到莊車運，此
係二比甘願，兩無迫勒交成，恐口無憑，今欲有憑，公同立合約字
二紙，各執一紙，存照。〔註22〕

　　雍正十年（1732 年）鑒於原先張振萬墾號出資所修築的埤圳水源不敷使
用，岸里等四社土官與眾社民相議，情願再以「東南勢之旱埔地，東至旱復
溝，直透至賴家草地為界，西至張振萬自己田地、牛埔地為界，南至石牌，
透至西與張圳汴為界」的土地作為抵償開水工本，募人鑿圳。張達京居中斡
旋，招徠墾首陳周文、秦登鑑、廖朝孔、江又金、姚德心，並與他們組成「六
館業戶」，出本銀六千六百兩，開樸仔離口大埤之水，當水開到公圳汴內時，
分成十四分，每館配水二分，留額二分歸四社社民灌溉田業。六館業戶取得
東南勢埔地的永耕權後，每年仍須付給社民六百石租穀，每業戶負擔一百石。
六館業戶與四社所立第二次「割地換水」合約如下：

　　　　公同立給墾字人六館業主：張振萬、陳周文、秦登鑑、廖朝孔、
　　江又金、姚德心，岸里搜揀烏牛欄舊社等社土官：潘敦仔、茅格、
　　敦必的、茅格買阿打歪、加臘下、郡乃拔以、郡乃大由仕、該但打
　　祿祿阿、阿打歪郡郡務、黎、斗肉土郡乃、四老馬下道、馬下道甲
　　必難、白番阿木阿打愛薯、歪格比等。緣敦等界內之地，張振萬自
　　己能出工本開築埤圳之位，水源不足，東西南勢之旱埔地，歷年播
　　種五穀未有全收，無奈，眾番鳩集妥議，向墾通事張達京與四社眾
　　番相議，請到六館業戶取出工本，募工再開鑿樸仔籬口大埤水，均
　　分灌溉水田，敦等願將東南勢之旱埔地，東至旱復溝，直透至賴家
　　草地為界，西至張振萬自己田地、牛地為界，南至石牌，透至西，
　　與張圳汴為界。此係敦四社眾番之地，亦無侵礙他人界限，眾番情
　　願以此酌工本付與六館業主前去招佃開墾阡陌，永遠為業，敦等四
　　社日後子子孫孫不敢言爭。今據通事張達京代敦等請到六館業主擔

〔註22〕 潘大和：《平埔巴宰族滄桑史》，南天書局，1998 年，第 182～183 頁。

承，計共出本銀六千六百兩，開築大埤之水與番灌溉，當日議明六
館業戶開水到公圳汴內之水，定作一十四分，每館應該配水二分，
留額二分歸番灌溉番田。其東南勢之旱埔地，照原踏四至界內，付
與六館業戶前去開墾，以抵開水銀本。六館業戶與四社眾番，敦等
當日議明舉為六館，以張振萬為首也，歷年築理樸仔籬口大埤之水，
以及圳水灌溉民田、番田，共保水源充足。此係敦等祖地，與他社
無干，亦無重約他人，典掛來歷不明；如有出首，敦等抵擋，不干
六館之事。此係敦等甘願割地換水，六館業戶願出本願開水分番，
灌溉換地，兩相甘願，後日不敢言找言贖侵越等情。保此地係每年
六館業戶坐粟六百石，每館應該粟一百石，聽敦等自己到佃車運。
此係二比甘願，兩無迫勒交成，恐口無憑，同立給墾約字七紙，各
執一紙為照。〔註23〕

　　雍正十一年（1733 年），岸里等四社又相繼與張達京及其兄弟張承祖簽訂
了開水協議。張達京出銀九千三百兩開水至萬定汴，將水分成十分，社民得
二分，換取「東至搭連溝與廖盛草地分界，西至山頂，南至水堀頭貓霧捒草
地分界、岸里社石牌為界，西南至捒加頭貓霧捒石牌為界，北至岸里社尾往
牛馬頭橫車路為界」土地的永耕權，但年須付社課二百石。爾後，張承祖與
張達京合資，出銀九千三百兩，開圳引水，再取得西南勢阿河巴轄甲露林百
里樂好四宗草地，並年付 520 石社穀，其地「東至赤塗山崎頂分水直上直下
為界，北至番社下橫路面石牌大溝第二重小陰溝為界，南至旱溪秦廷鑒草地
為界，西至大肚山溪水直上直下大肚社山為界，又南至泉水溝為界，西南至
七張犁下捒社番自耕田為界，北至岸里社尾車路往牛罵頭大路為界，西北至
大甲溪」。茲再將這兩次「割地換水」契約抄錄如下。

　　第三次「割地換水」：

　　　　同立合約人業戶張振萬，岸里、搜捒、烏牛欄、舊社土官敦仔
阿打歪、茅格郡乃、大由四加臘下四、必臘馬下道、郡那務該旦、
犁祿斗四士、買呢白番、阿四老愛姑、敦必的馬下臘、阿四老阿打
歪、祿郡乃拔、郡乃茅格、阿木愛箸、郡乃毆那、阿打歪搭比等，
緣敦等界內之地俱屬旱埔，播種五穀無水灌溉，歷年失收，無奈眾

〔註23〕《清代臺灣大租調查書》，第一章，「通論・大租之沿革」，臺灣文獻叢刊第 152
　　　種，臺灣銀行經濟研究室，1962 年。

番鳩集妥議：向墾通事張達京，有能人出工本募工鑿圳，均分灌溉
水田者，敦等闔社願將西勢阿河巴之地，東至搭連溝與廖盛草地分
界，西至山頂，南至水堀頭貓霧捒草地分界岸社石牌為界，西南至
捒加頭貓霧捒石牌為界，北至岸里社尾往牛馬頭橫車路為界。此係
敦等四社內之地，並無侵礙他人界限，眾番情願將此酧賞工本付銀
主前去招佃開墾陞科裕課，永為己業。敦等四社日後子子孫孫不敢
異言爭執，通事張達京代敦等請到業戶張振萬前來擔承，自己出本
銀九千三百兩，開圳分水與番灌溉。當日三面議明振萬開水到萬定
汴私圳內之水定作十分，內八分歸張振萬灌溉自己田地，留二分歸
番灌溉，番田其阿河巴之旱地，照原踏四至界內付振萬前去開墾，
以抵開水銀本，立戶陞科，永為己業。此係番眾甘願割地換水，振
萬願出銀開水分番灌溉換地，兩相甘願，日後不敢言貼、言贖、侵
越等情，保此地依敦等祖地與他社無干，亦無重張典掛來歷不明，
如有不明敦等抵當不干振萬之事，每年振萬社課粟貳百石，聽敦等
自到莊車運；此係二比甘願，兩無迫勒交加，恐口無憑，立合約二
紙各執一紙為照。〔註24〕

第四次「割地換水」：

公同立合約字人業戶張承祖、通事張達京，因於雍正十一年間
平番有功，縣主行文皇上，準旨召過張承祖帶番面君，欽賜蟒袍一
領，又賜草地一坐，歸業戶張承祖，岸里、搜捒、阿里史、貓霧捒、
鳥牛欄、舊社等社土官敦仔阿打歪、茅格郡乃、大由仕、敦必的加
蚋下、馬下六甲必難、郡乃馬蚋、保氏麻姑、社主斗肉仕郡乃、大
由仕、該旦打祿、郡乃拔黎、阿四老馬下道、阿打歪郡乃務，甲首
阿沐愛著、郡乃毆那、阿四老愛姑、阿打歪搭比、茅格買呢、鳥肉
大宇、白番阿四老大武、後那眉益、斗肉仕麻下蚋、阿打歪甲包仕、
茅格孝血、鳥肉該丹、鳥肉施萬、果老郡乃、老血大必刀、芥都麻
河沐。緣敦等界內俱屬旱埔，播種五穀無水灌溉，歷年失收，無奈，
眾番鳩集妥議，懇向通事張達京有人能出工本，募工鑿圳均分灌溉
水田者，敦等願將西南勢贌阿河巴轄甲霧林（頭家厝）百里樂好四
宗草地，定作十分，張承祖應得八分，番應得二分，東至赤塗崎山

〔註24〕陳炎正：《臺中縣岸里社開發史》，臺中縣立文化中心，1986 年，第 27 頁。

頂分水直上直下爲界，北至番社下橫路面石牌大溝第二重小陰溝爲
界……西南至七張犁下揀社番自耕田爲界，北至岸里社尾橫車路往
牛罵頭大路爲界……四至界址分明。此係敦等六社界內之地，並無
侵礙他人界限，六社眾番情願將此四宗草地酌賞工本，付銀主前去
招佃開墾，報陞裕課，永爲己業，敦等六社眾番子子孫孫不敢異言
生端爭執。此係張達京請到業戶張承祖前來擔承，自己出本銀八千
三百兩，開水圳分水與番灌溉。當日三面議明，祖開水至萬定汴私
圳內，其水作十分，內八分歸張承祖，甘留二分歸番灌溉番田。其
四宗草地照原界內踏明，付與祖前去開墾，立戶陞科，永爲己業，
以抵開水本銀。此係六社眾番甘願割地換水，祖願出本銀開水分番
灌溉換地，兩相均願，日後六社眾番不敢言贖侵越等情。保此地係
六社祖地，與他社無干，亦無重張典掛來歷不明；如有不明，係敦
等六社抵擋，不干祖之事。每年業戶願貼社穀五百二十石，冬成之
日，係番自己到莊車運，永爲定例。此係二比甘願，兩無迫勒交成，
恐口無憑，公同立合約字二紙，各執一紙，付執爲照。〔註25〕

原住民與漢人移民合作築埤開圳時，爲了防範日後發生糾紛，往往還會
訂立契約來規範雙方的行爲。例如，巴則海族東勢角社民與漢人移民原來共
築陂圳一座，照汴分流灌溉雙方田業，但因舊陂深入內山，屢遭泰雅族破壞，
常有缺水之虞，於是決定鳩資另開新圳一條。但開鑿新圳須流經東勢角社民
田地，且有的社民田地又在新圳之上，爲了消釋社民擔憂新圳開通後，漢人
莊民棄舊圳而不行合力修築，故於嘉慶九年（1804 年）立約規定雙方的權利
與義務。其內容如下：

　　　同立合約字東勢角社番總土目馬下六鳥郎、阿多罕、郡乃那鳥，
甲頭潘學文、馬下六，白番郡乃阿沐、阿馬轄等，莊民林時猷、蘇
乾萬、吳龍生、劉金秀、張孟新、謝思廣、葉振旺、賴德永等。竊
思耕農必盡乎溝洫，規約當遵守而勿墜。茲東勢角原有民番舊築陂
圳一座，照汴分流灌溉番民田業，只因舊陂深入內山，常被生番挖
破，若遇農忙，即拼命整理，水亦有缺，以致田禾失收，課命兩懸，
番民均爲受慘。是以相議量度地勢，鳩資另開新陂新圳一條，透合

〔註25〕《清代臺灣大租調查書》，第一章，「通論‧大租之沿革」，臺灣文獻叢刊第 152
　　　種，臺灣銀行經濟研究室，1963 年。

舊圳接濟通流，以助不足。惟是開鑿新圳，要在番田之內疏通，且間有番田又在新圳之上社番懷疑，恐立新圳，莊民棄舊圳而不行合力修築，番田不無缺水之虞。茲番民等耕食斯土，原屬比鄰，務宜一視同仁，守望相助，籌議妥協，民番均有裨益。爰即議列規條，同立合約三紙，呈請備案，勒碑垂遠，日後永不得背約，各執為照，行。

一議：圳道所由番田經過之處，其田照丈多寡，每一甲每年供納大小租粟一十六石正，永遠照約遵行。

一議：新、舊兩處陂圳，原係民番共築，照汴流灌，每年一體修理。至其陂匠辛勞工穀，人番一體按照舊水田均派，永照約遵行。

一議：修築陂圳，社番照舊規同往護衛民番，倘有不測，各安天命，不得挾嫌。如係耕番田之人，亦要照水甲雇工修築。其圳匠水甲辛勞工穀，係現耕番田之人量交，不得推諉，永照約行。

一議：民田、番田各有定界，經前署憲戳勘明定案，不得籍屯越占，仍復控占田租，以滋訟端，永照約行。

一議：民番倘有恃橫盜水，不照汴分流，查獲照規公罰；如違，鳴官究懲，用費亦照水分所出，永照約行。

一議：所遇新圳在番田內者，原約定圳底、圳面許闊一丈，若日後被水沖闊不止一丈，務宜丈明加租，不得違抗，永照約行。

一議：所開新陂圳之工銀，係莊眾鳩資，與社番無涉。至民番放水，永照舊田界址，不得透越界外，致滋事端，永照約行。

一議：民番每年演戲，申禁水規，社番原約幫出戲金錢四千五百文，折佛銀五元，務宜至演戲日期一足交清，不得拖欠推諉，永照約行。〔註26〕

清代留存下來的大量民間契約文書無可辯駁地表明：原住民與漢人移民在水利興修方面不僅存在合作關係，而且雙方合作的形式靈活多樣，程序嚴謹規範。

〔註26〕溫振華：《大茅埔開發史》，臺中縣立文化中心，1999年，第88～91頁。

三、設隘防番：治安合作

　　清代臺灣拓墾中漢人與平埔族群時刻面臨著「生番」獵首的危險。終清之世，「番害」始終是臺灣社會治安上的最大問題，民眾的生命與財產因此而蒙受巨大損失。爲了防範「生番」的掠殺，漢人移民與平埔族群互相合作，共同在「生番」經常出入的山口設隘〔註 27〕防番。他們的合作模式一般是平埔族群充當隘丁，駐守隘寮，漢人負責提供隘租，並協同防衛。關於隘寮的內部結構及其外在聯防功能，蔣元樞曾有過描述：「外則砌築石牆，闊五尺，高八、九尺及一丈不等，周圍約計一百二十丈及一百四、五十丈不等。中蓋住屋五、六十間，亦有八、九十間者，俱照社番居屋建蓋。……熟番住守，並按地勢險夷，酌派番丁之多寡，連眷同居，以堅其志。附隘埔地，聽其墾種，以資衣食；分立界址，以杜占爭。隘寮之後，另建寮房六所，周圍以木爲柵，柵內蓋屋四、五、六十間不等。令生番通事攜帶社丁守禦，與熟番互爲聲援。又令近山居民，大莊則設望樓二座，小莊一座；每樓派三、四人，日則遠眺，夜鳴鑼柝。每月自朔至晦，預期派定，大書望樓之上，以專則成。如有生番蹤跡，即行鳴鑼；各莊聞鑼，互相救援。」〔註 28〕每條隘防線通常都由一名經驗豐富、熟悉隘防的人來負責招募和督率隘丁，經理隘務，稱爲「隘首」。隘首多爲通曉番語，熟悉番情的漢人，也有少數原住民番社的土目或通事。隘丁即常年駐守在隘寮裏，承擔守隘任務的防兵。他們以身強力壯，善於格鬥的平埔族群社丁爲主。隘丁完全脫離農業生產，專門從事隘防，其守隘酬勞一般以稻穀來計算，稱爲「隘糧」或「隘租」。

　　清代臺灣的隘多爲民間自行私設，稱爲「民隘」。民隘的組織形態主要有兩種。其一，業戶與佃人共同建設隘寮，雇募隘丁，按管內的田園甲數徵收隘租。如著名的金廣福之設隘歸約，以姜秀鑾、林德修二人爲墾首招佃墾耕，在田園墾成後按甲配納大租隘糧，以供隘費。

　　　　塹之東南，山樹叢雜間，有數處隘寮，祇爲私隘，力寡難支，生番每從而出擾之，雖前憲吳，建設石碎崙隘，力亦頗足持，然株守一隅，無地可墾，法未盡善也。上年十二月間，廳憲李念切民瘼

〔註 27〕據王世慶考證，隘起源於宋代爲防禦西南邊界的苗瑤民族而設置要砦之名稱，而臺灣防番之構築工事，亦名曰隘，則始自清初。參見王世慶：《臺灣隘制考》，《臺灣文獻》，第 7 卷第 3、4 期。

〔註 28〕蔣元樞：《重修臺郡各建築圖說》，「鼎建傀儡生番隘寮圖說」，國立中央圖書館，1983 年，第 31 頁。

更建隘樓十五座，雇募隘丁，分駐巡防，守望相助，其所以爲民計者，至詳且悉矣。本年二月間，蒙諭飭，捐本生息，招佃墾耕，備支隘費，謹以遵諭籌議等事，僉請蒙批在案，等因，爰是公同妥議，捐勸出本銀，經營生理，兼收山利，以爲開墾備支隘費之用，將來生理已有贏餘，收成之日，就本的利，照份均分，仍將開墾已成田園，丈明甲數，照份均分，田園按甲，配納大租隘糧，以供隘費，以垂永遠，凡在同事之人，務宜秉公慎察，不得徇私故違，合將一切條規開列於左：

一議：官給墾戶金廣福之公戳，存在公所，公舉收掌，遇有公事應用，公同取蓋，並鑾修二人戳記，合批明，照。

一議：奉憲飭，捐拾夥設隘防番，招佃開墾，原爲地方起見，遇有公事稟案，班房人等不得借索禮費，俟墾成田園之日，先應抽公田甲，充爲城隍爺香燈，付班房輪管，其大租歸納該隘，至班房人等，上流下接，公事公辦，亦不得籍無份索詐滋事，立批照。

一議：姜秀鑾、林德修二人爲墾戶首，務宜盡力設法開墾，至墾成田園之日，有功在前，酬勞在後，應分別大小功勞，先踏出二人功勞田外，餘作三十份攤分，合批明，照。

一議：金廣福生理得利銀元，先作二八抽分付與。

一議：在莊抽的收租，併洽賣草地田園，除給奉隘糧開費外，餘概作三十份均分，合批明，照。〔註29〕

其二，業戶與佃人提供一定土地給隘首，由其全權負責招佃墾耕，徵收隘租，雇募隘丁，建寮防番。例如淡水廳下合興莊等地方的客家人墾戶劉引源與番業戶衛壽宗等，代表莊眾將一塊土地付予漢人陳長順招佃開闢，委任其承辦隘防事務。該地所收之租穀概歸陳長順經管，以資隘糧並起蓋隘寮，募丁勇防守，確保附山居民安全。

同立總契字人，九鑽頭莊、山豬湖、猴洞、十股林、石壁潭、水坑、及南河、燥坑、上下橫坑山豬湖洞墾戶劉引源、新興莊墾戶衛壽宗等，爲生番猖獗，時常出沒，沿處擾害，各莊佃人王會三、

〔註29〕《臺灣私法物權編》，第二章，「物權・業主權」，臺灣文獻叢刊第150種，臺灣銀行經濟研究室，1963年。

曾保生、李秉賢、黃青蘭等，會同各莊籌議，欲在於南河山坑，建
設隘寮三座，堵禦凶番，使各所耕佃無慮番，但礙隘糧無著，仍又
起蓋隘寮，一切需費難以籌辦，爰集眾莊籌議，歸與陳長順出首承
辦，議將南河內及九鑽頭起，至水坑下橫坑止，即就該地各處，尚
有未墾餘埔，併及山林，即日當眾踏界，東至內石山門後，由南河
從小北河溪直透為界，西至自水坑赤柯崙，透中坑內為界，南從山
豬湖隘後嵌眉蔭溝，透猴洞背石碧潭坑口連水口各為界，北由大北
河及燥坑，透上下橫坑口，各與溪令水為界，四至界址，會眾公同
踏明，至等處樹林荒埔等，各別立定界書約，情願歸陳長順，自備
工本，招佃開闢，繪具確圖，遂一注說呈繳，永為己業，源等即於
本年九月二十四日，呈請淡防分府，准歸順墾戶，自行招佃，就地
墾耕，以資隘糧並起蓋隘寮，募丁勇防守，可保附山居民，毋致番
害，經據各墾戶通土呈請，即將前墾，同為廢紙，無論前墾之人，
欲行該地墾種，別向墾戶長順承給，酌貼隘費，不敢違約，即日當
同商議，所有佃人，欲該地耕種以及等項，議訂一九五抽的，以資
隘費外，年需口糧不敷，按照各戶議貼，各立合約為據，其燥坑貼
隘一名，上橫坑貼費四名，下橫坑貼隘三名，山豬湖猴洞貼隘十名，
拾股林貼隘三名，所有石壁潭隘丁十名，稟請改撥入新隘，協防所
需口糧，即就各莊，按月照舊支給，不得推諉，亦不得違約，保此
各處該地，係源等前年向各社番承給，與他人無干，並無干墾戶之
事，此係二比甘願，各無反悔，口恐無憑，同立總契約字一紙，付
諸為照。〔註30〕

　　乾隆五十五年（1790 年）清廷施行屯田制時，在臺灣地方官員的奏請下，
民隘多改為官辦。「隘丁請循舊安設，以重邊防一款。據稱臺灣近山之地，照
舊設立隘丁，但從前或分地授耕，或支給口糧，均繫民番自行捐辦。今該處
地畝歸屯，應以官收租銀內抽給，仍責成各隘首，督率隘丁，實力巡查，與
營汛屯丁相為表裏，番民益得安心耕鑿。」然而，民隘雖改名為官隘，但實
際上仍屬於半官半民性質，因為通常情況下防番經費，即隘租僅四成是由屯
租開支，另六成仍由該田園之佃戶繳納，誠如《淡水廳志》所載：「乾隆五十

〔註30〕　《臺灣私法物權編》，第二章，「物權・業主」，臺灣文獻叢刊第 150 種，臺灣
　　　　　銀行經濟研究室，1963 年。

三年，奏設官隘六座；原募丁一百二十五名，每名年給糧銀三十圓。惟九芎林一隘，官徵屯租全給；餘俱官給四成，民給六成。」〔註31〕

雖然在設隘防番上通常是漢人從事墾荒和農業生產，提供隘租；平埔族群充當隘丁，承擔防務。但漢人有時也會擔任守衛。如乾隆末年北路理番同知陳盛詔所著的《問俗錄》載：「內山生番嗜殺，番會擁出為亂……，漢番合力輪流護衛。」有的地方平埔族群也像漢人墾民那樣從事農業生產，繳納隘租，如拳山堡萬順僚莊便是如此。

> 據拳山堡萬順僚莊董事胡文貸、深坑仔莊正林服、莊耆陳監等呈稱，緣萬順僚溪南等處，昔患生番，於乾隆五十五年間，蒙袁前憲諭，著高槐青為該處隘首，年收番業戶貼納隘銀四十八石。當日高槐青因墊用丁糧未敷，故將該處之小地名烏月，及發達埔、阿柔埔、蘇竹寮、楓仔林、憨耽埔五莊，以及山坑，出資工本，招佃同隘丁分墾，以資糧食。旋高槐青物故，莊棍串充。迨高槐青之子高陽年長，眾佃及業戶莊耆，復議請還高陽接管所有烏月等莊之田，每甲供粟三石，計一百五十餘石附與高陽，將隘移入，總經照舊募丁拾命防禦，是邇來之生番稍靖，民得安居者，皆高槐青及隘丁之力也。〔註32〕

有的平埔族群業戶甚至還直接參與隘寮的籌建，如「番業戶」潘敬元與墾戶黃朝陽等曾共同向地方官府呈准設隘防禦。

> 同立合約人隘丁首林士崔並青潭莊、灣潭莊、蘆竹莊、粗坑莊、屈尺莊、出林口、鳳山埔莊、頂石厝、中溪洲、塗潭莊、直潭莊各莊眾等，因青潭大溪兩傍一帶埔地，承墾戶黃朝陽等十股地段，前來開墾，屢遭凶番出擾，爰同番業戶敬元等向淡憲呈准設隘防禦，奈因山隈地僻……梭巡難周，茲復遭肆擾，連殺數命，莊佃驚惶，眾等不得已，爰再籌議各莊捐題銀粟添募隘丁，併林士崔招募壯勇，沿山巡邏，以防不虞。日後再出擾，隘丁自當協力，……若能截殺凶番頭顱五顆以上者，各莊公鳩捐出佛銀，每顆應賞佛銀四十員。

〔註31〕陳培桂：《淡水廳志》，卷三，「志二・建制志」，臺灣文獻叢刊第 172 種，臺灣銀行經濟研究室，1963 年。

〔註32〕《臺灣私法物權編》，第四章，「物權之特別主體・慈善事業」，臺灣文獻叢刊第 150 種，臺灣銀行經濟研究室，1963 年。

除五顆外，其餘每顆賞銀十員。倘隘丁巡邏鬆弛，禍延莊佃，致被
凶番殺死者，每一名隘丁自應備罰收埋銀十二員，不得少欠，逾限
時刻，如違聽眾等呈官究治，自此議約協力隄防無後悔，今欲有憑，
同立合約字四紙，各執一紙為照。〔註33〕

　　其實，漢人移民與平埔族群在設隘防番上的分工是以他們的經濟文化狀
況為基礎，按照各盡所能的原則安排的。漢人移民精於農業生產且勤奮耐勞，
充當佃戶能有效推進荒埔的拓墾，保障隘租的供應；平埔族群雖不諳耕作，
但身強力壯，善於格鬥又熟悉環境，充當隘丁能充分發揮其特長。不過，當
平埔族群與漢人移民接觸日久，逐漸習得其先進的農業生產技術後，雙方在
經濟文化上的差距日益減小，分工自然也隨之作相應的調整。所以，有些地
方出現了漢人充當隘丁，擔任護衛；平埔族群耕種農田，貼納隘租的現象。
但無論平埔族群與漢人移民的分工狀況如何，設隘防番毫無疑問是他們在地
方治安維繫上的一種成功而默契的合作形式。

第二節　原漢衝突

　　雖然清代臺灣拓墾史未必如人們所想像的那樣，是一部族群互鬥與殺戮的
血淚史，但漢人移民與原住民之間因土地、水源、番租等問題而經常發生衝突
的現象卻是歷史事實。就契約文書和官方檔案來看，清代臺灣原住民與漢人移
民之間最常見的衝突是水利之爭、番租糾紛、侵墾霸耕，以及零星的「番害」。

一、水利之爭

　　如前所述，漢人移民與原住民為了將荒埔拓墾成農田，曾採取多種形式
合作興修水利設施。在築埤開圳時，他們一般還會訂立契約來規範各自的權
利與義務，以避免日後在水源分配問題上發生爭執。但是契約的約束力畢竟
有限，雙方的水利之爭仍然時有發生。例如，乾隆三十四年（1769 年）秦廷
鑒水圳的管事漢人秦阿八不守原議，率眾掘毀巴則海族阿里史社新開的水
圳，引起該社副通事潘兆開赴縣衙告狀。縣衙隨即派差前往調查核實。

　　　據阿里史副通事潘兆開等稟稱：本社前旱園一塊為約八甲零，
　　開築成田，即就秦廷鑒東汴內所分定二分之水，另開圳路引流灌溉

〔註33〕溫振華：《清代臺灣淡北地區的拓墾》，《臺灣風物》第 55 卷第 3 期。

旱園。詎秦廷鑒管事秦阿八等，不守原議喝令莊甲頭江坤清等，各執器械將新開水圳概行掘毀等情，黏繳合約一紙到縣。據此，除批示外，合行分查。為此，票仰原差洪用飛往該地協同鄉保、甲，即將另開圳路引灌與秦廷鑒水圳是否有無妨礙，速即查明確實，繪具圖說隨票赴。〔註34〕

再如，乾隆年間貓霧捒大肚東堡與大肚西堡因樸仔離口水圳的水源分配問題而屢次發生衝突，以致於官府不得不立碑示禁。茲將官府所立的「分爭水利示禁碑」抄錄於後，以使讀者對案件的經過有個整體瞭解。

為瀝陳苦情等事，案蒙欽命巡按臺灣按察、戶科掌印給事中覺羅□、工科掌印給事中朱批據傳與球、李鼎耀、英文和、紀文環、黃若彩、蕭元登等具控張鳳萃、墩仔、秦廷鑒等違斷絕流，奉批：仰縣查案，詳報核奪等因。經本縣備錄周元良、楊士犍等原斷控案，詳看得貓霧捒大肚東、西保民番分爭水利一案，緣處水道由大甲溪發源、涯經樸仔離口分流灌溉，東西保民番田地向來三七得水。及東保敦仔、秦廷鑒、張亨生等經就樸仔離口砌塞源流，故西保周元良等具詞。仰縣集訊之下，悉得前情；當將該犯分別押枷，比差押令疏通，定汫三七分灌。隨據差保會同二比，前往樸仔離首埤開圳處所公同執索量明共十五丈，照斷三七。東保民番應得水汫十丈零五尺、西保民番應得水汫四丈五尺，淺深均分，各投具結，定過水汫分灌，具依存卷外，嗣後毋論溪流變遷盈涸，永遠定以三七為汫，分流灌溉，毋許奸番、奸民抗斷滋事，復起爭端，致干嚴究，查批：該業戶等均於雍正年間開墾水田，共享灌溉久矣！東西相安，而自東埤各業佃倚居上遊，忽於舊有二埤之外，添築第三埤，遏絕西保下流分灌，致起爭端。前任張令親勘，實有三埤，押令折毀，是肇釁固由來矣。訊斷後不能翻案添築；又於第二埤內草席遮斷，泥填石縫。每逢歲旱，輒肆曲防較計。其曲固在東保。若仍照斷草率了事，不但構訟不休，而且西保民番實有旱患。況均之歲旱欠水，東埤自救不暇，焉有盈餘，以濟西保？使果有餘水賣人接濟，則其從前之添埤、草欄、泥填種種橫毒，原為霸佔賣灌起見，並非自己灌

〔註34〕 陳炎正：《清代臺灣墾務糾紛之初探——以岸里社為例》（下），《臺灣源流》，第 19 期。

田之不足，其獲罪更無可貸矣。本院秉公查核，遵上諭有「興建水利」之文，念皇朝無「令農買水」之例；嗣後應定汴三七分灌，就樸仔離第一埤圳處，前斷照估量十五丈之數，令東保民番得水汴十丈五尺，西保民番得水汴四丈五尺，以便分溉田地。至定汴以後，遇有修濬埤圳工程，俱照東七、西三份數，出力公辦；不得推諉，亦不許埤長人等藉端索騙，違者重處。仰縣遵行，勒石永守，以杜爭端，以昭平允；慎無陽奉陰違，致干察出題參可也各等因。均奉此，除備錄批斷緣由，報明本道、本府外，後移分縣就近勘定，繪圖貼說，移復去後。續准移復；親詣該處，限同東、西兩保及通土、民人等查勘原定汴之處，大溪中央經淤成石壩，南北分流，難以定汴。就處相度情形，將原保原開小圳，著令填塞；即於下而合流寬窄相等處所，通丈一十四丈，東保分出七分，計九丈八尺，西保分出三分，計四丈二尺，於汴口兩旁堆積石仔為界。仍當場面議，嗣後毋許混爭，致生事端。現在流灌兩平，民番相安等因。准此，合飭勒石遵守，以杜爭端。為此，示仰貓霧揀大肚東、西保民、民番遵奉憲行批斷事理，立即勒石，永遠遵守。嗣後，毋論溪路變遷廣狹，水源盈涸，總以第一埤源頭處所，照斷東七西三，淺深均平，分流灌溉；倘敢陽奉陰違，曲防遮攔塞絕，或被告發，立即嚴拏，通詳治罪。各宜凜遵，毋違！特示。〔註35〕

　　事實上清代臺灣墾民之間的水利之爭並非總是以族群為衝突單位。換言之，衝突雙方的族群構成並非總是單一的。上述貓霧揀大肚東堡與大肚西堡因樸仔離口水圳的水源分配問題發生的衝突，實際上是大肚東堡的平埔族群與漢人移民共同對抗大肚西堡的民番。故而，我們可以說清代臺灣民間水利之爭的決定性因素不是族群屬性與文化差異，而是水源的分配情勢。

二、番租糾紛

　　番租糾紛是清代臺灣最常見的一種原漢衝突形式。目前不少臺灣學者在探討番租糾紛時，往往只片面地強調漢佃故意欺壓社番，橫吞番租。其實，番租糾紛的原因複雜，形態多樣。不容否認，多數情況下番租糾紛是由於品

〔註35〕《臺灣私法物權編》，第三章，「物權之特別物體‧埤圳」，臺灣銀行經濟研究室，1963年。

德低劣的漢人無賴之徒，利用原住民心性愚怠，蓄意欺番，抵賴番租所導致。以下這則案例便屬此類。

> 具稟下岸里社通事敦仔為橫吞番租，乞拘追償事。緣敦所轄白番阿四老孝里希，田一處帶租四十三石。阿馬害後那，田一處租穀五十五石，後六馬下六，田一處租穀廿三石，阿四它茅格，水田一處，租穀三十五石，被橋頭莊人劉文孟，於乾隆卅一年間，向私購共租穀一百五十六石，不料孟賴起狼心，於去年六月收割盡將租穀偷常逃往別地，遍查不知去向。詎網不漏奸，於本年五月間復回本莊，番向催討，抵限本年六月清還，奈至限屢討半粒不吐，反敢持其強，亦欺凌弱番聲稱，任稟莫何，似橫吞噬番大甚，勢得赴叩大老爺發拘追償，庶番租有歸，強橫知儆沾恩切叩。〔註36〕

乾隆三十一年（1766 年）漢人劉文孟租購巴則海族岸里社阿四老孝里希等人四塊田地，應年納租穀 156 石，但他卻在收割後將租穀偷運逃往別地。待他復回莊時，業主向其催討，但他不但半粒不吐，反而恃強賴租。

有的番租糾紛並非肇因於漢佃拒納或拖欠，而是因原住民社棍藉端索控所致。這一點以往常為學界所忽略。例如，道光十五年（1835 年）埔鹽莊發生的番租糾紛就是由於巴布薩族馬芝遴社社民以過戶要索花紅不遂，藉端棍控而起。茲將官府所立的《埔鹽莊納租諭示碑》附錄於後，以資說明。

> 特示勒石曉諭以垂永遠事案。據馬芝遴社都來明告僉告業戶施繼善等藉界占墾，隱匿短納一案，業經前任丈量示諭封貯在案。茲傳集原被嚴訊勘明，緣埔鹽等莊課業前係施嘉鑄給墾典與施聚敬管業，配完供耗，納番口糧，從施嘉鑄積欠正供膏夥當堂立契□稅給示管掌，四至界址分明。施繼善照界管業，界外屬業戶課稅並無餘埔溪壩浮復可以占墾。因社番以過戶要索花紅不遂，藉控棍控，今既經悔過退呈到案供明，從寬免究。其業戶施繼善戶下貢生施占魁憑契界址管業供耗清款勘訊並無占墾短約情事，應無庸議案內人證，概免提質以省拖累，院取具二比依結分別詳移將案註銷外合行出示曉諭為此示仰埔鹽等莊佃戶民番人等知悉爾等凡有承耕業戶施繼善課業應納大租穀者務須按甲仍向施繼善交納所有莊場牛埔圳崛

〔註36〕陳炎正：《清代臺灣墾務糾紛之初探——以岸里社為例》（上），《臺灣源流》，第 19 期。

應聽該業戶管掌該莊佃不得藉端私向社番給墾抗霸。如敢頑違，一
經察出或被指稟定行拏究。該社番倘再藉端索控，一併拘究不貸。
該業戶亦宜秉公收租，完課納糧，不得藉欠短納致干未便各宜凜遵
毋違特示。〔註37〕

　　再如，乾隆四十三年（1778 年）感恩社通事串謀土目蒲氏吧禮等朋黨爲
奸，逐佃橫派，縱習番爲羽翼，任意苛求。北路理番同知的示諭對此有所反
映。

　　　　特調臺灣北路理番分府、加五級紀錄五次、記大功二次沈，爲
業經清丈等事。據感恩社佃民林元璸、盧永清、曾式鴻、洪紹澤、
林動臣、楊賢、陳鑽、張乃成等呈稱：切事經公斷，必有一定之章
程，法必垂永久，方杜絕後之混擾。痛璸等處一十三莊，原屬感恩
社番佃，雍正十一年開墾以來，頂耕斯土，與他處曠土堪墾者不同，
與平詳安耕者實異。東迫峻山，難免崩沖之虞；西界大海，實受風
颶之慘；南接沙轆番田以及朱楊世業；北抵大甲鴻溪，波濤淹沒五
穀……璸等各佃穿山鑿圳，枵腹啼饑，永作番佃，遵照臺例，按甲
八石輸納番租。前業戶蒲氏悅父子遞受數十年，業佃相安。迨四十
一年冬，業戶通土等因北勢田畝水沖沙壓，急請清丈等事，明經蒙
前憲朱清釐給冊配租在案，但未蒙審訊，致虎通大擬佃權歸掌握，
串謀土目蒲氏吧禮等朋黨爲奸，飲鴉宿娼逞兇。籍妻黨爲爪牙，逐
佃橫派；縱習番爲羽翼，任意苛求。從則暫處相安，逆則立見重害。
膽敢蔽埋前案，以誣匿請丈等事，誑稟天聰，冀圖籍索。欣際憲轅
除弊如神，蒙嚴押通土佃民按坵納丈，毫釐載入簿，與前案逐一相
符。奈通土不遂其慾，奸惡相濟，誓必疊加陷害。番欲爲狼爲虎，
佃愈爲魚爲肉，若不急叩審訊，發給番民印冊，將來葛藤難斷，輿
情鼎沸。合巫相率奔號仁憲恩准嚴拘審究，俾民得以奉獻勒石，杜
絕奸番之害。永沐鐵案之惠，八方沾恩，全臺戴德，甘棠與頌上叩
等情到分府。據此案，先據該社通土業戶大擬佃等具稟王孫合等各
佃田甲朦混不明，懇請清丈等情，業從按佃逐股查丈，並取通土業
戶查無遺漏隱匿甘結前來，並據前情，除拘訊發冊外，合行給式勒

<hr />

〔註37〕高育仁：《埔鹽莊納租諭示碑》，載《明清臺灣碑碣選集》，臺灣省文獻委員會，
　　　　1980 年，第 193 頁。

石。爲此示仰感恩社業佃人等知悉：爾等管耕田園，業經本分府丈
定甲數，立成檔案，給爾業佃印冊各一本，務須遵照，永遠相安。
田每甲八石，園四石，交收番租。該通土業戶嗣後毋再生枝節，混
稟在佃，隱匿擾害農民。該佃林元瑸等於早季收成之後，即照冊完
納番租，取具業戶戳記完單執照，亦不得拖欠減少，致缺番糧。均
毋自罹法網，永息訟端，各宜凜遵，毋得違抗，特示。〔註38〕

　　臺灣民間留存下來的清代碑碣中有不少是嚴禁社番勒索漢佃的諭示，這
表明當時原住民藉端勒索漢人佃戶的現象肯定相當嚴重與普遍，否則官府何
至於要立碑示禁呢？

　　由是觀之，番租糾紛不僅原因較爲複雜，而且類型也多種多樣。學界在
研究番租糾紛時切不可僅聚焦於漢人如何欺壓原住民，肆意抵賴番租。否則，
不但番租糾紛的原因及形態難以得到客觀的揭示，而且有損於世人對清代臺
灣族群關係的正確認識。

三、侵墾霸耕

　　當前，有些臺灣學者在論及清代臺灣的侵墾霸耕事件時，總是一味地認
爲侵墾霸耕實際上就是漢人侵佔原住民的土地。然而，清代臺灣的檔案資料
與契約文書卻顯示侵墾霸耕並非像他們所想像得那樣簡單。

　　誠然，清代臺灣開發中確實有不少漢人遊手好閒之徒見原住民性情溫
和，軟弱可欺而肆意侵佔其地。例如，乾隆四十九年（1784 年）漢人何福興
向巴則海族樸仔離社承墾東勢角埔地，可後來他竟「欺番愚弱，膽將那烏等
番社前後墾成番業，暨行網佔。」以下是樸仔離社土目郡乃那烏的稟文：

　　　　具稟轅下樸仔離社土目郡乃那烏、該旦後究、斗肉士馬下六、
馬下六都把里……等爲墾網，伏乞憲斷還以保番黎事。切番黎均屬
赤子，撫恤須同一例。禍緣何福興等承墾東勢角埔地，經蒙憲示大
中柯、石角柯劃歸番自墾免陞，餘埔歸墾戶承墾報陞等因。切令煌
煌，該敢不遵。詎何福興等欺番愚弱，膽將那烏等番社前後墾成番
業，暨行網佔。私囑通事潘明慈、副通事郡乃、地主潘兆敏等壓番
定界，致各社番黎待哺無依，嗷嗷不願。伏思番業免陞，皇仁憲恩，

〔註38〕《清代臺灣調查大租書》，第三章，「番大租・番業戶」，臺灣銀行經濟研究室，
　　　　1963 年。

尚有撫恤之典，況那烏番社前後埔田已墾成業，以資隘番口糧，詎
容勢豪籍墾網佔。〔註39〕

再如，漢人許葉曾屢次試圖侵佔尖山仔社番呵里莫所有的「牛埔」這塊
土地，以致於鳳山縣令不得不立碑示禁。

尖山仔社番呵里莫等，蒙廉明鳳山縣主太老爺方審斷立案。讞
語：審得尖山仔社番呵里莫等與□□中莊管事許葉等控爭牛埔一案，
緣許葉等因呵里莫□地與田□相近，□□侵佔，許控多年。檢查康熙
六十一年間署任劉於〈飭查臺地官莊事〉案內□□「民番相隔一溪，
界址昭然，毫無相干」等語在案；於雍正七年間，許葉又行□□控，
試縣魏勘詳立界，各管各業，取各遵依又在案。次年呵里莫將此地贌
□□員吳輔□佃□，許葉等復思侵佔，放牛牧草其地，以致莫等迭次
呈控。經□□衙勘界，覆稱：「兩造紛爭，難以遽定」等情前來。隨
即喚集原、被、證、佐人等，當□□訊。據訊鄉□李岡、魏玉等僉供：
「呵里莫之地與許葉之田，以濁水溪為界，□□屬民田，溪北屬番
地」。查閱原案歷任勘定界址，確有可據。現在所爭牛埔，□□番界
之內，即前魏任斷定歸番管業之地，各有遵依可查。許葉等何得復□
□占！本應重究，姑從寬，著令照舊管業。倘敢越占起□，定行嚴□
重究！但吳輔□不行查明，輒與該番承贌，致啟訟端，亦屬不合。相
應著呵里莫照價贖回□□。嗣後永不許贌與漢人。倘敢私相授受，察
出一併究處！取各遵依，附卷、立□□。〔註40〕

總的來看，清代漢人移民侵佔原住民土地多是零星的個人行為，而且衝
突不太激烈。事實上，有清一代，漢人移民以組織化方式大規模侵佔原住民
土地的事件只有兩起，分別是吳沙事件和郭百年事件。

吳沙，福建漳浦人，乾隆三十八年（1773年）他由原籍移居臺灣淡水廳
三貂社。吳沙生性任俠，為人豪爽，窮途末路之人只要慕名前往投靠，都會
給米一斗、斧一柄，使其入山伐薪抽籐，自給自足，故而依附者日眾，逐漸
形成一股勢力。因三貂與噶瑪蘭毗鄰，吳沙常與噶瑪蘭人貿易，數次進出其
地，目睹噶瑪蘭土地廣闊而肥沃，地理環境較三貂優越許多，而噶瑪蘭人又
不諳耕作，遂萌生拓墾噶瑪蘭之念頭。嘉慶元年（1796年），吳沙聯合好友

〔註39〕溫振華：《清代中部平埔族遷移埔里分析》，《臺灣文獻》第51卷第2期。
〔註40〕黃典權：《臺灣南部碑文集成》，大通書局，1987年，第376～377頁。

許天送、朱合、洪掌等，在淡水柯有成、何繪、趙隆盛、賴柯登等人的出資助糧下，率鄉勇二百多人，通曉噶瑪蘭語者 23 人，招募漳、泉、粵三籍移民達千餘人，大規模進墾噶瑪蘭，並構築土圍。吳沙率眾入墾後，噶瑪蘭人大為恐懼，竭力抵抗，雙方戰爭甚烈，死傷慘重。吳沙知道噶瑪蘭人不可用武力制服，於是率眾退回三貂，轉而以懷柔手段安撫噶瑪蘭人。〔註41〕對於吳沙的率眾侵墾，姚瑩記曰：「初入，與番日鬥，彼此殺傷日眾。沙使人紿番曰：『我奉官令，以海賊將據蛤仔難，盡滅諸番，特來堵賊；且護番墾田，足眾糧而已，非有他也』。番性愚，不事耕鑿，間有耕者，用力苦而成功少，故視地不甚惜。得沙言，疑信者半，鬥又屢敗，以為漢人有神助，稍置之。」〔註42〕次年，噶瑪蘭番社流行天花痘症，吳沙出方施藥，拯救社民甚眾，噶瑪蘭人感恩，願分地付墾，吳沙亦埋石設誓，共約不相侵擾，並向淡水廳請得墾照，出單招佃，每地五甲為一張犁，取餅銀一二十元助鄉勇費，沿山設隘寮十餘所，募壯丁守之，定期派鄉勇迎護行旅。

　　埔里是臺灣中部加里山與中央山地之間的一個陷落盆地，面積甚小，方圓僅三十餘里。盆地內有眉溪呈東北至西南流向橫貫中心。溪之南住有埔番，建立埔里社於枇杷城附近，屬於布農族；溪之北住有眉番，形成眉里社於牛眠山與史港坑一帶，屬於泰雅族。〔註43〕埔番與眉番自古以來挾眉溪相對峙抗衡。嘉慶十九年（1814年），漢人郭百年擁眾武裝入墾，徹底改變了埔里盆地埔社、眉社隔溪相持的傳統局面。關於郭百年事件的詳細情形，姚瑩在《埔里社記略》中如是記述：

　　　　嘉慶十九年，有水沙連隘丁首黃林旺，結嘉、彰二邑民人陳大用、郭百年及臺府門丁黃里仁，貪其膏腴，假已故生番通事土目赴府言，積欠番餉，番食無資，請將祖遺水裏、埔里二社埔地，踏界給漢人佃耕。知府某許之。大用隨出承墾，先完欠餉，約墾成代二社永納，餘給社眾糧食，償地土肥沃，墾成田園甲數，仍請陞科，以裕國課。二十年春，遂給府示，並飭彰化縣予照使墾，然未之詳報也。其受約者，僅水沙連社番而已，二十四社皆不知所為。郭百

〔註41〕廖風德：《清代之噶瑪蘭》，正中書局，1990年，第99頁。

〔註42〕姚瑩：《東槎紀略》，卷三，「噶瑪蘭原始」，臺灣文獻叢刊第 7 種，臺灣銀行經濟研究室，1957年。

〔註43〕劉枝萬：《南投文獻叢輯》（六），《南投縣沿革志開發篇稿》，南投文獻委員會，1987年，第 19 頁。

年既得示照，遂擁眾入山，先於水沙連界外社仔墾番埔三百餘甲。由社仔侵入水里社，再墾四百餘甲，復侵入沈鹿，築土圍，墾五百餘甲，三社番弱莫敢較。已乃僞爲貴官，率民壯佃丁千餘人至埔里社，囊土爲城，黃旗大書開墾。社番不服，相持月餘，乃謀使番割詐稱罷墾，官兵即日撤回，使壯番進山取鹿茸爲獻，乘其無備，大肆焚殺，生番男婦逃入內徑，聚族而嚎者半月。得番串鼻熟牛數百，未串鼻野牛數千，粟數百石，器物無數。聞社中風俗，番死以物殉葬，乃發掘番塚百餘，每塚得鎗刀各一。既奪其地，築土圍十三、木城一，益召佃墾，眾番無歸，走依眉社、赤嵌而居。

先是，漢番相持，鎮道微有所聞，使人偵之，皆還報曰，野番自與社番鬥耳，社番不諳耕作，口食無資，漢佃代墾，以充糧食，又人寡弱，倚漢爲援，故助之，所殺者野番也。二十一年冬，武鎮軍隆阿巡閱臺北，悉其事，嚴詰之。於是，彰化縣令吳性誠請諭墾戶，驅逐眾佃出山，而奸民持臺府示不遵。有希府中指者，言漢佃萬餘，所費工資甚鉅，已成田園，一旦逐之，恐滋變。性誠上言曰：「埔地逼近內山，道路叢雜，深林密箐，一經准墾，人集日多，竊恐命盜兇犯，從而潤跡，償招集亡命，肆行無忌，奈何！且此埔素爲生番打鹿之場，即開墾後明定界址，而奸貪無厭，久必漸次私越，雖番性愚蠢，而兇悍異常，一旦棲身無所，勢必鋌而走險，大啓邊釁。不若乘未深入，全驅出山，尚可消患未萌」。鎮道深納其言，飭臺府撤還。二十二年六月，傳諸人至郡會訊，予郭百年以枷杖，其餘宥之。署鹿港同知張儀盛、彰化縣知縣吳性誠、呂志恒赴沈鹿拆毀土城，水、埔二社耕佃盡撤，生番始各歸社。〔註44〕

官府驅逐漢人墾民後，在集集、烏溪二口各立石碑，嚴禁再行越入侵耕。立於集集口之碑文爲「嚴禁不容奸人，再入者斬」；立於龜仔坪之碑文爲「願作生番屬，不造漢民巢。」因漢人入埔多由南路，故南路所立爲嚴禁碑，北路所立爲警示碑。

不過，侵墾霸耕並非總是漢人單方面侵奪原住民的土地，後者侵佔前者土地的情況也時有發生。例如，嘉慶四年（1799年）六月，洪雅族打貓社通

〔註44〕姚瑩：《東槎記略》，卷一，「埔里社記略」，臺灣文獻叢刊第7種，臺灣銀行經濟研究室，1957年。

事潘光明、土目扶乃率領眾開墾虎尾寮陂圳下的溪埔便是屬於原住民侵墾漢人的土地。事件的經過如是：

> 同立悔過字人打貓社通事潘光明、土目扶乃等，因黨率番二十餘人，冒認誤墾虎尾僚陂糧圳下溪埔。此係六莊十一股留以爲牧場，乃等往墾，被十一股牧牛人等阻止，將鋤頭、雜物取去。光明、扶乃等細查此糧圳下牧場溪埔，自塗庫莊北勢頭冢埔起，至虎尾僚糧陂頭止，俱係十一股户人等買田開圳，改溪保固圳路之額，經逐年完納火燒莊自徵租粟一十五石四斗四升。茲光明等甘願立悔過字送與十一股户等執炤，收回鋤頭、雜物，日後永不敢生端滋事，口恐無憑，今欲有憑，合立悔過字一紙，送執存炤。〔註45〕

筆者認爲，學界若要深入認識侵墾霸耕問題，避免將之簡單化、同質化，應注意以下兩點：其一，侵墾霸耕雖是以漢人侵奪原住民的土地爲主，但同時也存在後者侵奪前者土地的現象。其二，侵佔原住民土地的多是漢人中的遊手好閒，鼠竊狗偷之輩，研究者不能因此草率地將欺壓原住民的罵名強加在整個漢人移民身上。

四、番變

「番變」是原住民與漢人移民最激烈的衝突形式，即原住民公然以武力反抗漢人。清代臺灣較大的「番變」主要有四次，分別是：康熙三十八年（1699年）道卡斯族吞宵社的卓霧事變、康熙三十八年（1699 年）凱達格蘭族內北投社的冷冰事件、雍正九年（1731 年）道卡斯族大甲西社的林武力事變和乾隆十六年（1751 年）的內凹莊事件。

康熙三十八年（1699 年），道卡斯族吞霄社因通事黃申徵派社丁無度，且規定社番須先納錢才能出草捕鹿，激怒眾人。於是，在土目卓介、卓霧的率領下，吞霄社民將黃申及其同夥十餘漢人予以殺害，公開反抗。《諸羅縣志》對事件的過程如是記載：「（康熙）三十八年春二月，吞霄土官卓個、卓霧、亞生作亂。……八月，署北路參將常太以岸里番擊吞霄，擒卓個、卓霧、亞生以歸，俱斬於市。初，通事黃申贌社於吞霄，徵派無虛日，社番苦之。土

〔註45〕梁志輝：《最後的打貓社人：一個平埔番社的歷史敘述》，載詹素娟、潘英海：《平埔族群與臺灣歷史文化論文集》，中央研究院臺灣史研究所籌備處，2001年，第 152 頁。

官卓個、卓霧、亞生鷔而驍，陰謀作亂。會番當捕鹿，申約計日先納錢米而後出草，個、霧等鼓眾大躁，殺申及其夥十數人。鎮、道遣使招諭，不得入，乃發兩標官兵及署北路參將進剿，而以新港、蕭壟、麻豆、目加溜灣四社番為前部。個、霧等阻險拒守，四社番傷死甚眾。既有獻計常太者云：『岸里山番穿林箐澗谷如飛，擒個、霧非此不可』。時岸里番尚未內附，乃遣譯者入說其魁，多致糖、煙、銀、布。番大喜，自以收捕為功，繞出吞霄山後，日有擒獲，官軍攻其前，個、霧等大窘，將逃入內山，岸里番設伏擒之至郡，屍諸市，傳首以示諸番。是役也，勞師七月，官軍被瘴毒死者數百人。」〔註46〕

同年，凱達格蘭族內北投社土官冰冷因主帳金賢強娶番女而殺之，清兵襲執冰冷。事件具體情況如是：「康熙三十八年夏五月，淡水土官冰冷殺主帳金賢等。秋七月，水師襲執冰冷。……冰冷者，淡水內北投土官麻里即吼番之婚姻也。麻里即吼有女字主帳金賢，賢將娶之。其父憐女之幼也，弗與，告賢曰：『俟長以歸汝』。賢紡丈人於樹而撻之。麻里即吼以訴冰冷而泣。冰冷故兇悍，怒率眾射殺賢，諸與賢善者皆殺之。時方征吞霄，冷遣使與個、霧等通。有水師把總者巡哨至淡水，聞變潛泊海口，冷未之覺。把總遣他社番誘以貨物交易，伏壯士水次縛之，亟登舟。比諸番出護，已掛帆矣。會吞霄即平，諸番以首惡既誅，因通事求撫。」〔註47〕

雍正九年（1731年），淡水同知張弘章欲起蓋衙門，派令道卡斯族大甲西社男女做工，撥番上山砍伐木材，每條木需番100多名，木料取下後，又令番女驅車運載，番女不肯，通事就拿藤條重打，甚至「衙役人等，又將少年番婦有姿色者，留夜宿；汛兵民丁，經過番社，需索飲食。」〔註48〕十二月，道卡斯族大甲西社林武力、學生等因不堪剝削，結合巴則海族樸仔離等八社，發動武裝抗暴運動。《重修福建臺灣府志》云：「先是，臺鎮呂瑞麟北巡至淡水，聞變回至貓盂被圍。瑞麟奮身殺退，入彰化縣治駐箚，征兵府中，歷戰未克。（雍正十年）五月，逆復結沙轆、吞霄等十餘社同反，圍攻彰化縣治。百姓奔逃，絡繹於道。六月，總督郝玉麟調瑞麟回府彈壓，檄新授福

〔註46〕周鍾瑄：《諸羅縣志》，卷十二，「雜記志」，臺灣文獻叢刊第141種，臺灣銀行經濟研究室，1962年。
〔註47〕周鍾瑄：《諸羅縣志》，卷十二，「雜記志」，臺灣文獻叢刊第141種，臺灣銀行經濟研究室，1962年。
〔註48〕宮中檔，雍正朝，NO.2935，福建漳州總兵初有德奏。

建陸路提督王郡討之。七月四日，郡同巡察覺羅柏修師至鹿仔港，遣參將李蔭越游擊黃貴、林榮茂。守備蔡彬等合兵圍阿束社。火炮齊發，軍兵四面殺入，群逆蟻聚莫當，潛逃逸去。郡分（兵）各扼隘口，絕其去路。八月，渡大甲溪，遣（兵）各路追殺，逆逃去復糾黨據險自守，暗發鏢箭傷人。我師乘銳進追，由大甲西曆大安溪登大坪山，直抵悠吾生番界，皆有殺獲。逆大窘，走南日內山，峭壁峻絕，……適鄉民探知巢徑僅一線，魚貫板緣而上，……逆俱負創四竄，搗其巢，焚其積，郡逆鼠竄計窮，於是各社相繼獻渠凶林武力、學生等來降」。〔註49〕福建總督郝玉麟上呈雍正皇帝的奏摺裏對戰事的經過有更為詳細的敘述：「茲題臣王郡於八月二十五日，分兵七路，圍剿水里逆社，立時攻破，遍行剿洗。九月初三日，有牛罵社並沙轆餘孽令加己、鳥臘二名詐降狡延，隨經查出，立時擒獲。一面分兵圍剿，又據水里社降番獻出首凶眉箸等三名，又擒獲阿勝萬等四名，南大肚社降番獻出首凶鳥臘、眉仲等五名，即於軍前正法示眾。初九等日，搜剿牛罵、沙轆餘孽，打死凶番眾多。十六日，剿捕雙僚、貓盂等社，用礮打死十四番，中傷者甚多，餘即逃入菀里社後山。十七日，剿捕大甲西巢穴，焚燒積糧。十九日，有吞霄、菀東等社土官，率領男婦三百餘名，赴軍營乞降。二十日，參將李蔭樾探聞各社逆番俱逃入小坪山，稟報提臣王郡，分兵三路，於五鼓時直搗小坪逆番巢穴。逆番正在裝車別徙，出其不意，我軍掩至，槍礮齊發，打死多番，窮追至大坪山深林腳下，逆番盡棄車輛、馬匹等項，惟有赤身逃入內山，獲牛千餘隻、馬八匹、車數百輛，焚毀糧食四百餘堆。二十一日，乘勢搜捕至內山悠吾乃地方，打死凶番甚多，斬獲番首。二十二日，有吞霄、大甲西土官率領男婦四百餘名，泥首乞生。二十六日，有貓盂、雙僚、菀里等社土官率領男婦老幼一千餘名口，前赴軍前叩首乞命。二十九日，又據吞霄、貓盂、雙僚、菀里、房理五社土官阿帶等帶同番眾，自行捆綁，匍赴軍營，跪請受死。經提臣王郡令其獻出首凶。隨據雙僚等社獻出首番媽媽等四十二口，押解彰化縣收審。又擒出漢奸胡清父子，並戴偉坤、黃寬、蔡妹等五名，聽侯審究。又擒出久慣作歹為首凶番大匏藥瓦里二名，即行處死。又擒獲大甲西首凶加臘貓倫等二十一名正法，另獲番壯並番婦、番仔等四十二名，發縣收

〔註49〕劉良璧：《重修福建臺灣府志》，卷十九，「雜記」，臺灣文獻叢刊第74種，臺灣銀行經濟研究室，1961年。

審。又據押出牛罵社番一百九十二名，沙轆社番男婦老幼二百九十餘名口，交營看守，究出首凶，分別審擬安插。其吞霄等社節次乞生各番，逐一安頓訖。」〔註50〕

　　內凹莊事件經過如是：雍正七年（1729年）有漢人簡經，業醫，娶北投社女子爲妻，向北投社葛買奕璞得北投社公共埔地，土名大吼凹仔，又名內凹莊，雍正九年（1731年）起，協議每年納五百石租穀予番，並代納社番丁銀二百零七兩五錢。復於雍正十三年（1735年）另占土名「舊社」公共埔地，年需加納租穀九十石。乾隆二年（1737年）清廷上諭番餉改造民丁徵收後，每名番丁改納銀四錢，截至乾隆十二年（1747年）止，總計簡經所欠租穀六千石，未還減免丁餉銀一千餘兩。南北投社通事三甲，漢名葛第夫，於乾隆十二年赴臺灣府告追，不料簡經僅償還穀一千石，仍占田欠租。三甲索討無果，積忿難釋，乾隆十六年（1751年）11月，唆使通事葉福，勾結萬丹坑隘口生番老茅，遊說埔里、貓里眉、福骨、眉加臘等社生番，約定日期，出草殺人。十二月八日，大肆焚殺內凹莊，殺賴、白二姓男婦22名並焚附近民莊，旋襲柳樹湳營盤，殺兵丁7人。〔註51〕

五、番害

　　「生番」出草焚殺平埔族群社民或漢人墾民，釀成「番害」，是清代臺灣拓墾中較爲普遍的社會問題。從檔案文獻中的「番害」記錄來看，「生番」出草焚殺的原因可歸納爲兩點：一是反抗漢人及平埔族群侵佔其地，欺壓其民；二是獵首的風俗習慣使然。

　　清廷在同治十三年（1874年）開山撫番以前一直人爲地設置了「番界」，以阻遏墾民越界拓墾和生番溢出滋事。然而，由於當時流移開墾之眾數目龐大，土地不敷所需，所以屢有墾民非法侵入番界拓墾土地。這些越入「番界」之內的私墾者時常會遭到生番突如其來的圍殺。例如，乾隆四十七年（1782年）巴則海族岸里社通事潘明慈在給理番分府的稟文中就提到新社七分一帶墾民被泰雅族圍殺的情形：「緣樸離山頂界外，七分埔與二十一分埔兩處相連，有民人在地蓋寮私墾。此二十一早，黎明時候，生番出沒約有三百餘名，

〔註50〕《雍正硃批奏摺選輯》，「福建總督郝玉麟恭報蕩平臺番大捷折」，臺灣文獻叢刊第300種，臺灣銀行經濟研究室，1972年。

〔註51〕洪敏麟編：《草屯鎮志》，草屯鎮志編纂委員會，1986年，第899～900頁。

圍殺民人。樸社隘番聞喊，向前救護，因隘番減少難以敵故。」〔註52〕

「生番」之所以殺戮越界拓墾、伐木、獵鹿的漢人或平埔族群社民，大概是感受到自己的家園被侵佔，生命受到威脅，因而懷有無比的恨意，將越界之人視為必殺之世仇。我們從吳子光與番酋的對話中可進一步證實此點。他們的談話如是：「餘復詰生番所以嗜殺之故。（問）曰：「聞之故老，謂生番亦以爭地起釁」，彼之言曰：「全臺皆番地，乃被漢人割據，偏實吾輩於深崖峭壁之間，而不得一安身所，是世仇也，不殺何為？」〔註53〕清代駐臺的官員也大多認為越界者被殺是因啟釁之故，實是咎由自取。例如，黃叔璥在《番俗六考》中言：「內山生番，野性難馴，焚廬殺人，視為故常，其實啟釁多由漢人……（漢人）勾引夥黨，入山搭寮，見番弋取鹿麂，往往竊為己有，以故多遭殺戮。又或小民深入內山抽藤鋸板，為其所害者亦有之。」〔註54〕雍正年間福建巡撫毛文銓奏云：「生番殺害人民，而被殺者悉由自取……內地人民，不知厲害……或因砍伐而攘其藤梢、竹木，生番見之，未有不即行殺害，釀成大案者。」〔註55〕由是觀之，「生番」殺戮越界者在一定程度上是對漢人及平埔族群侵佔其地，欺壓其民的一種反抗表現。

「生番」素有獵首習俗，以殺人多者為勇武。首任臺灣知府蔣毓英在《臺灣府志》中云「（番）好殺人取頭而去，漆其頂骨貯於家，多者稱雄。」〔註56〕又如乾隆四十六年（1781年）四月，泰雅族人茅屋等殺戮淡水眉莊莊民二十八命一案，茅屋的供詞：「我們生番殺了人，便是好漢，割了人頭回社懸掛，要吃酒誇口的。」〔註57〕男子若能多得首級，不但可博得一般族人的尊敬，而且對於社內機務之發言權亦為之增加。其中最有威望、勢力者，更常被推戴為頭目，因之獵首往往是族內男子的最高理想。〔註58〕

其實，「生番」獵首不光是為了誇示勇武。獵首習俗在他們社會生活的很

〔註52〕臺灣省立博物館：《岸里大社文書》，No.958。

〔註53〕吳子光：《臺灣紀事》，成文出版社，1983年，第171頁。

〔註54〕黃叔璥：《臺海使槎錄》，卷八，「番俗雜記」，臺灣文獻叢刊第4種，臺灣銀行經濟研究室，1957年。

〔註55〕故宮博物院（臺北）：《宮中檔雍正朝奏摺》，第5輯，雍正三年十一月十九日福建巡撫毛文銓「奏報臺灣情形折」，第390下～391上頁。

〔註56〕蔣毓英：《臺灣府志》，卷五，「土番風俗」，中華書局，1985年。

〔註57〕《臺灣中部地方文獻資料》（三），「福建臺灣府、淡水同知為訪查勘報事案」，《臺灣文獻》，第34卷第3期。

〔註58〕森醜之助：《臺灣蕃族志》，臨時臺灣舊慣調查會，1917年，第324頁。

多領域中都具有相當重要的意義。例如，獵首有時是爲了婚姻。光緒年間丁日昌在臺觀察到：「該地生番向例俟秋冬間，即須出草殺人，能割取首級者，眾人稱爲英雄……番俗方肯以女妻之」。〔註59〕胡傳在《臺東州採訪修志冊》中說：「如說合時（婚姻），女實不願而不許，則男出草殺人，以人頭爲聘；若女之兄弟亦能出草殺人，以人頭報之則已。倘無以報，則必許之矣。」〔註60〕「生番」在發生爭議，各執一詞時，也常以獵首來判定曲直，能得首級者勝。如泰雅族、布農族、排灣族等皆具有此種風俗。〔註61〕被控犯罪者不服，還可以用出草來決定，勝者白冤，敗者服罪，如泰雅族、賽夏族、布農族等。有的「生番」欲取得成年資格必須要獵首，再如祈求豐收、祭祖、驅除疾病，祈求繁榮子孫等都要獵首。〔註62〕

　　獵首對於「生番」不但是高度榮譽的象徵，而且具有實質上的影響與精神上的意涵。他們的社會地位與婚姻特權可經由其決定，發生爭議與罪行時，也由獵首來解決或判決，獵首對於彼輩之吸引力自可想見。所以，一旦漢人與平埔族群民眾接近他們的地界，難保不被視爲獵首的對象。

　　「生番」出草獵首給漢人移民和平埔族群社民造成極大傷害。例如，光緒十四年（1888年）二月，大湖墾戶吳定連稟稱：「先兄吳定新於咸豐十一年……斯時一帶地方，生番猖獗；先兄變業備本，造櫃請丁，扼要堵禦，險阻艱難，莫不被嘗；自始至今隘佃而遭番害者，屈指千人矣。」再如，1897年伊能嘉矩在南湖坑做調查時，獲悉一椿漢人冒險深入番地的慘烈事蹟：「吳新福德腦僚，位於距離大湖南方二日里處的南湖及弔樑山區西北面……吳新福的父親和兩個叔叔都遭受生番的毒手而死，他的哥哥也被殺，吳家所雇用的佃農、隘丁中，被殺的人數竟達二百八十多名。」〔註63〕這些層出不窮的番害，無時無刻不爲漢人移民帶來不可預測的危機，有一首客家人留下的「渡臺悲歌」，對於防衛疏失所造成的不幸，有著如下描寫：「一日人工錢兩百，

〔註59〕王雲五編：《道咸同光四朝奏議》，第七冊，「親勘臺灣北路後山大略情形疏」，臺灣商務印書館，1960年，第3141上～3141下頁。

〔註60〕胡傳：《臺東州採訪修志冊》，成文出版社，第319頁。

〔註61〕藤崎濟之助：《臺灣の蕃族》，東京：國史刊行會，1930年8月20日，第121～124頁。

〔註62〕黃煥堯：《清代臺灣番人與地方治安之關係——義番與番患之研究》，中國文化大學史學所碩士論文，1985年，第146頁。

〔註63〕伊能嘉矩、楊南郡譯注：《臺灣踏查日記》（上），遠流出版公司，1996年，第126頁。

明知死路都敢行；抽藤做料當民壯，自己頭顱送入山；遇著生番銃一響，登時死在樹林邊；走前來到頭斬去，變無頭鬼落陰間。」〔註64〕

　　「生番」的濫殺引起漢人對其極端仇恨和報復性殺戮。胡傳的《臺灣日記與稟啓》中有一則漢人慘殺「生番」的記載：「埔里所屬有南番，有北番。南番歸化久，出亦不滋事。北番出，則軍民爭殺之；即官欲招撫，民亦不從，蓋恐既撫之後，不能禁其出入，道路爲所熟悉，不能複製也。民殺番，即屠而賣其肉；每肉一兩值錢二十文，買者爭先恐後，頃刻而盡；煎熬其骨爲膏，謂之『番膏』，價極貴。官示禁，而民亦不從也。」〔註65〕由這段記載我們可窺見漢人對「生番」的仇恨之深，手段之殘忍。

　　總而言之，就清代的契約文書和檔案資料來看，臺灣的原漢關係並不像有些學者所宣稱的那樣，是一部漢人壓迫原住民的血淚史。原漢間其實是以並耕共處，彼此合作，和睦交往爲主旋律，衝突僅是插曲而已。終清之世原漢間較大的衝突只有十餘起，而且多屬於原住民集體武力抗官，難以算作原漢間的族群衝突。清代臺灣嚴格意義上大規模的原漢衝突只有吳沙事件和郭百年事件，其餘的都是諸如番租糾紛、侵墾霸耕、「番害」等零星的小衝突。這些衝突在性質上屬於民事糾紛，對原漢關係影響甚微。

　　其實，像清代臺灣原漢在土地、租賦、水源等方面所發生的那類民事糾紛，漢人內部也比比皆是，理應屬於民間經濟交往中無法避免的正常現象。可是，有些臺灣學者卻藉此認爲，清代臺灣開發中漢人欺壓原住民的現象極其普遍和慘烈，大書特書漢人如何蠶食鯨吞原住民的土地，如何侵佔抵賴番租，致使其賴以生存的土地流失殆盡，番租變得有名無實，經濟陷入困頓，以致於不得不背井離鄉。他們刻意誇大漢人對原住民的侵害程度，根本目的無非在於論述所謂的「漢人欺壓」範式，並進而爲臺獨訴求尋找法理依據。

〔註64〕黃榮洛：《渡臺悲歌之發現》，載《臺灣史研究暨史料發掘研討會論文集》，中華民國臺灣史籍研究中心，1986年，第204頁。
〔註65〕胡傳：《臺灣日記與稟啓》，卷一，「日記(光緒十八年五月十七日迄二十四日)，臺灣文獻叢刊第71種，臺灣銀行經濟研究室，1960年。

第三章　官府、通事與遊民：清代臺灣
原漢關係中的角色分析

　　在清代臺灣原漢關係處理中，官府、通事和遊民發揮了不同的角色作用。官府因違反社會發展規律，推行阻礙民間經濟文化交流的政策，導致其對原漢關係的調控始終處於被動地位，收效甚微。半官方身份的通事一方面居中牽線搭橋，促進原漢並耕共處；另一方面，少數通事行為不軌，橫征暴斂，引發原漢衝突，是具有雙重作用的媒介者。散處民間的遊民雖是弱勢群體，身陷苦難之中，但卻成為製造原漢衝突的主要角色。

第一節　官府：無力的調控者

　　關於官府在清代臺灣原漢關係中所發揮的作用，學界業已論述甚多。其中，代表性的理論範式主要有「國家剝削說」、「理性國家說」和「族群政治說」。持「國家剝削說」觀點者認為，清廷對原住民進行苛捐雜稅，並縱容漢人移民蠶食鯨吞原住民的土地，致使他們日益貧困和弱勢，甚至於族亡種滅。例如，臺灣學者施添福認為，平埔族群之所以人口漸衰、經濟日蹙，以致於不得不舉族遷徙，並非是因他們不諳耕作，而是官府施行重稅重役的剝削政策所致。由於平埔族群較漢人質樸、順服，清廷遂得寸進尺，施予遠重於漢人的稅賦與勞役負擔，使得平埔族群缺乏一個安定的力農環境，導致他們不斷杜賣草地和典贌田園，因而日益式微。〔註1〕然而，「理性國家說」主張者

_____

〔註1〕施添福：《清代「番黎不諳耕作」的緣由：以竹塹地區為例》，《中央研究院民族學研究所集刊》（69），1990年。

美國人邵式柏（John Shepherd）卻認爲，清廷並非像一般學者所想像的那樣貪得無厭、顢頇無能，而是一直在巧妙地利用臺灣既存的社會經濟條件，理性地調整著自己的策略，以適應不斷變化的族群情勢，平埔族群便是清廷用以制衡族群關係的籌碼和中心。他在其博士論文《17 至 18 世紀臺灣拓墾中的漢番關係》（Plain Aborigines and Chinese Settlers on the Taiwan Frontier in the Seventeenth and Eighteenth Centuries）中立足於地權制度，從 17 世紀荷據時期和明鄭時期追溯到 18 世紀清朝乾隆末年，詳盡地檢視了兩個世紀以來漢人、平埔族群、治理者（指荷蘭人、明鄭政府、滿清政府）三者間互相依存的關係。邵式柏認爲，治理者在臺灣拓墾事務中始終扮演著積極的角色，是理性的順應者和調控者。清廷之所以在臺灣實施消極的封禁政策，是在稅收不足的條件下精打細算的結果。換言之，清廷是拓墾中理性的決策者與管理者，其理性是建立在控製成本和稅收來源雙重考慮的基礎之上，是要以最低的統治成本達到最佳的統治效果。〔註2〕臺灣學者柯志明則從「族群政治」這一新視角出發，認爲清廷通過重新配置地權，將番界沿邊漢人因私墾被充公的田園以及界外荒埔撥給平埔族群，形塑出「生番在內，漢民在外，熟番間隔於其中」的三層制族群分佈格局，從而達到加強與平埔族群結盟，且仰賴高山族群爲「外衛」，對漢人進行牽制與防範之目的。〔註3〕

筆者認爲，儘管上述三種觀點客觀上都有一定的道理，但卻難免有以偏概全之嫌疑。「國家剝削說」依據的是清代文獻中有關原住民賦稅的記載和原住民式微的歷史事實。然而，清代的官方檔案以及散落民間的碑刻示諭同時也表明：清廷爲了防範漢人勢力的膨脹，危及其統治，在臺灣長期實行「護番保產」政策，僅對原住民象徵性地徵收些微薄的賦稅。所以，「國家剝削說」的立論依據並不充分，沒有說服力。「理性國家說」是邵式柏以西方人習慣性的研究思維，在對官方檔案資料進行解讀的基礎上，附和式地構建的理論範式，其牽強性和片面性顯而易見。柯志明雖從「族群政治」的視角對清政府在臺灣族群地權關係中的作用作了較爲深入的探討，但對於清廷處理原漢關係的效果卻沒有明確的剖析。

〔註2〕 參閱潘英海：《平埔族研究的困惑與意義——從邵式柏的博士論文〈十七及十八世紀臺灣拓墾中的漢番關係〉談起》，《臺灣風物》第 37 卷第 2 期。

〔註3〕 柯志明：《番頭家：清代臺灣族群政治與熟番地權》，中央研究院社會學研究所，2001 年，第 2～3 頁。

其實，清廷在臺灣原漢關係中所扮演的角色既不是完全置身其外的局外人，也不是積極的理性參與者，而是個賣力的調控者。只是由於它的愚昧和淺識，不顧當時的社會環境，盲目推行有悖於民間經濟文化交流的族群策略，結果反而使自己處處被動，以致於不得不經常根據族群關係的發展情勢而被迫修正策略。從初期的「劃界封禁、隔絕族群」到後來「以原制漢、以熟制生」，清廷的族群策略對臺灣原漢關係的調控始終收效甚微。

一、劃界封禁、隔絕族群

清朝統治者是關外入主中原的邊疆民族，故而對異己民族的防備特別在意。在他們心目中臺灣雖是個「得之無所用」的彈丸小島，但卻向來是海盜淵藪、漢人反清復明的大本營，所以對臺灣漢人的防範尤為留心。平臺之初，清廷一方面頒佈一系列的渡臺禁令，以防止漢人勢力在臺逐漸壯大，如驅逐無妻室產業的居民，嚴禁沿海人民偷渡，嚴禁官吏及人民攜眷入臺，不准臺人入伍當兵，不許臺灣建築城垣，限製鐵器流入臺灣等。〔註4〕另一方面積極在臺地推行族群隔離政策，嚴防「番漢勾結」。

清廷的族群隔離政策嚴格意義上可分為「防範」與「隔離」兩個層面。「防範」主要是針對業已雜居一處的漢人與平埔族群，阻止他們相互接觸、融合。平臺初期，清廷嚴禁漢人租贌平埔族群的土地，規定「臺灣奸民私贌熟番埔地者，依盜耕本律問擬；於生番界內私墾者，依越渡關塞問擬，田仍歸番。」〔註5〕對於平埔族群與漢人通婚現象，官府也盡力阻撓，議定「漢民不得擅取番婦，番婦亦不得牽手漢民。違者，即行離異。漢民照民苗結親例，杖一百離異；土官、通事照民苗結親媒人減一等例，各杖九十；地方官照失察民苗結親例，降一級調用。其從前已娶，生有子嗣者，即行安置為民，不許往來番社，以杜煽惑生事之端。」〔註6〕所謂「隔離」，依雍正的說法是「將百姓並生、熟番夷分別清楚，令其各務各業，不容混雜。」〔註7〕在實踐上清

〔註4〕陳碧笙：《清代漢人與平埔諸族之間的矛盾和融合》，《臺灣研究集刊》1985年第4期。

〔註5〕《清代臺灣大租調查書》，「番大租之起源」，臺灣文獻叢刊第152種，臺灣銀行經濟研究室，1963年。

〔註6〕范咸：《重修臺灣府志》，臺灣文獻叢刊第105種，臺灣銀行經濟研究室，1961年。

〔註7〕《雍正硃批奏摺選輯》，臺灣文獻叢刊第300種，臺灣銀行經濟研究室，1972年。

廷採取的措施是人為構築條番界，將高山族群隔絕在漢人與平埔族群的生活場域之外。早在康熙六十年（1721 年）朱一貴之亂時，閩浙總督覺羅滿保就曾有劃界封禁之議：「臺、鳳、諸三縣山中居民，盡行驅逐，房舍盡行拆毀，各山口俱用巨木塞斷，不許一人出入。山外以十里為界，凡附山十里內民家，俱令遷移他處；田地俱置荒蕪。自北路起，至南路止，築土牆高五、六尺，深挖濠塹，永為定界。越界者以盜賊論。如此則奸民無窩頓之處，而野番不能出為害矣。」〔註 8〕然而，藍鼎元和楊景素等認為，覺羅滿保所提議的驅逐居民，拆毀房舍，高築土牆，深挖濠塹等隔離措施，工程甚為浩大，現實中根本無法實行，主張以「立石禁入番地」取而代之。結果清廷採納了他們的建議，沿著中央山脈的山腳，自南而北豎立五十多個界石碑，構築了臺灣歷史上的首條「番界」。至於當時豎立界碑的位置，黃叔敬在《臺海使槎錄》一書中有所記載：「康熙六十一年，官斯土者議：凡逼近生番處所相去數十里或十餘里，豎石以限之，越入者有禁。鳳山八社皆通傀儡生番。放索社外之大武、力力、枋寮口、埔姜林、六根，茄藤社外之糞箕湖、東岸莊，力力社外之侖仔頂、四塊厝、加泵社口，下淡水社外之舊檳榔林莊、新東勢莊，上淡水社外之新檳榔林莊、柚仔林，阿猴社外之揭陽侖、柯柯林，搭樓社外之大武侖、內卓佳莊，武洛社外之大澤機溪口，俱立石為界。自加六堂以上至瑯嶠，亦為嚴禁。諸羅羅漢門之九荊林、淡水溪墘，大武壠之南仔仙溪墘，茄茇社山後，哆囉嘓之九重溪、老古崎、土地公崎，下加冬之大溪頭，諸羅山之埔姜林、白望埔、大武巒埔、盧麻產內埔，打貓之牛屎阬口、葉仔阬口、中阬仔口、梅仔阬山，他里霧之麻園山腳、庵古阬口，斗六門之小尖山腳、外相觸溪口，東螺之牛相觸山、大里善山，大武郡之山前及內莊山，半線之投揀溪墘、貓霧揀之張鎮莊，崩山之南日山腳、吞霄、後壠、貓里各山下及合歡路頭，竹塹之斗罩山腳，淡水之大山頂山前並石頭溪、蜂仔嶼社口，亦俱立石為界。」〔註 9〕嗣後，清廷又分別於雍正（1729 年）七年、乾隆二年（1737 年）、乾隆三年（1738 年）分別重新釐定番界，並對私自越界的漢人進行嚴厲懲處：「偷入番境及偷越生番地界者，杖一百，偷越深山抽藤、獵鹿、

〔註 8〕藍鼎元：《東征集》，卷三，「覆制軍遷民劃界書」，臺灣文獻叢刊第 12 種，臺灣銀行經濟研究室，1958 年。

〔註 9〕黃叔璥：《臺海使槎錄》，卷八，「番俗雜記」，臺灣文獻叢刊第 4 種，臺灣銀行經濟研究室，1957 年。

伐木、探稷者杖一百，徒三年。」〔註10〕對於失察的地方官吏也給予相應的處罰：「如民人越界墾地、搭寮、抽藤、弔鹿及私挾貨物擅出界外者，失察之該管官降一級調用，該上司罰俸一年，若有賄縱情弊，該管官革職，計贓治罪」，〔註11〕「……其本管頭目鈐束不嚴，杖八十，鄉保、社長各減一等。巡查不力之值日兵役，杖一百，如有賄縱，計贓從重論。」〔註12〕

其實，「立石爲界」所構築的「番界」，只不過是在高山族群經常出入的地方豎立數十個石碑，以示標記而已，況且「界石遷移不常，又數里、里許方立一通石碣。若遇曲山溪之處，量界既難，移挪亦易。」〔註13〕如此番界隔絕原漢的效果可想而知。鑒於漢人越界拓墾頻繁，生番溢出獵頭不斷，乾隆二十六年（1761 年），閩浙總督楊廷璋奏請徹底清釐番界，以溪地和山根爲依託，挑挖深溝、堆築土牛，重新構築條「土牛溝」作爲番界，並於生番出入處設立隘寮，加強防守。可是，「土牛溝」和隘寮依然難以杜絕原漢交往。清代臺灣平埔族群與漢人之間土地私相授受盛行，漢人越界拓墾猖獗，原漢通婚普遍，朝廷一再重申劃界之令，「番界」不斷地向近山地區推進，所有這些都無可辯駁地表明：清廷的族群封禁與隔離政策執行得相當被動與無奈，並且遠沒有達到預期的隔絕效果。

二、以原制漢、以熟制生

清廷族群隔離政策之最終目的是要達到「漢人總不與熟番交接，熟番總不與生番交接，各安生理，彼此不相干，自然無事。」〔註14〕對於番界之外的高山族群隔離政策也許會起到些隔絕效果。但在番界之內，平埔族群與漢人交錯雜居，兩者經濟文化密切相連，彼此關係錯綜複雜，殊難劃清。

乾隆九年（1744 年），奉旨來臺清釐界內民番爭控田園情事的福建布政使高山發現：界內平埔族群的土地已多爲漢人佔據，界外至山腳的平地有平埔族群和漢人零星散處，而高山族群則基本上都遠居內山。〔註15〕他在

〔註10〕《清會典臺灣事例》，臺灣文獻叢刊第 226 種，臺灣銀行經濟研究室，1966 年。
〔註11〕《欽定大清會典事例》，第 629 卷，嘉慶二十五年刻本，第 8 頁 a～9 頁 b。
〔註12〕《欽定大清會典事例》，第 775 卷，第 15a。
〔註13〕國學文獻館：《臺灣研究資料彙編》，臺北聯經出版社，1993 年，第 2047 頁。
〔註14〕臺灣國學文獻館：《臺灣研究資料彙編》，臺北聯經出版社，1993 年，第 1942 頁。
〔註15〕柯志明：《番頭家：清代臺灣族群政治與熟番地權》，中央研究院社會學研究所，2001 年，第 153 頁。

隨後的奏疏裏建議朝廷不妨巧妙地利用這種族群分佈特點，以界外平地作為平埔族群的保留地，形成內山高山族群與界內漢人之間的隔絕地帶，即「使生番在內，漢民在外，熟番間隔於其中。清界而後，漢民毋許深入山根，生番毋許擅出埔地，則彼此屏跡，斷絕往來，自不致生釁滋事矣。」〔註16〕高山在奏疏裏同時建議利用平埔族群的力量節制高山族群，「番性不馴，難與漢民一例彈壓，而生番負嵎依谷，尤非官所能制。臣愚以為以官治番，不若以番治番。蓋熟番與漢民雖情意稍通，終不若生番與熟番之族類相合，欲治生番，自應即其同類而節制之。」〔註17〕高山的意思是要將平埔族群納入政府的掌控之中，形成官府與平埔族群的結盟關係，以共同對付向有反叛之舉的漢人與屢次溢出番界滋事生非的高山族群，達到「以原制漢、以熟制生」之目的。

　　高山的提議經閩浙總督馬爾泰逐條議覆後奏准施行。在隨後的幾十年內，清廷便逐步將之付諸推行。乾隆二十至三十年代，清廷重新清釐番界，挖築土牛溝，設立隘寮，撥派平埔族群壯丁守衛，並將番界沿線的埔地撥予隘丁，作為守隘勞役的回報與隘番口糧來源。〔註18〕乾隆五十三年（1788年），林爽文事變平定後，大將軍福康安奏請設立「番屯制度」，將隨同官軍打仗，頗能出力的平埔族群壯丁招募為屯丁，協防營汛以衛地方，並酌撥近山未墾埔地以資養贍。〔註19〕此議經閩浙總督伍拉納籌劃後，於乾隆五十五年（1790年）付諸實施。官府於全臺93個平埔族群族社中，挑選4000人擔任屯丁，在南北兩路設大小12屯，置番千總二員，番把總四員，每屯各設番外委一員。大屯4處，每處400人，小屯8處，每屯300人。〔註20〕另外，將土牛溝界外未墾荒埔丈量出5691甲，充作養贍埔地，其配撥方式，據乾隆五十五年（1790年）奏議內「分撥屯弁丁項下」所載，除千總每員十甲，把總每員五甲，外委每員三甲等定額外，是依各社屯丁人數將一大塊埔地直

〔註16〕《清奏疏選彙》，臺灣文獻叢刊第256種，臺灣銀行經濟研究室，1968年。
〔註17〕《清奏疏選彙》，臺灣文獻叢刊第256種，臺灣銀行經濟研究室，1968年。
〔註18〕柯志明：《番頭家：清代臺灣族群政治與熟番地權》，中央研究院社會學研究所，2001年，第57頁。
〔註19〕《清代臺灣大租調查書》，臺灣文獻叢刊第152種，臺灣銀行經濟研究室，1963年。
〔註20〕溫振華：《漢人社會的建立》，載《臺中縣大甲溪流域開發史》，臺中縣立文化中心，1989年，第144頁。

接分配給屯丁各若干。視離屯遠近，每丁酌給一甲一二分，或一甲三分至六分不等。〔註21〕

　　養贍埔地只允許屯丁自行耕種，免其納賦，不給月餉，屯丁出缺，即挑其子弟充補，承受田畝。如有私行租贌、典賣者，按例治罪，追價充公，將埔地移給另挑屯丁承受。〔註22〕可是，絕大多數養贍埔地遠離屯丁所居之社，勢難往耕。例如，東螺屯大突社屯丁「蒙配水底僚下三崁屯埔一處，……茲因道路迂遠，各丁住眷難以搬運，兼乏工本，又恐遠離誤工，不願往耕」。並且屯丁要承擔繁重的守隘任務，根本沒有時間去耕種。正因為這個帶有普遍性的客觀原因，迫使清廷只得改變初衷，允許屯丁招徠漢佃墾耕養贍埔地。如此一來，官府希冀利用「番屯制」實現漢人、平埔族群與高山族群三層分佈，彼此各安生理、互不相干之目的隨之破滅。

　　嘉慶年間漢人拓墾噶瑪蘭地區時，清廷雖依然維持著「族群隔離」與「以原制漢」的族群策略，但臺灣知府楊廷理和噶瑪蘭通判翟淦在執行上顯然已不那麼認真，表現為他們不僅將東勢的「無主荒地」劃分地界，付予漳、泉、粵三籍漢人墾耕，而且連作為噶瑪蘭族保留地的「加留餘埔」與「加留沙埔」也允許漢人租贌。這意味著清朝後期有的臺灣地方官員在面對勢不可擋的民間經濟文化交流浪潮時，已默許了平埔族群與漢人的往來。到了同治十三年（1874年）「牡丹社事件」後，清廷開始意識到開發臺灣的重要性，於是著手改變原來的封禁政策，實施「開山撫番」，但此時清廷已陷入內外交困之中，很難在臺灣的治理上再有所作為。

　　總而言之，清廷基於防範漢人之目的，一味在臺施行「封禁隔離」的族群政策，極力阻遏漢人與平埔族群接觸。然而，這種隔絕政策違背正常的社會發展規律，因而在強勢的民間經濟文化交流浪潮的衝擊下屢遭破產，這大概是官府在臺灣原漢關係調控方面收效甚微的根本原因所在。

〔註21〕《臺灣私法物權編》，臺灣文獻叢刊第 150 種，臺灣銀行經濟研究室，1963年。
〔註22〕《清會典臺灣事例》，臺灣文獻叢刊第 226 種，臺灣銀行經濟研究室，1966年。

第二節　通事：雙重作用的媒介者

通事〔註 23〕，即中國古代的翻譯官。清廷平復臺灣後，承襲舊制，在歸化番社設立通事，「或數十家爲一社，或百十家爲一社，社各有通事，聽其指揮。」〔註 24〕清代臺灣的通事多爲民間通曉「番語」，熟悉「番情」的「有力之人」，他們經官府認可後，代表其在番社內貫徹政令、徵收番餉，派撥差役，具有半官方身份。通事除了上達番情，下傳官旨外，在原住民與漢人的互動中也發揮著重要作用。對此我們從康熙末年諸羅知縣周鍾瑄《諸羅縣志》的兩則記載中可窺見一斑：「漢人亦用蟒甲載貨以入，灘流迅息，蟒甲多覆破碎，雖利可倍蓰，必通事熟於地理、稍通其語者，乃敢孤注一擲」；「唯是西螺以上，北抵淡水，去治日遠，番頑蠢益甚；又性多猜忌，出山數里外，即瞿瞿然憂其不返。傳譯非通事不能，輸納非通事不辦，甚而終歲衣食、田器、釜鐺、周身布縷，非通事爲之經營預墊，亦莫知所措。故西螺以北番社之有藉於通事，又與斗六門以南各社不同，亦勢使然也。」〔註 25〕

當然，通事在原漢關係方面並非僅僅是溝通工具。其實，他們憑藉自己熟悉原漢雙方語言與風俗的優勢，居中牽線搭橋，在促進原漢和洽相處，各盡所能，加速清代臺灣社會的開發，化解社會動亂，維繫族群和諧等方面均發揮了不容忽視的作用。同時，又因少數通事行爲不軌，橫征暴斂，引發原漢衝突，破壞了族群關係的穩定。其中前者居於主要地位，後者只是間而有之。

一、促進土地拓墾，化解社會動亂

通事對於土地拓墾的促進作用主要表現在兩個方面：其一，居中牽線搭橋，使原住民得以將荒埔租贌給漢人移民墾耕。其二，以墾首的身份包攬大

〔註23〕通事之名稱至少在宋朝時期就已出現。周密《癸辨雜識》後集《譯者》條云：「譯者之稱見禮記云：東方曰寄言，傳寄內外言語……西方曰狄是，是知通傳夷狄之語與中國相知……今北方謂之通事。」轉引自尹章義：《臺灣北部拓墾初期「通事」所扮演之角色與功能》，《臺灣開發史研究》，聯經出版事業股份有限公司，第 177 頁。學界一般認爲臺灣的通事制度似爲清代始創，不過，據江日升的《臺灣外紀》記載，明鄭時期臺灣番社已舉有通事，但通事成爲一制度應自清朝開始。

〔註24〕黃叔璥：《臺海使槎錄》，卷八，「番俗雜記」，臺灣文獻叢刊第 4 種，臺灣銀行經濟研究室，1957 年。

〔註25〕周鍾瑄：《諸羅縣志》，卷六，「賦役志」，臺灣文獻叢刊第 141 種，臺灣銀行經濟研究室，1962 年。

片草埔，招佃拓墾。漢人初至臺灣，環境陌生，語言不通，若無人提供可墾荒埔的信息，或直接居中引介，將很難覓得墾耕之地；另一方面，原住民因乏銀費用或無力耕作，情願委託通事代為招佃墾耕。在此情勢之下，通事便水到渠成地充當起中介人，讓漢人以繳納番租或貼納番餉的方式，租贌原住民的土地進行墾耕。我們在文獻資料中可發現大量有關通事居中斡旋，促使荒埔得以順利開發的事例。例如，漢人劉攀麟承贌道卡斯族大甲社、德化社的土地，便是由大甲社通事林秀俊從中促成；郭奕榮承墾道卡斯族竹塹社的貓兒捉草地是由通事陳喜居中引就。事實上，一塊荒埔能否得以開墾，通事往往起著至關重要的作用。因為可墾荒埔的信息往往要靠通事傳遞給移墾的漢人；官府是否頒發墾照給墾民，通常以通事的勘查為準；租贌契約的簽訂，必須以通事為中人，或加蓋其印戳方有效。可以說，清代臺灣原漢間的土地贌耕現象之所以如此普遍，通事居中推波助瀾是個重要原因。

通事除了作為媒介者，促使漢人贌耕原住民的土地外，他們自己有時也直接與番社土目合作，招佃墾耕，廣置田產。例如，岸里社總通事張達京於雍正十一年（1733 年）與土官潘敦仔合約，以「割地換水」的形式，換取大片荒埔的墾耕權。他隨後回到原籍招募大批鄉民前來拓墾，終成富甲一方的大通事。再如，淡水社通事賴科、大甲社通事林秀俊等都積極招佃墾耕，成為一方豪強。通事的參與和推動，使得具有不同文化基因的原漢能夠互相協作，共耕並處，各盡所能、各得其利，極大地加快了臺灣的開發速度。

臺灣素有「三年一小反，五年一大反」之說，此言雖不免誇張之嫌，但清代臺灣社會變亂頻仍卻是事實。每當動亂發生時，數以萬計的無辜百姓慘遭殺戮，產業被毀，社會經濟蕭條。清廷駐臺汛兵數量少，素質低，難以平亂，而從大陸徵調官兵卻因路途遙遠，不僅延誤時機，而且勞民傷財。所以，清政府傾向於借助熟悉地形的平埔族群力量鎮壓動亂，而要說服平埔族群參與平亂，惟有通事才能做到。據考證，清代幾乎每次平埔族群參與平亂，都是由通事居中斡旋或引導所致。例如，康熙三十八年（1699 年）春，吞霄社番變，官兵征剿不克，最後在驍勇善戰的岸里社番助剿下才將事變平息，而游說岸里社土目率眾參加平亂的就是通事。雍正九年（1731 年），大甲西社首魁林武力連結仔籬社等數社作亂，岸里社通事張達京曾積極引導岸里番兵追隨官兵進剿。乾隆十七年（1752 年）彰化近山地區內凹莊和柳樹湳汛附近發生莊民十二口被社番射殺命案，岸里社通事張達京、水沙連通事葉福、德化

社通事林俊秀等都極力協助地方官調查並查緝兇手。通事招引原住民力量，協助官兵平定事變，對於化解社會動亂，維繫番漢和睦共處的局面具有一定作用。

二、釀造禍端、引發原漢衝突

不容否認，清代臺灣通事中不乏作奸犯科、遊手好閒之徒。他們視原住民為俎上之肉，肆意剝削。康熙年間入臺採硫的郁永河對通事盤剝原住民的情形有所記載：「仍沿包社之法，郡縣有財力者，認辦社課，名曰社商。社商又委通事夥長輩，使居社中，凡番人一粒一毫，皆有籍稽之。射得麋鹿，盡取其肉為脯，並收其皮。……然此輩欺番人愚，朘削無厭，視所有不異己物；平時事無鉅細，悉呼番人男婦孩稚，供役其室無虛日，且納番婦為妻妾，有求必與，有過必撻，而番人不甚怨之。……然又有暗阻潛撓於中者，則社棍是也。此輩皆內地犯法奸民，逃死匿身於闊遠無人之地，謀充夥長通事，為日即久，熟識番情，復解番語，父死子繼，流毒無已。彼社商者不過高邪臥郡邑，催餉納課而已。社事任其播弄，故社商有虧折耗費，此輩坐享其利。社商率一二歲更易，而此輩雖死不移也。此輩正利番人之愚，又甚欲番人之貪，愚則不識不知，攫奪惟意；貪則易於槌挾，力不敢抗。匪特不教之，且時時誘陷之。即有以冤訴者，而番語侏離，不能達情，聽訟者仍問之通事，通事顛倒是非以對，番人反受呵譴；通事又告之曰：『縣官以爾違通事夥長言，故怒責爾』。於是番人益畏社棍，事之不啻帝天。其情至於無告，而上之人無由知。是舉世所當哀矜者，莫番人若矣。乃以其異類且歧視之；見其無衣，曰：『是不知寒』；見其雨行露宿，曰：『彼不致疾』；見其負重馳遠，曰：『若本耐勞』。」〔註26〕首任巡臺御史黃叔璥也曾歷數通事制度的弊端，「社番不通漢語，納餉辦差皆通事為之承理。而奸棍以番為可欺，視其所有不異己物，藉事開銷，朘削無厭；呼男婦孩稚供役，直如奴隸，甚至略賣；或納番女為妻妾，以至番民老而無妻，各社戶口日就衰微。尤可異者，縣官到任，有更換通事名色，繳費或百兩、或數十兩不等；設一年數易其官，通事亦數易其人，此種費用名為通事所出，其實仍在社中償補。當官既經繳費，到社任意攫奪，豈復能鈐管約束！因與道府約，嗣後各社通事，俱令於各該縣居住，社中有應辦理事件，飭令前往，給以限期，

〔註26〕郁永河：《裨海紀遊》，卷下，臺灣文獻叢刊第44種，臺灣銀行經濟研究室，1959年。

不許久頓番社，以滋擾累。盜買盜娶者，除斷令離異，仍依律治之。至通事一役，如不法多事，即當責革；若謹願無過，便可令其常充，不得藉新官更換，混行派費，違者計贓議罪。」〔註27〕

　　郁氏與黃氏雖可能言過其實，但清代臺灣漢人通事橫征暴斂，魚肉原住民的情況卻的確存在。例如，康熙四十八年（1709 年）阿猴等五社通事許安因欺壓社番，遭到了臺灣知府周元文的審革。

　　　　審得阿猴等五社通事許安等，皆奸詐之徒也。緣各社土番賦性癡愚，不識漢字；畜以異類，肆其魚肉，固非一朝一夕矣。臺灣自開闢以來，各邑土番俱有正供粟石（按：惟鳳山八社有之）因其語言各別，不能赴倉完納，每社設有通事，代其催辦供役，議貼辛勞粟石。此係因地而施，不得不然也。詎意事久弊生，借各項使費名色，於正供之外，加派數倍，將本年之粟，盡取無遺。無怪乎阿猴等社番，聚集呼冤，連名僉控也。揆其情事，總緣番納正供，交穀既無收字，完糧不給官串。一任通事派徵，言欠即欠，言完即完。〔註28〕

　　此外，臺灣歷史上發生的「番變」基本上都是因漢人通事橫征暴斂或行為不軌而激起的。例如，康熙三十八年（1699 年）的吞霄社事變便是因通事黃申「徵派無虛日」所引發；同年凱達格蘭族內北投社發生的冷冰事件起因於漢人通事管帳金賢強娶番女；乾隆十六年（1751 年）的內凹莊、柳樹湳兵民事件是洪雅族南北投社通事三甲唆使泰雅族貓里眉、福骨、眉加臘等番社溢出殺人所致。通事所引發的族群衝突給原住民與漢人均帶來較大的人員傷亡和財產損失，嚴重地破壞了族群關係的和諧。

　　鑒於漢人通事借機敲詐勒索，釀造禍端，造成極其惡劣的影響，乾隆中期後，有的官員建議將通事逐漸改以熟悉漢語的原住民擔任。乾隆二十三年（1758 年）三月閩浙總督楊應琚上奏「酌定防範臺灣事宜」云：「熟番通事、社丁承充多外來遊民，機變滋累。近來熟番半通漢語，請即與番社中選充；社遠無通漢語者，酌留妥實漢人，仍結報於地方官查察。」〔註29〕乾隆四十

〔註27〕黃叔璥：《臺海使槎錄》，卷八，「番俗雜記」，臺灣文獻叢刊第 4 種，臺灣銀行經濟研究室，1957 年。

〔註28〕周文元：《重修臺灣府志》，臺灣文獻叢刊第 66 種，臺灣銀行經濟研究室，1960年。

〔註29〕《清高宗實錄選輯》，卷 559，乾隆二十三年三月，是月條引楊應琚奏，臺灣文獻叢刊第 186 種，臺灣銀行經濟研究室，1964 年。

二年（1777 年）閩浙總督鍾音奏云：「臺灣……熟番分隸廳縣，另列番社，所有通事，緣番民同處年久，習知漢語，遂換番人充當，將漢通事盡行禁革，並無漢奸盤據滋擾，地方極為寧輯。」〔註 30〕清廷採納了他們的建議，逐漸革除漢人通事，而代之以熟悉漢語的原住民。不過，原住民若要擔任通事，一般須先經族社稟舉結保，然後再由官府驗充示諭。然而，番社舉充的通事人選未必只有一人，故而還須官府當堂驗選以做決定。為了使讀者更為明確地瞭解原住民通事產生的經過，筆者不妨將北路理番分府關於岸里社通事驗充的示諭抄錄於後：

> 為遵單僉舉乞准驗充據岸里等社番貢生潘士興、副通事潘先慈、甲頭敦後那、馬下六敦、耆番後六馬下六等具呈前事，詞稱切岸里通事管束十社番黎，兼以撫馭生番，責纂重矣，務要老成勘充此任，憲鏡洞悉。今前通事潘明慈已故，蒙單著妥議僉舉頂充。興等遵單妥議查舉，現有岸里社番亮慈，誠實曉事，熟諳番情，堪以頂充岸里等社通事，約束番黎，守隘辦公。除潘明慈所欠公私債項，議定上承下接，事關通事缺額，理合妥呈。叩乞准予驗潘亮慈頂充，給予戳記辦理社務，番黎咸德切呈等情黏呈保結一紙前來。據此查先據該社番阿沐阿四老等結保潘蘭輝充當該社通事，業經飭差弔驗去後未據到案。據稟前情，隨弔集兩造當堂驗選准了潘亮慈充當通事，頒給長行戳記外，合行出示曉諭，為此示諭岸里等各社民番知悉，爾等社番凡有應辦派撥護軍工等項及一切差務，務遵新通事潘亮慈調遣承應，其各莊番佃人等應納通事大租及一九空五公租，自本年為始照數向通事潘亮慈完納給付租單執憑，不得抗欠。倘敢不遵約束及恃強欠租情事，一經該通事具稟，番則重究，民則倍追，斷不寬貸，各宜凜遵毋違。特示〔註 31〕

由示諭可知：岸里社前通事潘明慈亡故，貢生潘士興等推舉潘亮慈繼任通事，而社番阿沐阿四老等卻結保潘蘭輝充當通事，鹿港海防分府隨即調集兩造到堂，當場驗選了潘亮慈充當通事，並頒給長行戳記，合行出示曉諭。

〔註 30〕《清高宗實錄選輯》，卷 1027，乾隆四十二年二月條引閩浙總督鍾音奏，臺灣文獻叢刊第 186 種，臺灣銀行經濟研究室，1964 年。
〔註 31〕《臺灣中部地方文獻資料》，乾隆五十三年三月十五日曉諭，《臺灣文獻》第 34 卷第 2 期。

通事改由知曉漢語的原住民充任後雖在一定程度上消釋了漢人通事盤剝番社的弊端，但卻產生了另一問題，即番社內有力者爭充通事。清朝嘉、道之際，爭充通事現象在臺灣原住民中極為普遍。如嘉慶十五年（1810 年）閩浙總督方維甸的示諭云「臺灣番社均有通事，自應一秉至公，遇有事故，於番眾內僉舉接辦。乃各社通事多非安分番人，且有民人勾通衙門胥役頂替冒充者，一名使費數百金之多。該通事既得充當，即與朋比為奸，剝削番眾，勾通屯弁，侵蝕屯餉，殊可痛恨。」〔註 32〕番社內長期而頻繁的互控爭訴對社務的運作產生了嚴重的侵害，這也是造成原住民在納入清代漢人社會過程逐漸沒落的原因之一。

通事雖是由民間自然衍生，但因獲得官府的認可，也具有半官方的身份。通事熟悉原漢雙方的語言與風俗，並且在番社中一般都有較高的威望。通事所具備的條件使得他們有能力在原漢關係中承擔起本應由官府履行的責任。他們牽線搭橋，促使原漢合作，並耕共處，增強彼此經濟文化交流；招佃墾耕，加快臺灣開發速度；招納熟番力量，化解社會動亂；等等，通事的這些行為在某種意義上說是在領引民間力量與保守的官方進行較量。當然，由於通事良莠不齊，其中不乏作奸犯科、遊手好閒之徒，這些人肆意盤剝番民，給原漢關係造成負面影響，同時也給通事群體自身帶來污名。不過，就歷史事實來看，清代通事引發的原漢衝突次數甚少，影響不大。通事在原漢關係中的正面作用要遠大於負面作用。

第三節　遊民：困苦中的麻煩製造者

遊民，顧名思義，指四處遊蕩、居無定所之人。清代臺灣遊民甚多，以至於成為一個嚴重的社會問題。《問俗錄》曰：「臺灣一種無田宅、無妻子、不士不農不工不賈，不負戴道路，俗指謂羅漢腳。嫖賭、摸竊、械鬥、樹旗、靡所不為。曷言乎羅漢腳也？謂其單身，遊食四方，隨處結黨，且衫褲不全，赤腳終生也。大市村不下數百人，小市村不下數十人，臺灣之難治在此。」〔註 33〕文中所謂的「羅漢腳」是清代臺灣歷史上一個專用於指稱遊民的名詞。

〔註32〕張隆志：《族群關係與鄉村臺灣——一個清代臺灣平埔族群史的重建和理解》，國立臺灣大學出版委員會，1991 年，第 196 頁。

〔註33〕陳盛韶：《問俗錄》，卷六，「鹿港廳」，書目文獻出版社，1983 年。

　　清代臺灣的遊民主要由三部分組成：其一，閩粵兩省原先的遊民或犯罪逃捕、遊手好閒之徒。乾隆中葉閩浙總督蘇昌曾指出臺灣的遊民是來自閩粵遊民：「偷渡過臺之遊民日眾，昔年人少之時，依親傍戚者無不收留安頓；近有人滿之患，不能概爲收留，此輩衣食無依，流而爲匪，非鼠竊狗偷，即作奸走險，無所不爲。」〔註34〕《清高宗實錄》載：「此等渡臺民人，多屬內地素無恆產，遊手好閒之徒。」〔註35〕其二，閩粵移民渡臺後的失業者或半失業者。姚瑩認爲臺灣在道光年間「生齒日繁，人多無業，又有內地客民偷渡，始聽人言，以爲樂土，及乎到地，乃知不若所聞，流蕩無歸，因相聚而爲匪。」〔註36〕這些人本來並非遊民，只是渡臺後找不到生計才淪落爲遊民。其三，臺灣本地滋生的失業者。早期渡臺民人的後裔，在臺灣傳了幾代以後，成爲「本地人」，他們或是由於一代代分家，每份田戶愈來愈小，遇到天災人禍，只得出賣土地，淪爲遊民。〔註37〕

　　長期以來，學界在研究清代臺灣的原漢關係時，一般只注意到官府和通事的作用，而對於遊民的影響則較爲忽略。其實，遊民是造成清代臺灣社會動亂與族群衝突的主要角色。清代官方的公文及時人的著述中有不少關於遊民危害社會治安的記載。例如，朱景英在《海東札記》中云：「臺灣更有一種無賴之人，出則持挺，行必佩刀，或藪巨莊，或潛深谷，招呼朋類，煽惑蚩愚。始而伏黨群偷，繼而攔途橫奪，蓋梗化之尤者。」〔註38〕閩浙總督崔應階在奏摺中稱：「窮極無聊及犯罪逋逃之輩。及至到臺，又無以糊口，其性情兇悍狡詐，不能安分，遂至城市街莊，遊行飄蕩，酗酒打鬥，無惡不作，並結夥聯群，籍爲聲援，混名稱爲羅漢腳。此輩鼠竊狗偷，到官罪止枷責，既釋之後，益加兇橫，實爲閭閻之害。」〔註39〕陳培桂的《淡水廳志》載：「鄉民失教，遊手好閒，每遇臨邑匪徒造謠滋事，輒即聞風而動，糾紛多人，各

〔註34〕故宮博物院（臺北）：《宮中檔雍正朝奏摺》，第22輯，第630頁。

〔註35〕《清高宗實錄選輯》，臺灣文獻叢刊第186種，臺灣銀行經濟研究室，1964年。

〔註36〕姚瑩：《中復堂選集》，臺灣文獻叢刊第83種，臺灣銀行經濟研究室，1960年。

〔註37〕陳孔立：《清代臺灣移民社會研究》，九州出版社，2003年，第203頁。

〔註38〕朱景英：《海東札記》，臺灣文獻叢刊第19種，臺灣銀行經濟研究室，1958年。

〔註39〕崔應階奏，乾隆三十四年九月二十四日，軍機處錄副。轉引自陳孔立：《清代臺灣移民社會研究》，九州出版社，2003年，第199頁。

分氣類，憑淩弱小，仇殺相尋。」〔註40〕姚瑩認爲遊民乃臺灣亂源：「臺灣大患有三，一曰盜賊，二曰械鬥，三曰謀逆，三者其事不同，而爲亂之人則皆無業之遊民也。生齒日繁，無業可以資生，遊蕩無所歸束，其不爲匪者鮮矣。道光十二年張丙之亂，渠魁僅數十人而賊眾何止二萬。若輩附和非必欲作賊，徒以無業蕩遊，賊招之則爲亂民，官用之則爲義勇，此皆可良可賊，視能食之者從之耳。」〔註41〕除了官方的公文、奏摺以外，散落民間的碑刻中對遊民鼠竊狗盜、攔路搶劫、移屍圖累，強行勒索等貽害地方的行爲也多有反映。例如，現今高雄縣梓官鄉梓官村的「城隍廟」裏珍藏著一塊嘉慶九年（1804年）的「示禁碑記」，其內容如下：

> 本年二月初三日，據仁壽里同安厝莊、梓官莊林芳蘭、陳瑞鳳、鄉保陳志等具呈稱：蓋聞鰥寡孤獨朝廷既行存恤之恩，民間亦給季錢之惠。無如額丐沿以弊生，強橫加索。雖經憲示勒碑申禁。惟有業之家按季給與丐首銅錢二十一文，無業之家自救不贍，毋庸給與，並不准諸丐向乞，又示定：凡遇婚娶入泮等事，喜慶給賞丐首銀二錢，其喪懺凶事以及建醮祈福概無給賞，亦不許丐首恃強索擾。詎惡丐恃伊瘋癲殘疾不屑與較，竟違。憲定暫澂多索。現在每季必索至三十餘文之多，且不論有業之家，必比戶悉索。遇有喜慶必索禮銀至二三元。至於喪懺祈醮必索至一二元，仍縱強壯兇惡之徒籍名爲丐，糾住廟宇、糖廍，大則五十結黨，小則三五成群，於逐黨之中立一丐首。逐日每丐允錢二文，集腋生放以爲差拘之資，以故夥愈多而惡愈甚。遇有喜慶招呼擁門另索酒肉食飯，不給饜飫，必折送銀錢，少有忤拂，立倡眾夥蜂擁穢溺，備極炒鬧。更有甚者，日穿莊社，逐家散乞，夜宿廟宇、節亭，肆橫盜偷，攘豬攖雞，害難盡數。〔註42〕

再如，高雄縣旗山鎮的天后宮裏有一塊嘉慶二十二年（1817年）由當地士紳、商號所鐫刻的《奉憲嚴禁羅腳惡習碑記》，文曰：「冤有不事生業賭□□徒，綽號「羅漢腳」，結黨成群，日爲流丐，夜行鼠竊，身窮計生，靡所不爲。暮夜之間，且將病斃丐屍抬背殷實之家，或丟田頭、園尾、街衛、路巷、

〔註40〕陳培桂：《淡水廳志》，臺灣省文獻會，1977年，第385頁。
〔註41〕姚瑩：《東溟文後集》，卷三，上海古籍出版社，2002年。
〔註42〕簡炯仁：《高雄縣岡山地區的開發與族群關係》，行政院文化建設委員會，2002年，第191頁。

或移弃園頭樹木，籍屍嚇騙，以致地保到地查視，不肯收埋，需索分肥，爲害不淺。」〔註43〕

　　遊民這些慣用的維生伎倆嚴重地危害了地方治安，以致於一般民眾視其爲社會禍害，競相拒納之，驅逐之。例如，乾隆四十三年（1778 年）鳳山縣港東里枋寮街鋪民邱興泉等向縣府呈乞准予究逐無賴棍徒。鳳山知縣頒給的《嚴禁無賴棍徒誣害良民碑》如下：

　　　　據港東里枋寮街鋪民邱興泉、李大山、吳萬成、黃士偉、陳鼎盛等具呈前事詞稱：枋寮孤懸海角，居民雜處，每有無賴棍徒，潛往斯境，遇事生波。時或勾接匪類，乘間爲盜；或賒借不遂，架詞妄控；甚至唆使事主，捏名告害，視鋪民爲魚肉，欺小姓若草芥，種種弊害，難以枚舉。此等奸弊，若不呈乞亟除，仍民個生□。嗣後倘有不法無賴棍徒，乞准泉等街眾會同鄉保甲隣，查實呈稟究逐至。至若街中善良，萬一被誣架害，泉等備具保結應訊之處，自行赴案，不致上費天心，下累戮等。如是，則奸弊除，地方靖，奸匪潛蹤而斂跡，枋民安心而樂業。呈乞准給示禁，沾染感靡既，等情到縣。

　　　　據此，除批示外，合行准立碑示禁。爲此，示仰枋寮街鋪民人等知悉：嗣後倘有不法流匪潛蹤，混藉命盜扳累非辜，許爾等鋪民會同鄉保甲隣，查實指名稟究。其良民被誣架害者，亦即全具呈保結繳縣，以憑嚴究責逐，斷不寬縱，各宜凜遵毋違！特示。〔註44〕

　　再如，乾隆四十七年（1782 年）鳳山縣阿里港街立有《嚴禁開賭強乞剪綹示告碑記》，其全文如下：

　　　　爲嚴禁開賭強乞、剪綹，以靖地方事。照得阿里港街媽祖宮前、市仔頭、營盤口、仁和街、國王廟前、永安街、北勢街等處柵內各街，正商民往來輻輳貿易交關之所。近訪有：一種無藝之徒，在街開場聚賭，常致爭鬧，釀成禍端；一種流丐，身無殘疾，三五成群，每逢朔望，沿街強乞，稍拂其欲，恃赤圖賴；一種「羅漢腳」，不事

〔註43〕何培夫：《臺灣地區現存碑碣圖志・高雄市、高雄縣篇》，臺北市：臺灣分館，1995 年，第 117 頁。

〔註44〕高育仁：《嚴禁無賴棍徒誣害良民碑》，載《明清臺灣碑碣選集》，臺灣省文獻委員會，1980 年，第 597 頁。

生業，潛入街市，混竊剪綹，擾害商民。此等不法，律載森嚴，重則流徙，輕則枷杖。本分縣蒞任斯土，曾經出示曉諭，以冀悔悟；無如故轍是循，不知痛改，除一面飭差協保查拏外，合再出示嚴禁。

為此，示仰阿里港商士街民人等知悉：嗣後本港柵內各街，如有不安本業，仍蹈前愆，並開賭以及身無殘疾、市行強乞並混竊剪綹，滋事擾害，本街商民人等馳報地保，拏解送赴本分縣，以憑按律嚴究，決不稍貸。再查媽祖宮前、市仔頭街道有搭蓋茅蓬葭摺，此最易致火燭，應行一併禁止。宜各凜遵，無違！特示。〔註45〕

遊民有時還故意挑撥族群矛盾，煽動族群衝突，以便從中漁利。陳淑均在《噶瑪蘭廳志》中說：「閩粵分類之禍，起於匪人。其始小有不平，一閩人出，眾閩人從之；一粵人出，眾粵人和之。不過交界處攟禁爭狠，而閩粵頭家，即通信於同鄉，備豫不虞。於是臺灣械鬥，傳聞淡北，遂有一日千里之勢。匪人乘此，播為風謠，鼓動全臺。閩人曰：『粵人至矣！』粵人曰：『閩人至矣』，結黨成群，塞隘門，嚴竹圍，道路不通，紛紛搬徙。匪人即從此焚其廬舍，搶其家資。哭聲遍野，火光燭天，互相鬥殺，肝腦塗地。」〔註46〕《臺案彙錄乙集》載：「細訪其故，因臺灣向多匪類，俗稱羅漢腳，最為民害，遇事生風，今乘漳泉互鬥，從中煽惑。在漳莊則呼泉人欲來焚搶，在泉莊則呼漳人即至圍殺，以致人心驚惶，小莊逃依大莊保護，其小莊房屋空虛，匪類乘機焚搶。」〔註47〕遊民除了造謠煽動族群械鬥外，時常還直接參與械鬥。例如，乾隆四十七年（1782 年），大里杙的林慊率眾出莊械鬥，「四鄉羅漢腳從而附和。」〔註48〕道光十三年（1833 年）在竹塹一帶，漳、泉、粵三籍都雇傭遊民防守村莊，這些遊民「不受約束，互相攻莊，至散時勒價不遂，肆行焚燒。」〔註49〕咸豐三年（1853 年）漳泉械鬥，「其時彰化無籍遊民，多相率至淡水受雇，即泉屬所雇者已不下萬人，屯營相望，積欠雇費甚多，已成欲罷不能之勢。」〔註50〕

〔註45〕黃典權：《臺灣南部碑文集成》，大通書局，1987 年，第 417～418 頁。
〔註46〕陳淑均：《噶瑪蘭廳志》，卷五，（上），臺灣文獻叢刊第 160 種，臺灣銀行經濟研究室，1963 年。
〔註47〕《臺案彙錄乙集》，內閣抄出臺灣總兵金蟾桂奏摺，第 246 頁。
〔註48〕黃仕簡奏，乾隆四十七年十二月二十八日，錄副。
〔註49〕《清宣宗實錄》，卷231，道光八年正月癸亥，第 17 頁。
〔註50〕林豪：《東瀛紀事》，臺灣文獻叢刊第 8 種，臺灣銀行經濟研究室，1957 年。

遊民不僅在漢人村莊內鼠竊狗偷、煽造事端，有時也竄進原住民番社內行兇作惡，製造麻煩。清代原住民與漢人之間經常發生的侵墾霸耕糾紛，有不少其實就是漢人遊民所為。例如，乾隆五十三年（1788 年）遊民范阿添等竄入巴則海族岸里社內，逆亂踩躪，霸耕舞弊。

> 為稟請示禁竊岸里等社承管番業，悉蒙皇恩免徵。自墾口糧田園，社番輪撥守隘，不暇自耕，暫贌漢人代耕，二、三年限滿取回，如贌約無通事蓋戳，即以違例私贌論。近有社棍范阿添等盤踞該社，窺番愚暗，籍逆亂踩躪之後，勾潛逸匪。私贌番田，謀詞架控，先發制番，霸耕舞弊，難以枚舉，若不稟請示禁，將來許訟滋事，累番無底。理合稟請，叩乞恩准示禁，並飭社差押逆社棍，清查逸匪挐究，俾地方寧謐，民番得安等情到分府。據此，除批示外，合行示諭。為此，示仰民番人等知悉：爾等所有承贌番業，限期已滿，應以向番再贌，必須蓋用通土戳記，不得私相授受，致滋事端，如社棍及逸匪等項奸徒盤踞番社，許該通土民番人等據實指名，稟赴本分府以憑追究，斷不姑寬，各宜凜遵，勿違，特示。〔註 51〕

嘉慶十八年（1813 年）三月彰化縣石岡地區的巴則海族山頂社竟然因不堪漢人遊民抬屍株累而逃散搬遷殆盡，以致於彰化知縣不得不出具示諭，安撫社民。

> 署福建臺灣府彰化縣正堂卓異候升加一級李為剴切曉諭事。照得本縣於三月初七日親詣山頂社相驗，當查該社番男婦俱各逃散，殊堪詫異。除箚敕總通事外合行出示曉諭，為此示仰該社番人等知悉。爾等務須守法歸社，毋得妄行搬徙。所有漢民屍親，亦不許籍命吵擾，致滋事端。其命案內被告人等，即隨同通士赴案質訊。蓋人部只有一抵，本縣亦斷不株累無辜，倘案有名之犯，日久抗逃拿獲，定當重究。各宜凜遵毋違。特示〔註 52〕

其實，遊民在清代臺灣社會中是個弱勢群體。他們無田宅，無妻子，衫褲不全，只得「遊食四方，風餐露宿」，其中，不少人「流落疲病，卒於路旁」，甚為悲慘。為了生存下去，他們不得不幹些鼠竊狗盜、攔路搶劫，甚至移屍

〔註 51〕 陳炎正：《清代臺灣墾務糾紛之初探——以岸里社為例》（上），《臺灣源流》，第 19 期。

〔註 52〕 《臺灣中部地方文獻資料》，嘉慶十八年曉諭，《臺灣文獻》，第 34 卷第 5 期。

圖累的勾當。然而，他們的這些行徑嚴重地擾害了民眾的日常生活，破壞了族群關係的和諧，造成了社會的不穩定。其實，清代臺灣原漢間不時發生的番租糾紛、侵墾霸耕等小規模族群衝突，絕大部分都是遊民所引發。可以說，遊民的不義行徑使得整個漢民族在清代臺灣開發史中背上了欺壓臺灣原住民的罵名。

綜上所述，官府、通事與遊民在清代臺灣原漢關係中充當的角色不同，影響力也各有所異。官府作為原住民與漢人的統治者，力圖從宏觀上對原漢關係進行調控。但由於官府出於防範漢人之目的，一味在臺推行旨在阻礙原漢間經濟文化交流的族群隔離政策，結果導致其在原漢關係處理上顯得顧頇無能，始終處於被動應付的地位。

通事雖是由民間自然衍生，但因獲得官府的認可，也具有半官方的身份。通事熟悉原漢雙方的語言與風俗，並且在番社中一般都有較高的威望。通事所具備的條件使得他們有能力在原漢關係中承擔起本應由官府履行的責任。他們牽線搭橋，促使原漢合作，並耕共處，增強彼此經濟文化交流；招佃墾耕，加快臺灣開發速度；招納熟番力量，化解社會動亂；等等，通事的這些行為在某種意義上說，是在領引民間力量與保守的官方進行較量。當然，由於通事良莠不齊，其中不乏作奸犯科、遊手好閒之徒，這些人肆意盤剝原住民，給原漢關係造成負面影響，同時也給通事群體自身帶來污名。不過，就歷史事實來看，清代通事引發的原漢衝突次數甚少，影響不大。通事在原漢關係中的正面作用要遠大於負面作用。

遊民作為臺灣社會中的弱勢群體，他們的處境令人同情。不過，他們因生活所迫而幹的偷雞摸狗，攔路搶劫，甚至移屍圖累勾當，卻嚴重破壞了原漢間的和睦相處關係。其實，清代臺灣原漢間不時發生的番租糾紛、侵墾霸耕等小規模的族群衝突，絕大部分都是遊民所引發。可以說，遊民的不義行徑使得整個漢民族在清代臺灣開發史中背上了欺壓臺灣原住民的罵名。

總之，在清代臺灣原漢關係處理上，官府表現得相當被動與無能；通事影響最大，且多為正面作用；遊民則純粹是麻煩製造者。

第四章 在無奈與理性之間：平埔族群的遷徙

臺灣平埔族群在清代常有遷移他處，別置生業的現象，特別是在嘉、道年間還掀起了移居宜蘭、埔里和後山的高潮。對於平埔族群的遷徙問題，前輩學者已有所研究。例如，李亦園曾將嘉、道年間平埔族群的大遷徙分為：中部平埔族群移居宜蘭、中部平埔族群移居埔里、北部平埔族群移居花蓮和臺東、南部平埔族群移居後山等四次遷徙。〔註1〕李院士的這個觀點在學界影響深遠，屢為後繼者所沿用。再如，潘英認為平埔族群的遷徙曠古以來即有之，而不能僅僅指嘉、道年間的大遷徙。他結合平埔族群的分佈狀況，按照南部、中部、北部三個區域分別闡述平埔族群的遷徙境況。〔註2〕至於遷徙的原因，論者多認為是由於平埔族群遭受漢人的欺壓，其賴以為生的土地被漢人侵佔殆盡，只得背井離鄉，另覓棲身之所。然而，筆者在檢閱相關資料後發現：清代臺灣拓墾中平埔族群的遷徙甚為頻繁和普遍，嘉、道年間的大遷徙只是其無數次遷徙行為中路途最為遙遠、規模最大的幾次而已。導致平埔族群遷移的原因甚眾，漢人壓迫僅是其中之一。

第一節 社域內遷徙與社域外遷徙

臺灣平埔族群素有遷社習俗，其遷徙形態以路途的遠近為標準，可分為「社域內遷徙」和「社域外遷徙」兩種。所謂「社域內遷徙」是指遷移路途較近，一般不侵犯其他族社的領地，且常是個別番社的行動。「社域外遷徙」

〔註1〕李亦園：《從文獻資料看臺灣平埔族》，載《臺灣土著民族的社會與文化》，聯經出版事業公司，1982年，第51頁。

〔註2〕潘英：《臺灣平埔族史》，南天書局，1996年，第165頁。

是指遷移的規模較大，組織性強，路途遙遠，主要是指嘉、道年間平埔族群移居宜蘭、埔里和後山的活動。

一、社域內遷徙

　　平埔族群原本的生產方式是以漁獵為主，遊耕為輔。他們在某地生活日久，獵物減少或地力衰退，便會捨棄舊社，另築新社以居。《諸羅縣志》載：「番社歲久或以為不利，則更擇地而立新社以居。將立社，先除草栽竹，開附近草地為田園。竹既茂，乃伐木誅茅。室成而徙，醉舞酣歌，互相勞苦。先時，舊社多棄置為穢墟，近則以鬻之漢人。」〔註3〕平埔族群的這種「逐地力而徙」，通常是在其勢力範圍之內，不作長途跋涉去侵犯其他族社的地盤，可謂「社域內遷徙」。由於平埔族群支系龐雜、族社眾多，加之遷移頻仍，又無文字記載，所以現今要完整而準確地考證其社域內遷徙軌跡已無可能。在此筆者不妨參考前輩學者的研究成果，從南至北簡要勾勒清代臺灣平埔族群的社域內遷徙情形。

　　南部西拉雅族的遷移，臺灣學者潘英作了較為詳細的考證、整理。他認為西拉雅族新港社群的發源地有二，一為在安平海濱的大員社，一為在原安平北方北汕尾青木礐的赤崁社。1624年荷蘭人佔領安平後，大員社被迫他遷，或南遷噍吧那港，或東遷番仔車路，或東遷大灣，或經上述三地，或直接東遷到舊社街。明鄭時期，由於大陸移民的大量移入，部分移居舊社西南的二甲（同鄉沙崙村），大半東移至番社（龍崎鄉大坪村），並散佈於營盤頂（高雄縣田僚鄉西德村）、狗勾崑（同鄉崇德村）、古亭坑（同鄉古亭村）等地。赤崁社有隙子口、卓猴、新港三個支系。隙子口社在荷據時代之前已移居隙子口（山上鄉），再溯潭頂溪而上，移居山豹（左鎮鄉），越山居許縣溪上游的紅水仔、考潭、至苦苓湖（龍崎鄉龍船村）。卓猴社也在荷據時代之前即遷至卓猴，後又與新港社同時移居左鎮崗子林、草子頂、柑子園、過嶺、山豹等地，再越烏山嶺，移居羅漢內門，佔有木柵、內埔一帶。〔註4〕新港社的原

〔註3〕周鍾瑄：《諸羅縣志》，卷八，「風俗志」，臺灣文獻叢刊第141種，臺灣銀行經濟研究室，1962年。

〔註4〕吳新榮認為卓猴社先移至芋匏、木崗及其附近，後又移到大湖附近的海邊「白大」。後來被被漢人驅逐，又經過深水及嶺口而移到旗山地方的溪洲附近一帶，再移到口溢、尾莊、大埔、溝坪等地。吳新榮：《南臺灣采風錄》，遠景出版公司，1981年，第134～135頁。

居地在新市鄉番子厝，即新店，其支社則分佈於今鹽水溪、荖寮溪、二仁溪等流域。後來，新港社的部分社民由知母義、關廟，輾轉遷移到左鎮岡子門、旗山、內門等地，其遷移路線大致是溯曾文溪而上，散佈於荖寮溪上游各地，朱一貴事件後又有部分遷到二仁溪流域的石曹、龍船窩，再遷到高雄縣內門鄉的木柵等地。道光中，再與漢人聯合，入墾魯凱族所在的東勢埔莊，其在內門鄉的居地大多是奪自魯凱族。

大目降社原居地在今臺南縣新化鎮，荷人據臺後為方便控制，陸續遷其社民至新港社境內。不過，後來他們又大多遷回原社址附近的知母義，也有部分遷入左鎮岡子林及今高雄縣內門鄉。〔註5〕

西拉雅族中的大武壠系統，亦稱四社平埔，包括頭社、二社、霄里、茄拔、芒仔芒等社，原居地在烏山山脈西麓，曾文溪之平原地帶，即今臺南縣善化、大內、玉井等鄉鎮境內。大武壠系統可能很早便已為西拉雅族所壓迫，逐漸從善化、大內一帶，遷移到玉井。清朝時期，大批漢人來臺，西拉雅族首當其衝向中央山脈山腳地帶遷移，在乾隆年間已經逐漸遷到臺南東方至旗山北方間的丘陵地帶，大武壠系統則再受西拉雅族與漢人的壓迫，自乾隆初年至乾隆四十年代，遷到荖濃溪及楠梓仙溪沿岸地方，鄒族則被大武壠系統驅逐至荖濃溪上游的山地。〔註6〕大武壠系統遷移的具體情況，吳新榮曾作了研究。他認為大武壠頭社是被蕭壠社群的大武壠社，由今大內鄉頭社驅逐到今玉井鄉中正村及竹圍村一帶，乾隆九年（1744年）左右，再遷到溪東、阿里關、羌黃埔、甲仙埔、四社寮等地，也有部分遷至今南化鄉，而大武壠二社也於同一時期由玉井遷到甲仙、六龜、杉林等地。茄拔社故地在今善化鎮茄拔地方，其地被目加溜灣社侵佔後，先遷到楠西，再遷到頂公館、蜈蜞潭、紅毛村、匏子寮、大邱園、八張犁等地。霄里社故地在玉井鄉口霄里及噍吧哖附近一帶，後為噍吧哖社壓迫而遷到杉林鄉的茄苳湖、泉漧、山杉林、山杉林角等地。芒仔芒社故地在今玉井鄉三和村，後移到六龜的向竹、頂荖濃、下荖濃、大苦苓、紅水坑、枋寮、水冬瓜、獅頭額、六龜里、舊莊、狗寮、二坡子等地。〔註7〕

學界對中部平埔族群的社域內遷徙尚缺乏深入研究。目前業已經學者考證出的遷移有：洪雅族的貓羅社於雍、乾年間從原居地彰化縣芬園鄉舊社村，

〔註5〕潘英：《臺灣平埔族史》，南天書局，1996年，第167～172頁。
〔註6〕洪敏麟：《臺灣省通志》，第九冊，臺灣省文獻委員會，1972年，第10頁。
〔註7〕吳新榮：《南臺灣采風錄》，遠景出版公司，1981年，第133頁。

遷至貓羅溪東岸建立茄荖社，後來又遷到今南投縣草屯鎮番仔田、北投等地。〔註8〕巴布薩族的柴仔坑社原在大肚溪口的伸港鄉，後來移至彰化市國聖里。巴則海族的岐仔社，先從神岡、豐原附近北移到今臺中縣後里鄉公館村，建中社，道光二十五年（1845年）再向鯉魚潭、卓蘭方向遷移，在今苗栗縣三義鄉鯉魚村番仔城建社。該族的麻薯社部分族人於道光年間向鯉魚潭、卓蘭方向遷移，並在今苗栗縣卓蘭鎮建卓蘭社，在今大湖鄉建搭建社。〔註9〕道卡斯族的貓盂社於乾隆三十七、三十八年間（1772～1773年）從舊址苑里鎮貓盂遷到今通霄鎮福興里，初稱興隆社，後改稱福興社。乾隆十四年（1749年），竹塹舊社因竹塹溪（即頭前溪）溪水氾濫，遷移到金門厝與鳳山崎兩溪交錯之地，稱竹塹新社，社民散居於今新社、番仔陂、馬麟厝、北勢、蔴園、霧侖、毛毛埔等處打獵耕種。〔註10〕咸豐四年（1854年）客家人與閩南人發生分類械鬥，社民被肆擾，而散居竹塹堡之番子陂、犁頭嘴等莊及竹北堡之枋寮、新埔、鹹菜硼等莊，留在新社的不過三四戶而已。光緒年間，有的竹塹社民更移入深壢方面的大隘各社，或五指山腰及南莊山內，與高山族群雜居。〔註11〕《新竹縣採訪冊》中對於竹塹社的遷移情況如是記載：「竹塹社未歸化之先，本在香山，後遷於竹塹，再遷於舊社。至乾隆年間，始遷今所。……自乾隆以來，番皆聚居新社。咸豐四年閩粵分類，番被肆擾，皆散居竹遷堡之番子陂、犁頭嘴等莊及竹北堡之枋寮、新埔、鹹菜甕等莊，其留居新社者，今不過三、四戶而已。又查竹塹堡番之未歸化者，皆散入內山。其初歸化之時，番性未馴，有番丁潛入竹北堡之新埔山設伏殺人，因名其地為殺人窩。漢人知之，群問土目理較，該番等亡入五指山，復為生番。今竹塹堡五指山一帶及竹南堡獅里興一帶之番，俗稱合番子者，蓋皆其種類云」。〔註12〕

北部的凱達格蘭族沒有發生像其他平埔族群那樣的大規模、遠距離的民族遷移，但社域內遷徙卻普遍存在。據潘英研究，凱達格蘭族社域內遷徙可

〔註8〕 洪敏麟：《臺灣舊地名之沿革》，第二冊，（下），臺灣省文獻委員會，1984年，第306～307頁。
〔註9〕 洪敏麟：《臺灣省通志》，卷八，「同胄志·族群分類分佈篇」，第一冊，臺灣省文獻委員會1972年，第20～22頁。
〔註10〕 王世慶、李季樺：《竹塹社七姓公祭祀公業與採田福地》，載《平埔研究論文集》，中央研究院臺灣史研究所籌備處，1995年，第129頁。
〔註11〕 （日）波越重之：《新竹廳志》，新竹：新竹廳總務課，1906年，第185頁。
〔註12〕 陳朝龍：《新竹縣採訪冊》，臺灣文獻叢刊第145種，臺灣銀行經濟研究室，1962年。

考者如下：乾隆初，在今汐止鎮水返腳的蜂仔峙社，移到鄉長坑谷及叭嗹港；乾隆中葉，漢人拓墾的腳步趕到，又被迫移到基隆河對岸的山區。大約同一時期，搭搭攸社由今臺北市松山區基隆河南岸的下搭攸，遷到上搭攸以及基隆河北岸的北勢湖地方。里族由基隆河西岸，遷到基隆河北岸的內湖區，成立新里族社。雷里社由今臺北市豐圍區全德、壽德、興德、美德等里，南遷到相距四公里的新店溪南方，與秀朗社合併形成雷朗社。小雞籠社的一部分由今三芝鄉小基隆與石門鄉富貴角打賓海岸，遷到東方的田寮港附近。大雞籠社的一部分由基隆市港口附近，遷到社寮島，形成社寮社。三貂社於道光年間，由今貢僚龍門村，遷到新社。奇武卒社於咸豐九、十年間（1859～1860年）由今延平區及大同區間，遷到北方基隆河岸的芝蘭一堡大直莊。南崁社由今桃園縣蘆竹鄉山鼻村番子厝，遷到東方的番子窩、頂莊、羊稠等地，坑仔社由蘆竹鄉南崁北方坑仔附近遷到頂社、外社。霄里社由今八德鄉竹園、霄里二村，於乾隆年間，一部分遷到新竹縣竹北鄉蕃子僚及苗栗縣三灣鄉銅鑼圈。〔註 13〕

　　噶瑪蘭族在宜蘭平原上的移居地主要有二處：一為今頭城鎮港澳、梗枋、大溪，以及礁溪鄉白石腳，遷往者有新仔罕社、打馬煙社、奇立丹社、淇武蘭社、武暖社、抵美抵美社和打那岸社；二為今三星鄉叭哩沙，遷往者有抵美福社、歪仔歪社、打那美社與打朗巷社。〔註 14〕此外，打那美社、打朗巷社、加禮宛社的一部分，遷到北方澳；打朗巷社的一部分及利澤簡社，於咸豐年間遷至加禮宛社原址。

二、社域外遷徙

　　自嘉慶末年起，臺灣平埔族群興起了一股向埔里盆地、宜蘭平原和臺東沿海地帶移民的高潮。這次遷徙的特徵表現為規模較大，組織性強，路途遙遠。

（一）移居宜蘭

　　「九年，有彰化社番首潘賢文、大乳汗毛格犯法，懼捕，合岸里、阿里史、阿束、東螺、北投、大甲、吞霄、馬賽諸社番千餘人，越內山逃至五圍，

〔註 13〕潘英：《臺灣平埔族史》，南天書局，1996 年，第 214～215 頁。
〔註 14〕洪敏麟：《臺灣舊地名之沿革》，第二冊，（下），臺灣省文獻委員會，1984 年，第 393～394 頁。

欲爭地。阿里史眾強而鳥槍多，漳人不敢鬥，相與謀，阿里史無糧，不若助之粟而散其眾。乃陽與和，分置諸番而食之。阿里史眾喜，漸乃換買其鳥槍幾盡。阿里史乃弱，悟悔而無如何。十一年，山前漳、泉械鬥，有泉人走入蛤仔難者，泉人納之，亦與漳人鬥，阿里史諸番及粵人本地土番皆附之，合攻漳人，不勝，泉所分地盡為漳有，僅存溪洲。鬥幾一年始息。阿里史諸社乃自開羅東居之，潘賢文為之長。十四年，漳、泉又鬥，漳人林標、黃添、李觀興各領壯丁百人，吳全、李祐前導之，夜由叭哩沙喃潛出羅東後徑攻之，阿里史眾驚潰，走入土番社內，漳人遂有羅東；已復和泉人，乃自溪洲沿海開地至大湖。粵人乃至東勢開多瓜山一帶。」〔註15〕這是姚瑩在《東槎紀略》裏對中部平埔族群移居宜蘭的記述。據此可知，當年移居宜蘭的有洪雅族的北投社、巴布薩族的東螺社和阿束社、巴則海族的岸里社和阿里史社、道卡斯族的大甲社和吞霄社以及族屬未明的馬賽社。

　　據考證，他們遷移宜蘭的路線，可能是由大甲溪南岸，進入東勢、卓蘭交界最矮的地方，翻山進入現在的卓蘭——所謂苗栗內山，即大湖、獅潭、三灣一帶，過中港溪，上斗換坪（三灣與頭分之間），過竹東丘陵，在金門厝溪（頭前溪或鳳山溪的支流）上游溪灘露營休息，而不敢靠近海線新竹；再從關西、新埔之間過，從桃園臺地丘陵最高處，彎入今復興鄉大料崁溪，之後進入宜蘭，從今礁溪、員山鄉一帶進入平原，再直接來到五圍。〔註16〕不過，中部平埔族群移居噶瑪蘭的境遇並不順利。誠如姚瑩所述，初入宜蘭時，他們雖勢力強盛，但卻為漳人所騙，鳥槍幾盡，元氣大傷。後來參與漳、泉械鬥，又不幸失敗。羅東失守後，族眾潰散，除了阿里史、阿束二社大部分仍留居偏僻叭哩沙外，其餘族社可能大多又遷回故里。〔註17〕

（二）移居埔里

　　如前所述，埔里盆地的原住民經郭百年等侵墾掠殺後，勢力大衰，「社仔、社番被逐，併入頭社，貓蘭併入水里社，而哆喀唧、福骨兩社與沙里興

〔註15〕姚瑩：《東槎紀略》，卷三，「噶瑪蘭原始」，臺灣文獻叢刊第7種，臺灣銀行經濟研究室，1957年。
〔註16〕詹素娟、張素玢：《北臺灣平埔族群史》，臺灣省文獻委員會，2001年，第34頁。
〔註17〕洪敏麟：《臺灣省通志》，卷八，「同胄志・平埔族篇」，第9冊第7頁，洪敏麟：《臺灣舊地名之沿革》，第一冊，臺灣省文獻委員會，1980年，第439～441頁。

為鄰，混入凶番。眉里、致霧、安里萬三社亦暗通凶番以自固。埔里人少，雖與水裏和睦，而不能救援，甚自危。」〔註18〕道光三年（1823年）鄧傳安巡視埔里時，也證實了這種情況：「余經至處，已見三社為墟，疑他處亦有似此者，過埔里社見其番居寥落不及十室，詢之被漢民擾害後，社益衰，人益少。」〔註19〕

　　道光三年（1823年），中部平埔族群開始移居埔里盆地。據雙方簽訂的《公議同立合約字》記載，當時入埔的平埔族群共有五族十四社，分別是岸西社、岸里社、貓羅社、南水二社、中北社、南投社、阿里史社、北投社、貓霧捒社、十八另雲社、翁仔社、烏牛欄社、麻里蘭社、樸仔離社等。茲將《公議同立合約字》抄錄於後。

　　　　為公議同立合約字岸西社原通事潘阿沐、土目潘德慶、岸里社
　　　總通事阿沐都滿、貓羅社通事田成發、土目徐明源、隘丁首李甲蚋、
　　　南北二社通事轆仔球、土目阿眉錦、烏肉武鳌、業戶貴千龜律、上
　　　港烏，中北社通事大宇漢泰、社主烏鴨九、土目愛箸武澤、南投社
　　　通事吳天送、隘丁首潘八、阿里史社總隊目潘後肉、原通事潘仕安、
　　　原屯弁阿四老六萬、潘萬成、北投社通事余蔚、土目金龍、原屯弁
　　　乃貓詩、羅良、淡連順、社主朗買奕、蕭榮，貓霧捒社通事高光湖、
　　　阿六萬興，土差蒲氏政、六萬成十八另雲社副通事潘文格、打必里
　　　古老、翁仔社土目潘信文、貴秀、烏牛欄社土目阿打歪斗肉、阿四
　　　老該旦、茅達，麻里蘭社土目潘秀元、樸仔籬等社土目阿沐阿都奴
　　　等，切聞自古聖王重民，五教惟食為先，沐等各社番黎僻處臺灣，
　　　荷蒙皇仁入版圖，所有草地歸番掌管，聽番開墾，或招漢人佃定納
　　　大租以充瞙養，於乾隆五十三年社番隨軍有功，設立屯丁，界外山
　　　埔歸屯墾種，劃定屯額，收管屯餉，而屯租寔在缺額。無如番性愚
　　　昧，易瞞易騙，而漢佃乘機將銀鉺借，所有各社番田園俱歸漢人買
　　　瞙殆盡，其大租又被漢佃侵佔短折，隘糧屯餉有名無寔，隘番屯番
　　　拐枵腹赴從公，飢寒交迫，逃散四方。沐等會集各社通事土目，酌

〔註18〕姚瑩：《東槎紀略》，卷一，「埔里社記略」，臺灣文獻叢刊第7種，臺灣銀行
　　　　經濟研究室，1957年。
〔註19〕周璽：《彰化縣志》，卷十二，「藝文志」，「鄧傳安水沙連紀程」，臺灣文獻叢
　　　　刊第156種，臺灣銀行經濟研究室，1962年。

議欲爲社而安居，先爲番謀食。爰相邀四處尋踏，有界內山後東南勢溪頭茅埔一所，原爲社番打牲捕鹿之區，地坦土膏，堪開闢資生以裕口糧，以補屯租缺額。是以鳩集公議，各社抽撥壯番，自備資斧，往彼開墾，除荊棘闢草萊，俟開荒成田，然後丈劃定額歸隘歸屯，屯餉隘糧兩無虧缺，則衣食有資，可以策應奉公赴辦，但恐各社番丁眾志不一，爭長競短，始勤終怠，爰是公同議立合約，凡我同約番親，須當約束本社番黎竭力開墾，創所有開墾成田成園，按照各社番丁口灶丈量均分，毋許侵入內山擾動生番，毋許恃強凌弱，毋許引誘漢人在彼開墾，毋許僱雇漢人在地經營，若有不遵，鳴眾革逐。倘有公事應費銀元，議約公同墊出，付頭目之番使費，不得退悔。恐口無憑，同立合約字十四紙一樣，付各社通土各執一紙存炤。〔註20〕

　　道光三年（1823 年）之後，中部平埔族群仍然源源不斷地移居埔里，前後陸續遷入者達三十餘社之多。不過，除了道光三年那次遷移富於組織性外，其餘的均是以化整爲零的方式分年分批進行。洪敏麟先生曾列表陳述各個番社入埔的時間、領導頭目以及居住部落情況。現引錄如下：

表四：平埔族群入埔的族社與時間表〔註21〕

原社名	族群名	入埔年別	領導頭目	居住部落
北投社	洪雅族	道光三年	Vutsuneyen	監土、枇杷城、水頭、中心仔、十一份、白葉坑、九欉楓
南投社	洪雅族	道光三年	Vutsuneyen	水頭、牛洞
阿里史社	拍宰海族	道光三年	Tanroakie	阿里史、虎仔耳、楓仔城
烏牛欄社	拍宰海族	道光三年	Atawaimane	烏牛欄
雙寮社	道卡斯族	道光三年	Poan'sun	雙寮
日北社	道卡斯族	道光三年	Tan'poaki	日北、水圍城、下史港坑、上梅仔腳

〔註20〕劉枝萬：《南投縣志稿》，「沿革志」「開發篇」，成文出版社，1978 年，第 39～41 頁。

〔註21〕洪敏麟：《臺灣省通志》，臺灣省文獻委員會，1972 年，第 20～22 頁。

原社名	族群名	入埔年別	領導頭目	居住部落
葫蘆墩社	拍宰海族	道光五年	Taovohara	牛眠山
蔴薯舊社	拍宰海族	道光五年	Taovohara	牛眠山
社寮角社	拍宰海族	道光五年	Taovohara	牛眠山
山頂社	拍宰海族	道光五年	Karaoho	守城份
大馬僯社	拍宰海族	道光五年	Pan'sun	大馬璘
東螺社	巴布薩族	道光九年	Vasin	林仔城
阿束社	巴布薩族	道光九年	Hhai	枇杷城、下梅樹腳
眉里社	巴布薩族	道光九年	—	下梅樹腳
水里社	拍瀑拉族	道光十五年	Ora	水里城
日南社	道卡斯族	道光十六年	Rammao	日南
房里社	道卡斯族	道光二十四年	Kunkya	房裏
馬芝遴社	巴布薩族	道光末年	—	與吉城
貓羅社	洪雅族	道光末年	Ritsuise	文頭股中心仔
斗六門社	洪雅族	道光末年	Tenyen	監土、白葉仔
二林社	巴布薩族	道光末年	Rimkin	與吉城
大湳社	拍宰海族	咸豐元年	Asiro	大湳
水底寮社	拍宰海族	咸豐元年	Asirohoro	蜈蚣崙
大肚社	拍瀑拉族	咸豐三年	Agada	大肚城、生番空
吞霄社	道卡斯族	咸豐十一年	Voguvenson	八股
貓兒幹社	洪雅族	—	—	—
大突社	洪雅族	—	—	—
大武郡社	洪雅族	—	—	—
柴仔坑社	巴布薩族	—	—	—
半線社	巴布薩族	—	—	—

　　埔里盆地因僻處內山，地勢險阻，危崖深谷，逼仄難行，〔註22〕中部平埔族群入埔的路徑通常只有兩條：南路自集集由濁水溪上溯，越土地公鞍嶺，

〔註22〕連橫：《臺灣通史》，商務印書館，1983 年，第 113 頁。

經水沙連（今日月潭地區）而入，原居地較南的番社，如東螺社、貓兒幹社、眉里社、南投社等皆走此路。北路則由草屯溯烏溪，北港溪及眉溪以入。〔註23〕但是，位於較北的番社卻不一定走北路，因為北路地形崎嶇，夏季又有激流，而且該路處於泰雅族的活動區域內，危險性極高，故也多由南路經水沙連入埔。〔註24〕姚瑩在《埔里社記略》中說：「烏溪為入社北。自彰化縣東之北投北行，過草鞋墩，至內木柵、阿發埔，渡溪東北行至火焰山、下五里過大平林、入出十里，逾內龜洋，至外國勝埔，更渡溪而南二十五里，至埔里社。自水沙連入，可兩日程。北路為近，然常有凶番出沒，人不敢行，故多從水沙連入。」〔註25〕此外，尚有條從水底寮翻越山脈，沿北港溪谷進入埔里的線路。不過這條路徑開通的時間較晚，時間大約是道光二十年（1840年）左右，由此路入埔者主要是巴則海族樸仔離社民。〔註26〕

（三）移居後山

清代臺灣後山所包括的範圍，據《臺灣輿圖》的「後山輿圖說略」載：「後山自蘇澳以南至得其黎……至新城、岐萊……歷花蓮港、吳全城、大巴籠、周塱社而至水尾得所謂秀孤巒者……至沿海大港，西至璞石閣而歷平埔大莊、石牌以達卑南。」〔註27〕即中央山脈以東，北起蘇澳，南至八瑤灣的區域，也就是今花蓮縣、臺東縣全境與宜蘭蘇澳鎮南部、南澳鄉、屏東縣獅子鄉東部、牡丹鄉東部及滿洲鄉東部八瑤灣以北的一部分。〔註28〕後山地區自古是高山族群的活動區域。《臺灣番社考》曰：「第生番俱在臺灣之東，俗名

〔註23〕 張隆志：《族群關係與鄉村臺灣：一個清代臺灣平埔族群史的重建與理解》，國立臺灣大學出版委員會，1991年，第206頁。

〔註24〕 邱正略：《清代臺灣中部平埔族遷移邊移埔里拓墾之研究》，東海大學歷史研究所碩士論文，1992年，第177～178頁。

〔註25〕 姚瑩：《東槎紀略》，卷一，「埔里社記略」，臺灣文獻叢刊第7種，臺灣銀行經濟研究室，1957年。

〔註26〕 道光二十一年（1841）臺灣道熊一本奏曰：「眉社有阿里山熟番百餘人新近潛入該社私墾數百甲，又淡水岸里樸仔社熟番數百人，因傳聞開墾，亦由內山潛入埔社私墾。」丁日健：《治臺必告錄》，熊一本「條覆籌辦番社議」，臺灣銀行經濟研究室，1958年，229頁。

〔註27〕 夏獻綸：《臺灣輿圖》，臺灣文獻叢刊第45種，臺灣銀行經濟研究室，1959年。

〔註28〕 潘繼道：《清代臺灣後山平埔族移民之研究》，稻鄉出版社，2001年，第1～2頁。

山後，亦曰內山。」〔註 29〕其地自北至南大致分佈著高山族群中的泰雅族、阿美族、布農族、卑南族、魯凱族、排灣族。但是，自清朝道光年間起，臺灣南部的馬卡道族和宜蘭平原上的噶瑪蘭族開始陸續向後山遷移。

　　道光九年（1829 年），馬卡道族的武洛、搭樓、阿緱等三個番社，共 30 餘戶，約 300 餘人，由族長杜四孟、陳溪仍、潘阿枝等率領離開故土，先向南方退卻至枋寮，後又翻越中央山脈，經巴望衛（今臺東縣大武鄉大武村），向北遷移至寶桑（今臺東市）。當時，此地已居有勢力強大的卑南族，為了求得居住之所，他們試圖以牛、豬、酒等物品換取土地，可是卑南人在盡收禮物之後卻仍不讓他們在寶桑永久居住。〔註30〕道光十六年（1836 年），因不堪卑南人的凌辱，他們又舉族溯卑南大溪北進至秀姑巒阿美人的地盤。為了爭奪土地，他們與阿美人展開激烈爭鬥，最後，阿美人戰敗，他們就在秀姑巒溪的西岸建立了大莊（今花蓮縣玉里鎮長良里）。同時，為了消除強悍的布農人的威脅，他們以牛、豬作為禮品，修睦於鄰近的布農族巒番。耕種三年後，因人手不足，決定挑選 20 餘名族人回故里招徠同族。這些人在布農族巒番的引導下，順利通過布農族郡番的地界，由里壠（今臺東縣關山鎮）溯新武呂溪，越過中央山脈，到達荖濃溪流域及下淡水流域，招得同族 12 家，包括大傑顛社、新港社、四社平埔，共來大莊墾耕。〔註 31〕至此，大莊的平埔族群戶數達到 40 餘家。爾後，生活日漸改善，其他平埔族群社民獲悉，紛紛前來，使得人口激增，勢力壯大。〔註32〕道光二十二年（1842 年），大莊的平埔族群社民聯合卑南人攻打秀姑巒溪東岸的阿美族人，結果，阿美族人再次戰敗，退出居住地，逃往北方建立了烏漏社（今花蓮縣瑞穗鄉鶴岡村）、沙荖社（今花蓮縣光復鄉南富村沙荖社區）。於是大莊平埔族群兼併其地，在秀姑巒溪東岸新建大莊（即花蓮縣富裏鄉東里村），大部分族人都移住到大莊，一小部分

〔註29〕鄺其照：《臺灣番社考》，載《臺灣輿地匯鈔》，臺灣文獻叢刊第216種，臺灣銀行經濟研究室，1965 年。

〔註30〕駱香林主修：《花蓮縣志稿》，卷三，「民族」，花蓮縣文獻委員會，1959 年。今田岩：《大庄の平埔族》（一），（南方土俗），第 2 卷第 2 號，1933 年，第77 頁。伊能嘉矩：《臺灣蕃政志》，第 298 頁。潘繼道：《清代臺灣後山平埔族移民之研究》，稻鄉出版社，2001 年，第 111 頁。

〔註31〕（日）安倍明義：《臺灣地名研究》，蕃語研究會，1938 年，第 13 頁。

〔註32〕潘繼道：《清代臺灣後山平埔族移民之研究》，稻鄉出版社，2001 年，第 126頁。

人則移住蠻人埔（花蓮縣富里鄉萬寧村），而秀姑巒溪西岸的大莊則改稱為舊莊。〔註33〕

　　道光中葉，馬卡道族的阿緱社由名叫 Syavu 的族人率領，南遷瑯嶠（今恒春），與卑南族的龍巒社訂立合約，以水牛換得土地定居，稱瑯嶠平埔。後因缺乏水利，一部分族人東遷射馬里（今滿州鄉永靖村）丘陵地帶，與卑南族射馬里社定和約，互相通婚而雜居。又有一部分人北遷四重溪峽谷（今車城鄉溫泉村）。該社頭目陳阿三的回憶也證實了這段遷移歷程。「我族原住於鳳山萬丹溪附近，稱 Vavakawa kin 之地，六七十年前為漢人所逐。有名 Syavu 者率眾移住，始遷於今恒春城之地，該地原係龍巒社所有，因與該社番商訂，以水牛換取土地而得居住。當時我族擁有水牛二千頭，務墾耕，後因缺水利之便，一部分北進車城鄉溫泉村，一部分東進滿洲鄉永靖村，射馬里有射馬里社，又與之妥協，且多人娶其子女定居。」〔註34〕

　　咸豐元年（1851年）左右，居住赤山、萬金（今屏東縣萬巒鄉赤山村、萬金村）的馬卡道族放索、加藤與力力等番社，經由陸路來到寶桑，停留八年後，再分成兩路遷徙：一路溯卑南大溪前往大莊（今花蓮縣富里鄉東里村）。他們來到大莊後與先前來的族人協力開墾，但大莊人多地狹，於是一部分族人乃前往公埔、頭人埔、石牌等地拓墾，有些則往觀音山（今花蓮縣玉里鎮觀音里）、媽里隆（今玉里鎮松浦里麻汝部落）、埔麟埔（不詳）、新開園（臺東縣池上鄉錦園村）、陣仔寮、菅頂（不詳）、大坡（今池上鄉大坡村）建立聚落。〔註35〕另一路則渡過卑南大溪到東海岸拓殖。約在同光年間（1874～1875年），又有一部分馬卡道族自海路移至東海岸。他們從赤山乘小船，至成廣澳（今臺東縣成功鎮忠孝里），停居了25日後，又遷往水母丁（今臺東縣長濱鄉三間村）。這兩批移民拓墾的範圍主要在今臺東縣長濱鄉、成功鎮境內。

　　馬卡道族遷往後山的路線有北、中、南三條：北路沿楠仔仙溪或荖濃溪越過中央山脈進入後山。但此路險阻且深入布農族的境域，需要獲得該族的

〔註33〕 林燈炎譯：《大莊「沿革」手寫文獻解說與摘譯》，《臺灣風物》，第37卷第4期，1987年，第112～113頁。

〔註34〕 （日）鹿子木小五郎著，楊南郡譯：《平埔族移民遺事》，自立晚報，1991年12月25日。

〔註35〕 （日）鳥居龍藏：《東部臺灣に栖息する平埔种族》，載《蕃情研究會志》，第2號，1899年，第26頁。

允諾與引導，後來與布農族不和時，此路中斷。中路由枋寮經過大武至卑南，經過較開化的排灣族住地，爲遷移各族群利用最頻繁者。南路由恒春地方沿海岸至卑南社，經過此路至東部者，只有琅嶠平埔。此外，還有少量平埔族群人由水路遷移而來。

道光二十年（1840 年）左右，宜蘭平原上噶瑪蘭族的加禮宛社，聯合打朗巷社、打那美社的一部分人，從蘇澳分水、陸兩路開始移往後山的奇萊平原。陸路經大南澳、得其黎等泰雅族的地界至奇萊（今花蓮港附近地區）；水路由南方澳分乘船和竹筏沿東部海岸南下，在今花蓮市美侖山下的鯉浪港（今美侖溪口）上岸，然後會合陸路前來的族人，卜居於今花蓮縣新城鄉的嘉裏村。因當時移居的族人，以加禮宛社丁口最多，而且又以加禮宛社爲主導，故而以「加禮宛」命名新建的聚落。〔註 36〕其後，隨著丁口增加及陸續遷來者益眾，逐漸形成加禮宛、竹仔林、武暖、瑤歌、七結、談秉等六社。〔註 37〕迨至同治年間，加禮宛的勢力已凌駕於阿美族與泰雅族之上，稱雄於奇萊平原。

後來，加禮宛又繼續向南方發展。一路沿中央山脈與海岸山脈之間的臺東縱谷南下，直至太巴塱，由此更南進時爲泰雅等族所阻；另一路則沿海南下至臺東縣成功鎮思孝里。〔註 38〕光緒四年（1877 年），加禮宛事件後，加禮宛被迫遷到東海岸，建立加路蘭社（今花蓮縣豐濱鄉磯崎村）、新社（今豐濱鄉新社村）、姑律社（今豐濱鄉豐濱村立德部落）、石梯社（今豐濱鄉港口村石梯灣）、打鳥燕社，〔註 39〕並在貓公、大港口、納納諸社與阿美族雜居，或渡秀姑巒溪入成廣澳一帶，與南部遷移而來的馬卡道族，以及由奇密、大港口、納納等處南遷的阿美族混居，共成水母丁、三間屋、馬穢海、城子埔、石坑、掃別、竹湖、澎仔存、石寧埔、沙汝灣、成廣澳等部落。〔註 40〕

爲了便於讀者從宏觀上進一步瞭解清嘉、道年間平埔族群大遷移的情況，現將移居宜蘭、埔里和後山的主要番社繪表示意如下。

〔註 36〕 （日）伊能嘉矩：《臺灣文化志》，（下），東京刀江書院，1928 年，第 883 頁。

〔註 37〕 （日）安倍明義：《臺灣地名研究》，蕃語研究會，1938 年，第 21 頁。

〔註 38〕 潘繼道：《清代臺灣後山平埔族移民之研究》，稻鄉出版社，2001 年，第 115 頁。

〔註 39〕 駱香林主修：《花蓮縣志稿》，花蓮縣文獻委員會，1959 年，第 8 頁。

〔註 40〕 苗允豐：《花蓮縣志》，花蓮縣政府，1974 年，第 7～8 頁。

圖一：平埔族群社域外遷移示意圖〔註41〕

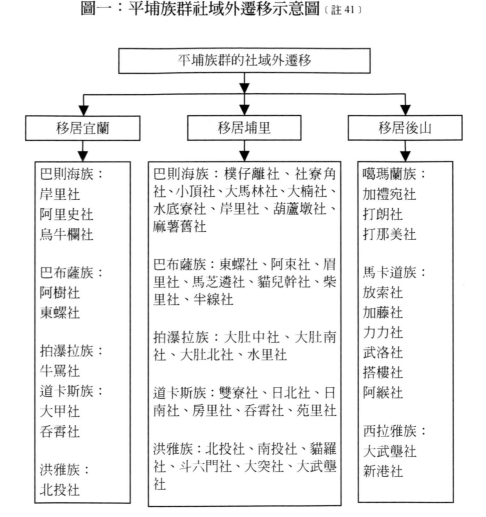

```
                    ┌──────────────────────┐
                    │   平埔族群的社域外遷移   │
                    └──────────────────────┘
```

移居宜蘭	移居埔里	移居後山
巴則海族： 岸里社 阿里史社 烏牛欄社 巴布薩族： 阿樹社 東螺社 拍瀑拉族： 牛罵社 道卡斯族： 大甲社 吞霄社 洪雅族： 北投社	巴則海族：樸仔離社、社寮角社、小頂社、大馬林社、大楠社、水底寮社、岸里社、葫蘆墩社、麻薯舊社 巴布薩族：東螺社、阿束社、眉里社、馬芝遴社、貓兒幹社、柴里社、半線社 拍瀑拉族：大肚中社、大肚南社、大肚北社、水里社 道卡斯族：雙寮社、日北社、日南社、房里社、吞霄社、苑里社 洪雅族：北投社、南投社、貓羅社、斗六門社、大突社、大武壟社	噶瑪蘭族： 加禮宛社 打朗社 打那美社 馬卡道族： 放索社 加藤社 力力社 武洛社 搭樓社 阿緱社 西拉雅族： 大武壟社 新港社

三、「遷移殆盡」的質疑

　　臺灣學界流行一種觀點，認為在清代臺灣拓墾中，經濟文化上居於劣勢的平埔族群在強勢的漢人移民的蠶食鯨吞下，土地喪失殆盡，無以為生，被迫從原居地遷離殆盡。然而，筆者在查閱民間的契約文書與官府的示禁曉諭等資料時發現，這一論斷其實根本站不住腳。例如，嘉、道年間平埔族群大

〔註41〕本圖參考吳梨華的「平埔族之四次大遷徙表」製作。吳梨華：《從文獻資料解讀清代臺灣平埔族的社會文化》，國立臺南師範大學臺灣文化研究所，2004年，第36頁。

遷徙時，洪雅族的大突社遷離到了埔里盆地。然而，以下這則土地文書卻顯示，遲至光緒三十年（1904 年），大突社的原居地——二林上保仍然有大突社番居住。

> 立杜賣盡根契字人二林上保番社潘永和、草、宜生兄弟等，有承父鬮分應得講漕田二段，四至載明上手契內，又乙段在番社伴西至，亦載上手契內，明白年配納番業主大租銀伍角正，今因乏銀費用，先盡問伯叔兄弟侄，不欲承受，外託中引，就與萬興莊陳經觀出首承買，三面言議，值出時價銀伍拾大元正，其銀即日全中交收足訖，其田隨即踏界付銀主起耕掌管，或出贌抵利，不敢阻擋，永爲己業，一賣干休，日後不及言找洗貼贖滋事，保此田係永和兄弟等承父之業，與別人無干，亦無重張典掛他人財帛，並無托欠大租來歷不明爲礙，如有不明等情，和等自應出首一力抵擋，不干銀主之事，此係二比甘願，各無反悔生端滋事，口恐無憑，今欲有憑，立杜賣盡根契字一紙，並繳上手契三紙，共四紙，付執爲炤。〔註42〕

再如，咸豐元年（1851 年）左右，馬卡道族的加藤社從原居地赤山移居後山。可是，直至光緒十五年（1889 年），赤山地方依然有茄藤社民的身影。鳳山縣衙的示禁曉諭中對此有所反映。

> 欽加知府銜陞用清軍府本任寧德縣調署鳳山縣正堂張爲出示嚴禁事。據港東里石峰徑莊邱名福、黎合發、邱阿古、楊合順、洪順和、吳順記、邱協盛等僉稱：竊發等莊中原有泉水圳一條，配灌糧田三十餘甲。邇來河水漲流，常被沖壞，每致耕作維艱。茲發等僉同公議，向茄藤番人王姜觀等，買得近圳埔園一所，蓄草築堤，以衛圳水而免衝破。但該埔園草木茂盛，誠恐附近莊民不知利害，取樵於斯，抄契僉懇出示，禁止砍伐等情。據此，除批示外，合行出示嚴禁。爲此，示仰該處居民人等知悉：爾等須知黎合發等向王姜觀等契買埔園，係爲蓄草築堤，以衛圳水而保田禾，毋得取樵於斯，有礙堤圳，致干提究，其各懍遵，毋違。特示。〔註43〕

〔註42〕陳三郎：《大突番社始末初探》，《臺灣文獻》第 29 卷第 2 期。
〔註43〕簡炯仁：《由〈噶瑪蘭・西拉雅古文書〉所收錄有關茄藤社的古契字試論「鳳山八社」中茄藤社的社址及其勢力範圍》，《臺灣文獻》第 53 卷第 1 期。

另外，清代時人修撰的地方志中有關番社丁口數目的記載也進一步證實，平埔族群並未從原居地遷移殆盡。例如，據有的學者考證，道卡斯族的大甲社於嘉慶九年（1804 年）移居宜蘭，道卡斯族的雙寮社和日北社於道光三年（1823 年），日南社於道光十六年（1836 年）分別移居埔里。可是，據劉良璧的《重修福建臺灣府志》記載，在平埔族群尚未發生大規模遷移的雍正九年（1731 年），連同大甲西社、大甲東社、日南社、雙寮社在內的蓬山八社共有男子三百五十人，到了同治九年（1870 年）大甲西社、大甲東社、日南社、日北社、雙寮社等五社仍有二百七十人。若按各社所徵之番銀推算，當時大甲東社有番丁三十五人，大甲西社有番丁八十人，日南社有番丁五十二人，雙寮社有番丁三十四人。就是到了光緒二十年（1894 年），沈茂蔭在《苗栗縣志》內仍記：大甲東社有男女一百五十餘人，大甲西社有男女百餘人，日南社有男女共一百餘人，雙寮社有男女共一百七十餘人。〔註44〕由是觀之，嘉、道年間平埔族群大遷徙後，在臺灣西部平原地帶仍然生活著數量甚為可觀的平埔族群社民。故而，所謂平埔族群遭受漢人壓迫，從原居地遷移殆盡的說法並無充分的歷史依據。筆者認為，平埔族群「遷移殆盡說」可能是少數臺灣學者出於某種政治目的，故意歪曲歷史事實所散佈的謬論。

第二節　平埔族群遷徙原因辨析

關於清代臺灣平埔族群遷移的原因及其性質，歷來學界多有論述。歸納起來主要有以下幾種觀點：一、清代大陸移民以武力或欺詐手段蠶食鯨吞平埔族群賴以生存的土地，致使其家園淪失，生活無資，不得不集體遷離故土。持此觀點者在臺灣最多，他們基本上都是沿襲日本學者伊能嘉矩之說。伊能嘉矩認為，漢人侵佔平埔族群的土地有積極手段和消極手段之分。積極手段就是公然訴諸武力，對平埔族群加以壓迫，毀其家，殺其族，終至驅逐其於境外，以占奪其家園。消極手段就是以交換土地，結婚計謀，結為盟兄弟以及在土地契約上做手腳等和平手段騙取平埔族群的土地。在漢人的巧取豪奪下，平埔族群的土地喪失殆盡，只得退守故地之一隅，苟延殘喘；或舉族遷離原居地。〔註 45〕二、平埔族群之所以遷離故居是為了拒絕漢化，籍著封閉

〔註44〕黃秀政：《臺中縣海線開發史》，臺中縣立文化中心出版，2001 年，第 52 頁。
〔註45〕溫吉（編譯）：《臺灣番政志》，臺灣省文獻委員會，1957 年，第 300～302 頁。

隔絕的地理形勢以期能維持其原有的生活方式，保存民族之命脈。持「拒絕漢化」觀點的學者在臺灣也不在少數。例如，李亦園曾說：「與漢人接觸後之平埔族大部分皆被同化，而小部分則遷而避之，以保存其民族之命脈」。〔註46〕張耀錡認為，平埔族群在其原居地憂患漢人糾纏不休，於是就逃入內山和後山，以延最後餘喘。〔註47〕三、平埔族群的集體遷移行動是漢人勸誘或教唆所致。此觀點亦由伊能嘉矩最先提出，他認為漢人因礙於番界禁令的限制而不便自己親自進墾，於是先讓平埔族群開墾，俟其墾成之後再混入侵佔，並同時奪取平埔族群的原居地，以達成一舉兩得之目的。臺灣學者張炎憲、尹章義等均有類似的看法。四、平埔族群的遷徙與其內外交困的政經情勢密切關聯。例如，張隆志認為，清代中葉以來平埔族群的遷徙，實為其與漢人長期接觸互動中的轉變及適應過程的一環。嘉、道年間中部平埔族群的集體遷移現象，雖然在時間、路線、規模及發展上各有所不同，但揆其原因，實以「民番雜處」下番社所面對的社會經濟壓力及內部權力競爭為主要背景。〔註48〕美國學者邵式柏（John Shepherd）認為，平埔族群社曾受清廷統治政策的影響，造成內部權力結構分化，受漢文化影響較深的族系形成新的領導階層，與官方關係差者，勢力趨於薄弱，乃遷離故土。施添福認為平埔族群的遷移是由於「公差勞役過多，社民缺乏力農的環境」。〔註49〕

上述諸觀點雖都不乏有一定的道理，但皆難以令人滿意。客觀而言，清代渡臺的大陸移民主要是以繳納番大租的形式向平埔族群租贌土地墾耕，而絕少以武力侵佔平埔族群的土地。至於以欺詐手段騙取平埔族群土地的事例雖則有之，但也並不普遍，若以此就斷言平埔族群是因土地被漢人侵佔殆盡才被迫遷移，則顯然與事實相悖。「拒絕漢化」之說也值得商榷，因為遷移與漢化對平埔族群而言並非完全衝突。況且，清代發生遷徙的平埔族群中有不少都已漢化很深，並未顯現「反漢化」的普遍意識。至於「漢人教唆論」，則完全是基於清代文獻上的片段記載而作的主觀臆斷，缺乏事實根據。試想平

〔註46〕 李亦園：《從文獻資料看平埔族》，載《臺灣土著民族的社會與文化》，聯經出版事業股份有限公司，1982年，第51頁。

〔註47〕 張耀錡：《平埔族社名對照表》，《臺灣文獻》（專刊第1、2期合刊），臺北市文獻委員會，1951年，第1319頁。

〔註48〕 張隆志：《族群關係與鄉村臺灣：一個清代臺灣平埔族群史的重建與理解》，國立臺灣大學出版委員會，1991年，第202～203頁。

〔註49〕 張素玢：《平埔社群空間地圖的重構與解釋——以東螺社與眉里社為中心》，《臺灣文獻》第57卷第2期，2006年。

埔族群為何願意聽從漢人的教唆而進行大規模遷徙呢？〔註 50〕就歷史事實來看，清代平埔族群所繳納的番餉及其所服的徭役都是象徵性的，十分輕微。平埔族群因負擔太重，面臨嚴峻的社經情勢而不得不遷徙的解釋也不具有代表性。

尤其值得一提的是，上述觀點都是建立在這樣的理論預設上，即漢人在經濟文化上遠遠優越於平埔族群，而兩者處於對立與競爭的狀態。平埔族群在競爭中失敗後，為了能繼續生存下去，被迫無奈地背井離鄉，舉族遷徙。然而，客觀事實是平埔族群與漢人之間並非總是對立的，兩者關係良好者也不鮮見。可是，學界對平埔族群遷徙原因的解析往往只注意其被動無奈的一面，而忽略了其積極理性的一面。此外，清代平埔族群的遷徙次數甚多，各次遷移的原因可能都不盡相同，而學界在探討遷徙原因的時候，往往局限於嘉、道年間的大遷徙，對更為頻繁的短途遷徙卻甚少涉及，難免有以偏概全之嫌疑。鑒於上述諸種缺憾，筆者為了盡可能客觀而詳細地揭示平埔族群遷徙的原因，擬按照社域內遷徙與社域外遷徙這兩大遷移形態分別探討之。

一、社域內遷徙原因

據現代民族學研究，臺灣平埔族群幾乎每個番社在清代都進行了次數不等的短途遷徙，社域內遷徙可謂是平埔族群一種常態的遷徙方式。由於平埔族群支系龐雜、族社眾多，加之遷徙頻仍，且無文字記載，所以現今已無法探究各次社域內遷徙的原因。不過，就文獻記載和歷史遺跡來看，平埔族群社域內遷徙較為普遍的原因大致有以下四種：其一，「歲久或以為不利」的社會風俗。平埔族群無所謂「安土重遷」，他們在一個地方生活日久，若逢自然災害，便以為不吉利，就會捨棄舊社，遷移他處，另築新社。平埔族群的這種習俗性遷移活動總在一定的範圍之內，通常不會長途跋涉去侵犯其他族社的領地，所以若干年後，他們也可能周而復返，又遷回他們原來住過的地方。〔註 51〕其二，漁獵為主，遊耕為輔的生產方式。平埔族群原本以漁獵為主，遊耕為輔，生產方式原始落後。獵場採捕過度，獵物會減少；田園耕種數載，

〔註 50〕 邱正略：《清代臺灣中部平埔族遷移遷移埔里拓墾之研究》，東海大學歷史研究所碩士論文，1992 年，第 155 頁。

〔註 51〕 潘英：《臺灣平埔族史》，南天書局，1996 年，第 165 頁。

肥力會減退，故而，平埔族群在一個地方住上一段時間後就須遷移他處，以尋找生活資源較爲豐富的新場所。其三，人口膨脹。平埔族群的人口繁殖到一定程度，爲生產條件或其他特殊原因所逼，常會分支而出，另建新社，產生以一個以本社爲中心的社群。例如，西拉雅族蕭壠社群的本社在今佳里鎮內，其支社至少有十二個，即北方的佳里興，西北方的漚汪、角帶圍、史椰甲，西方的篤加、番子塭，東方麻豆鎮的番子僚、茅港尾的社內，官田的社仔、六雙，東山鄉的吉貝耍以及今高雄縣茄苳鄉的崎摟社。〔註52〕人口膨脹而分支社以居使得平埔族群緩慢而持續地進行遷徙。其四，漢人的擠壓。清代閩粵沿海地帶的閩南人和客家人大量渡臺，將平埔族群賴以生存的獵場拓墾成農田，致使其固有的生產方式難以爲繼，無以爲生，被迫向附近貧瘠偏僻的山麓地帶遷移。例如，凱達格蘭族錫口社傳說：「我一族原稱爲貓里錫口社，住今之錫口街，開墾田園以自耕，畜牛爲產，或入山捕鹿，伐木燒炭以營生業。距今約計百年前，屢受閩人襲擊，或被焚家，或被奪牛，與之抗，則歐傷致死，終以不堪其欺凌，於王成當頭人時，全社遷往樟樹灣僻地，以避其禍焉」。〔註53〕毋庸置疑，導致平埔族群進行社域內遷徙肯定還有另外一些原因，在此難以盡述。不過，就整體而言，上述四種原因應是較爲普遍和主要的。

二、社域外遷徙原因

平埔族群的社域外遷移按照移居目的地的不同，可分爲三個部分：即中部巴布薩族、洪雅族、巴則海族、道卡斯族等族群的部分番社移居宜蘭平原和埔里盆地，南部馬卡道族和北部噶瑪蘭族的部分番社移居臺東。平埔族群這幾次大遷徙在族屬上、地域上、時間上均存在較大差異，遷徙的原因也多種多樣，難以一概而論，筆者不妨逐一對其進行闡述。

嘉慶九年（1804 年），中部平埔族群的阿里史社、北投社、東螺社、阿束社等番社約千餘人在潘賢文的率領下長途跋涉，移居到臺灣東北部的宜蘭平原。對於這次大規模跨族群的遷徙活動，有的學者認爲是平埔族群受漢人壓迫所致，其例證是，嘉慶五年（1800 年）巴則海族岸里社總通事潘進文等在向理番同知稟請的示禁中，曾數列了漢人對平埔族群的五種弊

〔註52〕潘英：《臺灣平埔族史》，南天書局，1996 年，第 172 頁。
〔註53〕溫吉（編譯）：《臺灣番政志》，臺灣省文獻委員會，1957 年，第 500 頁。

害：「查得岸里轄社漢佃，多有卷剝重利，竟將番租包吞十年、八年，並賄寫『銀到田還』字樣，以致社番有田無租，其弊害一也。擇地安墳，各有界分，查漢人屢在社番田園內盜葬墳塋，番覺向阻，而捏毀骸滋訟，其弊害二也。越界私採，例有明禁。查漢奸愍不畏死，屢越南勢坑、烏牛欄、東勢角、校標埔及蔴薯舊社等處，抽藤、鉤鹿、燒炭、煮賺、私採芉草、枋料，一遇生番戕害，反敢籍匠名色，抬屍訛索，輒滋訟累，其弊害三也。缺債向討，理固然也。查漢人多有籍名討債，闖入社內，誘姦番婦，其弊害四也。更有甚者，漢奸欺番愚昧，始則用酒煽誘，借居番社，作爲餌釣盤踞日久，用銀騙番，擅將社屋折毀，希圖闢地剝利，致社番無樓身之所，後敢窩容盜賊，其弊害五也」。〔註54〕然而，據張隆志研究，這次遷移其實是番社內部權力競爭的結果。

臺灣平埔族群的通事原先是由官府委任漢人充當，到了乾隆中期，清廷鑒於漢人通事制度弊端叢生，於是逐漸革除漢人通事，而改用通曉漢人的平埔族群人擔任。不過，番人通事均先由番社眾公推薦舉產生，再由官府驗充並示諭發戳。由於通事有管收社租及差撥應役等權利，故角逐者往往不止一人，爭充社職現象遂由此而起。誠如閩浙總督方維甸所說：「臺灣番社均有通事，自應一秉至公，遇有事故，於番眾內薦舉接辦。乃各社通事多非安分番人，且有民人勾通衙門胥役，頂替冒充者，一名使費數百金之多。該通事既得充當，即與朋比爲奸，剝削番眾，勾通屯弁，侵蝕屯餉，殊可痛恨」。日本學者伊能嘉矩亦說：「迨至道光年間，有勢豪、棍衿峰起，覬覦番社，貪圖私飽，或買囑棍番混告，或布擺衙門鑽充。因而各社之通事業戶，此儉彼控，旋革旋充。名爲各社之公租，實歸包辦漢奸之私囊，紛紛爭取，……甚至佃人朋比爲奸，短折抗欠，無所不至，習以相沿，積弊難除」。

平埔族群內部爭充社職之激烈以潘賢文與潘亮慈爭任岸里社總通事爲最。嘉慶元年（1796 年）潘賢文在漢人社棍策動下爭充總通事，失敗後退居罩蘭，意圖以岸里社屯墾地相抗，並以屯丁之名與屯官土目、甲首等立貼請任佃首姜勝智爲九芎林屯租管事，招佃開墾乃至交結高山族群。嘉慶二年（1797 年）岸里總通事潘亮慈與九社訂立訴訟和解合約，依祖傳社規立約遵守，並呈官究辦潘賢文等。嘉慶三年（1798 年）北路理番分府出示曉諭禁止

〔註54〕 張隆志：《族群關係與鄉村臺灣：一個清代臺灣平埔族群史的重建與理解》，國立臺灣大學出版委員會，1991 年，第 201 頁。

岸里社各莊佃戶民番等人與潘賢文私相交納，並飭差欲押收究辦。理番分府的示諭云：「茲查張欽尚、潘賢文等漏網未除，怙終不悛，膽敢結黨張阿協、陳阿元、張老五等人一窩蛇蠍，唆率頑番百餘名潛越罩蘭山內，籍名墾埔，搭寮盤據，煽誘生番食酒，陰令一出四處山腳戕殺番民，又遍出謠貼，租佃抗租，意圖釀禍陷累」。嘉慶九年（1804年），潘賢文接受粵人鍾興雅的建議，率千餘名番眾向北自九芎林遷往宜蘭。〔註55〕由整個事件的經過可知，潘賢文在訟棍策動下爭任通事，互相控告，並混收花銷辦公額租，失敗後畏懼被官府究辦才率眾遠徙。後來，他們在宜蘭平原與漳人爭地失利後，有不少族社又返回原居地，也佐證了他們當初的遷徙並非因遭受漢人壓迫，在原鄉經濟困頓，生活無資，而是番社內權力鬥爭的結果。

道光三年（1823年），中部平埔族群的樸仔離社、岸里社、貓羅社等十四個番社集體移居埔里盆地時曾同埔里社共同簽有《公議同立合約字》。據這份契字來看，他們是因土地被漢人買曠殆盡，番大租被漢佃侵佔短折，隘糧屯餉又變得有名無實，以致無以為生才遷移埔里。誠然，清代大陸移民在臺灣的持續擴張，確實致使部分平埔族群謀生日蹙、俯仰無資。吳子光在《一肚皮集》中如是描述平埔族群所面臨的困境：「邇來番社為墟，轉徙仳離，有非鄭俠『流民圖』所能殫悉者。余揖其酋長而問以故。酋曰：『昔番全盛時，席豐履厚，歌詠太平，一切典禮咄嗟立辦。迨其後，璞社有費，承應官府有費；尤酷者，按季領餉守候無常，衙蠹從包攬，挖肉醫瘡。明知毒藥殺人，而不得不躬自蹈之者，番獨非人情乎哉，誠有大不得已也」。〔註56〕然而，《思保全招派開墾永耕字》卻顯示中部平埔族群是在埔里社的招引下入埔的。

> 緣因前年郭百年侵入開墾，爭占埔地，殺害社番，死已過半，
> 未幾再遭北來凶番窺我社慘微少番丁，遂生欺凌擾害，難以安居。
> 阿密、大舌等正在思慮保全，幸有思貓丹社番親來社相商，云及
> 前日間上山捕鹿，偶遇該親打里折亦入山捕鹿，相會敘出情因，
> 言及在外被漢奸勒占，棲身無地，大慘難言。安密、大舌及思貓
> 丹社番親等竊思：木有本，水有源。自我祖上以來，原與打里折

〔註55〕 張隆志：《族群關係與鄉村臺灣：一個清代臺灣平埔族群史的重建與理解》，國立臺灣大學出版委員會，1991年，第196～198頁。

〔註56〕 吳子光：《吳子光全書》，中華民國臺灣史蹟中心，1979年。

一脈相生，同氣連枝，爲昔日國勝攻取臺疆，以致我祖兄弟奔逃
星散，分居內外山之所，聞此大慘不得不爲之悲哉。是故輾轉尋
思而今此本社地廣番少，屢遭北番擾害，慮乏壯丁，共守此土，
如得該親打里折來社同居墾耕，一則可以相助抗拒凶番，二則平
埔打里折有長久棲身之所，謂一舉兩得而無虞矣。是以阿密、大
舌率仝眾子姪立即央託思貓丹社番土目毛蛤肉郎觀並伊者番桿肉
加達等前去招募平埔打里折入社通行踐土會盟，通和社務，使諸
凶番以及漢奸不致如前侵界，得以保全安居，散而復聚矣。茲阿
密、大舌仝我眾子姪等相商，情願踏出管內埔地一所，坐落福鼎
金，東至車路橫溝界，西至溪界，南至山腳界，北至番社溝界，
四至界址踏明，即付平埔打里折均分開墾成田耕種，並帶泉水灌
溉充足永耕以慰後望，聊充日食之需。如其將來有你等打里折尚
惠然肯來扶社有得番丁昌盛者，密與舌等另再踏出埔地與你等開
墾管耕，決無異志。〔註57〕

　　契字中的蛤美蘭社是埔里社的番語名，思貓丹社即水社，屬水沙連六社
之一。據此契約可知，埔里社因郭百年等侵佔埔地，掠奪焚殺，損失慘重，
社益衰，人益少。不久，又遭受北部凶番，即泰雅族的欺凌擾害，難以安居。
該社土目阿密、社主大舌等聽說山前平埔打里折田園被漢人勒占，棲身無地，
大慘難言，遂央託水社居中引介山前平埔族群入社通行踐土會盟，通和社務，
情願踏出管內部分埔地付其墾耕，以圖相互扶持，共同保全安居。

　　1897 年，日人伊能嘉矩在埔里調查時，從洪雅族北投社族人口中也證實
中部平埔族群遷移埔里是埔里社爲圖自保所招納。「六、七十年間（即道光年
間）吾族尚住於北投社。偶而入山打獵，會晤水社番，乃告以平地被漢人侵
佔之困情。水社番憐我族人，帶至頭人天賜嬸家，共謀善後策。議妥後，偕
往埔里平原。當時該地雖有埔眉二番先住，但草木茂生，觸目皆是曠地。乃
喜出望外，歸告族人，遷來居住焉。當移住之初，埔眉番已經馴化，而未曾
予以絲毫抵抗。然屢遭山番襲擊，乃賴埔眉番爲衛，與之抵抗。同族之南投
社番亦由頭人 Vutsuneyen 巫春榮率領，一齊前來。最初居住於距大埔城東四
清里，茄荖腳之舊社。該社環植竹叢，今竹雖猶存，社已廢，盡闢成水田。

〔註57〕劉枝萬：《南投縣志稿》，「沿革志」「開發篇」，成文出版社，1978 年，第 43
　　　～45 頁。

之後，族人陸續遷來，暫時居住舊社後，分出於東北四華里之五港泉。該地今雖墟，實爲吾南、北投社開埔奠基之地。故舉行祭祖儀式於此，竟援以爲例。嗣後約二十年間，紛紛居於各處」。〔註58〕

此外，平埔族群入埔時能夠攜帶大批財物給埔里社作爲禮物，以及他們在分耕土地時，秩序整齊，組織化程度高，繳納租粟充作關帝爺祝壽之費等情況都表明，他們並非完全是因生活無資或逃避漢化才被迫遷移。〔註59〕

移居臺東的平埔族群主要是馬卡道族和噶瑪蘭族的部分番社。這些番社遷移臺東的行動遠不如中部平埔族群遷移埔里盆地和宜蘭平原那般有組織性，而是各自爲政，時斷時續地進行。不過，從他們遷徙的態勢以及後來在移居地的表現來看，固然不排除遭受漢人擠壓的可能，但帶著從漢人處習得的先進農耕技術理性地向外擴張移民似乎也是個重要的原因。比如，馬卡道族的武洛、搭樓、阿猴等族社遷移到臺東後，一般都是將從阿美族處獲得的土地拓墾成水田，栽種水稻，而不像先前那樣採行遊耕式旱作農業。這說明他們已經漢化很深，掌握了漢人的水稻耕種技術，開始意識到土地的寶貴價值。可是原鄉的土地絕大部分已經轉移到漢人手裏，於是他們就遷移到臺東，希冀從經濟文化水平依然原始落後，土地觀念尚屬淡薄的高山族群手裏獲取土地墾耕。

目前臺灣學界對清代平埔族群遷徙原因的探討存在兩個缺陷：一是通常只聚焦於研究嘉、道年間平埔族群的大遷徙，而對於更爲頻繁的社域內遷徙卻較爲忽略；二是刻意強調平埔族群遭受漢人的壓迫，如土地競爭失敗說、逃避漢化說、漢人誘導說，等等，而對於平埔族群在遷徙中所表現得積極理性的一面卻有意無意地淡化。其實，清代平埔族群遷徙的次數甚多、時間不一、規模各異，造成遷移的原因也甚爲複雜，有風俗習慣、人口膨脹、權力競爭、漢人擠壓以及帶著從漢人身上學習到的先進農業生產技術向外擴張移民等等。這些因素有的迫使平埔族群爲了能繼續生存下去不得不無奈地進行遷移，而有的則是吸引平埔族群主動、理性地進行遷移。故而，若就單次遷徙而言，通常只有某一種因素起主要作用，但整體而言，清代臺灣平埔族群的遷徙可謂是在無奈與理性之間的一種抉擇。

〔註58〕溫吉（編譯）：《臺灣番政志》，臺灣省文獻委員會，1957年，第303～304頁。
〔註59〕劉枝萬：《南投縣沿革志開發篇稿》，南投文獻委員會，1958年，第19頁。

圖二：平埔族群遷移原因示意圖

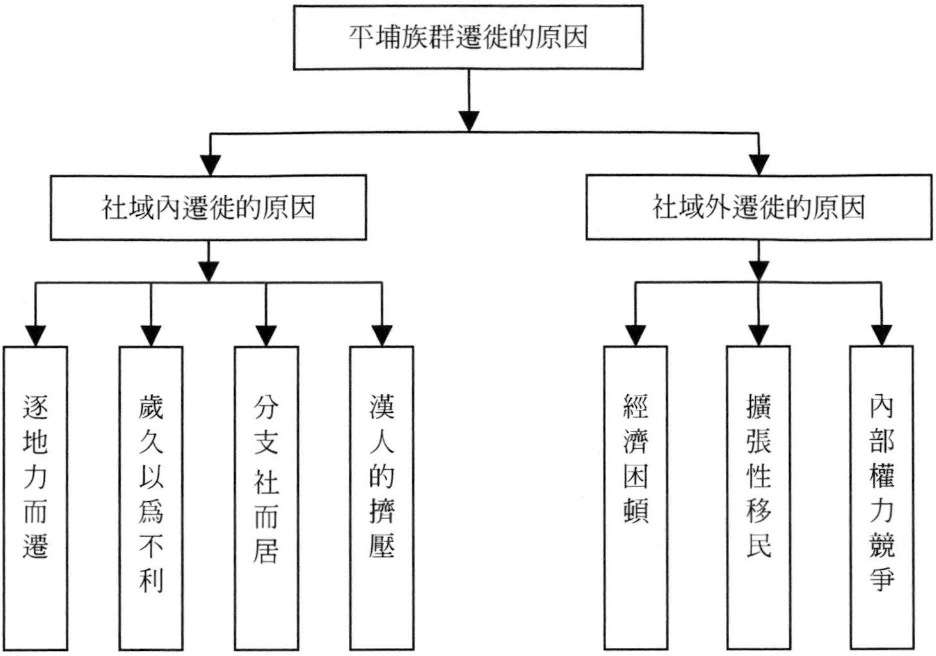

```
               ┌─────────────────────┐
               │   平埔族群遷徙的原因   │
               └─────────────────────┘
                          │
         ┌────────────────┴────────────────┐
┌─────────────────┐              ┌─────────────────┐
│  社域內遷徙的原因  │              │  社域外遷徙的原因  │
└─────────────────┘              └─────────────────┘
         │                                │
 ┌────┬────┬────┬────┐           ┌────┬────┬────┐
 │    │    │    │    │           │    │    │    │
┌──┐ ┌──┐ ┌──┐ ┌──┐          ┌──┐ ┌──┐ ┌──┐
│逐│ │歲│ │分│ │漢│          │經│ │擴│ │內│
│地│ │久│ │支│ │人│          │濟│ │張│ │部│
│力│ │以│ │社│ │的│          │困│ │性│ │權│
│而│ │為│ │而│ │擠│          │頓│ │移│ │力│
│遷│ │不│ │居│ │壓│          │  │ │民│ │競│
│  │ │利│ │  │ │  │          │  │ │  │ │爭│
└──┘ └──┘ └──┘ └──┘          └──┘ └──┘ └──┘
```